O Diário de Anne Frank

Anne Frank em dezembro de 1941.
Fotografia feita no Joods Lyceum (Escola Secundária Judaica de Amsterdã).

O DIÁRIO DE

ANNE FRANK

Tradução
ROBERTA SARTORI

Veríssimo

COPYRIGHT © FARO EDITORIAL, 2023
COPYRIGHT © ANNE FRANK - 1929 - 1945
ESTA VERSÃO DO DIÁRIO DE ANNE FRANK ENCONTRA-SE EM DOMÍNIO PÚBLICO

Todos os direitos reservados.
Nenhuma parte deste livro pode ser reproduzida sob quaisquer meios existentes sem autorização por escrito do editor.

VERÍSSIMO é um selo da FARO EDITORIAL.

Diretor editorial **PEDRO ALMEIDA**
Coordenação editorial **CARLA SACRATO**
Assistente editorial **LETÍCIA CANEVER**
Preparação **DIANA CORTEZ**
Revisão **BÁRBARA PARENTE**
Capa e diagramação **OSMANE GARCIA FILHO**
Imagem de capa **CBW | ALAMY STOCK PHOTO**
Imagem de orelha **ARCHIVIO GBB | ALAMY STOCK PHOTO**
Imagens de miolo **ESB PROFESSIONAL, LASSEDESIGNEN, JAMAKOSY, SHUTTERLIBRARY | SHUTTER STOCK; ANNE FRANK | DOMÍNIO PÚBLICO.**

Dados Internacionais de Catalogação na Publicação (CIP)
Jéssica de Oliveira Molinari CRB-8/9852

Frank, Anne, 1929-1945
   O diário de Anne Frank / Anne Frank ; tradução de Roberta Sartori. — São Paulo : Faro Editorial, 2023.
   96 p.

   ISBN 978-65-5957-355-4
   Título original: The diary of a young girl

   1. Frank, Anne, 1929-1945 2. Crianças judias no holocausto – Narrativas pessoais 3. Holocausto judeu 4. Auschwitz (Campo de concentração) I. Título II. Sartori, Roberta

23-0342   CDD-940.53492

Índice para catálogo sistemático:
1. Crianças judias no holocausto – Narrativas pessoais

Veríssimo

1ª edição brasileira: 2023
Direitos de edição em língua portuguesa, para o Brasil, adquiridos por FARO EDITORIAL

Avenida Andrômeda, 885 — Sala 310
Alphaville — Barueri — SP — Brasil
CEP: 06473-000
www.faroeditorial.com.br

*Eu espero poder contar tudo para você,
como eu jamais pude contar para ninguém,
e eu espero que você seja uma grande fonte
de conforto e apoio.*

A última fotografia conhecida de Anne tirada em maio de 1942
em uma sessão de fotos para passaporte.
© Casa de Anne Frank, Amsterdã.

Este livro vai mudar sua vida

Nascida em Frankfurt, Alemanha, Anne Frank é uma menina de origem judaica que ainda na primeira infância se muda com a família para a Holanda, fugindo da perseguição de Hitler aos judeus. Em junho de 1942, quando completa 13 anos, Anne ganha de presente um diário, que logo começa a escrever. Menos de um mês depois, o cenário para seus relatos perspicazes se torna absolutamente limitado. A família é obrigada a se mudar para um anexo à empresa do pai, um espaço incógnito que passam a dividir com a família do sócio do pai de Anne.

"O papel tem mais paciência do que as pessoas", escreve Anne em um dos primeiros textos no diário. Até agosto de 1944, a menina faz confissões em seu caderno como se conversasse com uma grande amiga. Seus relatos alcançaram notoriedade no mundo inteiro e se tornaram uma das obras literárias mais importantes do século XX, já traduzida para mais de 70 idiomas e presença constante nas listas dos livros mais vendidos em todo o mundo, mesmo depois de quase 80 anos.

A relevância do *Diário* não pode ser atribuída apenas ao contexto em que ele é escrito. Também não está em algum suspense sobre o desfecho da protagonista: começamos a ler o livro cientes de que sua escrita é interrompida em agosto de 1944, quando os moradores do anexo são descobertos e levados para um campo de concentração.

O Holocausto matou mais de 6 milhões de judeus, mas é o relato particular de uma de suas vítimas que nos toca como número algum é capaz. O curto período de vida de Anne está longe de significar uma vida pequena. Ao escrever, a autora agigantou sua existência, tornando palpável a dimensão do absurdo. É o mergulho em sua história a oportunidade delicada, não de entender (racionalmente) o horror, mas de senti-lo em sua perspectiva humana. O grande legado de Anne é uma denúncia contundente sobre a desumanidade da Segunda Grande Guerra.

Não espere, no entanto, uma sequência de lamentações. A despeito do contexto extraordinário em que é escrito, o livro continua sendo o diário de uma adolescente. Uma adolescente com alma e estilo de cronista, diga-se de passagem. Sua trajetória de amadurecimento, paixões, descobertas, conflitos e dificuldades de relacionamento com a mãe e a irmã, assim como suas questões de autoestima, com um poder de observação e um sarcasmo fundamentais, tornam a narrativa original e envolvente. Não é incomum flagrar-se rindo de uma ou outra cena, contada pela protagonista sem a mínima dose de autocomiseração. A convivência diária com o medo não impede o leitor de deparar com uma Anne generosa, observadora, divertida, crítica e surpreendentemente madura.

A autora consegue criar uma intimidade rara com o leitor, que dela se torna cúmplice e passa a sentir também o seu amor gigantesco pelo pai ou até mesmo a sensação de injustiça na relação com a mãe e a irmã. Sua narrativa consegue deslocar a realidade, do desumano para o insólito, da desilusão à esperança. Tudo isso sentimos junto com a autora, num exercício de identificação e empatia.

O *Diário* é um documento histórico sobre a Segunda Guerra. É o testemunho de uma adolescente sobre o horror de fugir da morte. Mas também pode ser lido como uma sequência de crônicas carregadas de ironia sobre a circunstância (que chega a ser hilária) de se dividir um parco espaço com outra família — onde a comida, os movimentos e o tom de voz tinham de ser calculados e medidos, sob o risco de ter o esconderijo descoberto. É também um livro sobre esperança, uma homenagem à inteligência, uma celebração do humor como estratégia de sobrevivência. Anne não é só uma menina judia fugindo do Holocausto. É uma escritora, com graça e estilo.

O *Diário* é a confirmação emocionante do poder da palavra como libertação psicológica de uma opressão irracional. Uma estratégia de sobrevivência para elaboração de uma realidade amarga demais para ser digerida. Um meio de tomar posse da própria história. Escrever é transcender a realidade, curar a alma, tornar eterna a existência.

O *Diário* é resistência poética à iminência da morte. Ensina também sobre a importância de se ter um destinatário — no caso, o próprio diário, que Anne decide chamar de Kitty. Acima de tudo, o *Diário* é um testemunho sobre a potência transformadora do limite. A dor de Anne se torna aprendizado, em primeiro lugar para si mesma, depois para cada leitor que por ali se aventurar. A grande obra de Anne é nos tocar com sua vida, personificar a dor e nos falar dela, em nome de outras seis milhões de pessoas.

> "(...) suponho que, mais tarde, nem eu nem ninguém achará interesse nos desabafos de uma menina de 13 anos. Mas na realidade tudo isso não importa. Gosto de escrever e quero aliviar o meu coração de todos os pesos." *(20 de junho de 1942)*

A adolescente que sonhava em ser jornalista e escritora também tinha planos para o seu diário, que pretendia transformar em livro, com o título *O Anexo*. *"Quero continuar a viver depois da minha morte. E por isso estou tão grata a Deus que me deu a possibilidade de desenvolver o meu espírito e de poder escrever para exprimir o que em mim vive."*

Dias depois de a polícia invadir o "anexo", o diário é encontrado por duas funcionárias da empresa, Miep e Elli. O pai de Anne, Otto Frank, único sobrevivente do "anexo", o publica em 1947, realizando o sonho da filha.

Cris Paz — Escritora

Anne Frank em foto escolar, por volta de 1940.

12 DE JUNHO DE 1942.

Eu espero poder contar tudo para você, como eu jamais pude contar para ninguém, e eu espero que você seja uma grande fonte de conforto e apoio.

> COMENTÁRIO ACRESCENTADO POR ANNE EM 28 DE SETEMBRO DE 1942: Até aqui você tem realmente sido uma grande fonte de conforto para mim, assim como Kitty, para quem eu escrevo regularmente. Essa forma de manter um diário é muito mais agradável, e mal consigo esperar pelos momentos em que vou escrever em você. Ah, eu estou tão feliz por ter lhe trazido!

DOMINGO, 14 DE JUNHO DE 1942.

Começarei do momento em que eu ganhei você, do momento em que eu o vi em cima da mesa, em meio aos meus outros presentes de aniversário. (Eu estava junto quando você foi comprado, mas isso não conta.)

Na sexta-feira, 12 de junho, acordei às seis horas. Dá para entender porque não consegui ficar na cama, era o meu aniversário! Mas como não tenho permissão para me levantar nesse horário, tive que controlar a minha curiosidade até as quinze para as sete. Quando não pude mais esperar, fui para a sala de jantar, onde a Moortje (a gata) me recebeu esfregando-se nas minhas pernas.

Um pouco depois das sete, fui até o papai e a mamãe e, então, para a sala abrir meus presentes. Você foi o primeiro que eu vi, talvez um dos meus presentes mais bonitos. Tinha também um buquê de rosas, algumas peônias e um vaso de plantas. Do papai e da mamãe, ganhei uma blusa azul, um jogo, uma garrafa de suco de uva, que, para mim, tem um gosto que mais parece vinho (afinal, vinho é feito de uva), um quebra-cabeça, um pote de *cold cream**, um pouco de dinheiro e um vale-presente para dois livros. Também ganhei o livro *Câmera Obscura* (mas a Margot já tem um, então troquei o meu por outro), uma travessa de biscoitos caseiros (que eu mesma fiz, claro, já que me tornei uma grande especialista em prepará-los), muitos doces e uma torta de morango da mamãe. E uma carta da vovó, que chegou na hora certa, mas é claro que foi só uma coincidência.

Depois, Hanneli veio me buscar e fomos para a escola. Na hora do recreio, distribuí biscoitos para meus professores e colegas, daí já era hora de voltar para a aula. Eu só cheguei em casa depois das cinco, pois fui à academia com o restante da turma. (Mas eu não posso participar, porque meus ombros e quadris tendem a se deslocar.) Como era o meu aniversário, pude decidir o que meus colegas iriam jogar e escolhi vôlei. Depois, todos eles fizeram um círculo ao meu redor e cantaram "Parabéns pra você".

Quando cheguei em casa, Sanne Ledermann já estava lá. Ilse Wagner, Hanneli Goslar e Jacqueline van Maarsen vieram comigo depois da ginástica, pois somos da mesma turma. Hanneli e Sanne costumavam ser minhas duas melhores amigas. As pessoas que nos viam juntas falavam: "Lá vão Anne, Hanne e Sanne". Só conheci Jacqueline van Maarsen quando comecei a estudar no Liceu Judaico e, agora, ela é minha melhor amiga. Ilse é a melhor amiga de Hanneli, e Sanne vai para outra escola e fez amigos por lá.

Elas me presentearam com um livro lindo, o *Dutch Sasas and Lesends*, mas me deram o volume II por engano, então eu troquei outros dois livros pelo volume I. A tia Helene me trouxe um quebra-cabeça; a tia Stephanie, um broche encantador; e a tia Leny, um livro maravilhoso: *Daisy goes to the mountains* [*Daisy vai para as montanhas*].

Esta manhã, estava na banheira pensando em como seria maravilhoso se eu tivesse um cachorro como Rin Tin Tin. Eu também iria chamá-lo com esse mesmo nome e o levaria para a escola comigo, onde poderia ficar na sala do zelador ou perto dos bicicletários quando o tempo estivesse bom.

SEGUNDA, 15 DE JUNHO DE 1942.

A minha festa de aniversário foi no domingo à tarde. O filme do Rin Tin Tin fez sucesso com os meus colegas. Ganhei dois broches, um marcador de livros e dois livros. Vou começar dizendo algumas coisas sobre a minha escola e minha turma, iniciando pelos alunos.

Betty Bloemendaal parece ser meio pobre e acho que provavelmente seja. Ela mora em uma rua desconhecida na área oeste de Amsterdã, nenhuma de nós sabe onde fica. Ela vai muito bem na escola, mas é porque estuda bastante, não porque seja inteligente. É bem quieta.

Jacqueline van Maarsen supostamente foi a minha melhor amiga, mas eu nunca tive uma amiga de verdade. No começo, pensei que Jacque pudesse ser, mas me enganei. D.Q. é uma garota muito nervosa, que está sempre esquecendo as coisas, então os professores ficam passando lição de casa extra para ela como castigo. Ela é muito gentil, especialmente com G.Z. Já a E.S. fala tanto que deixa de ser engraçado. Quando ela pergunta alguma coisa para alguém, está sempre mexendo no cabelo ou nos botões da pessoa. Dizem que ela não me suporta, mas eu não ligo, já que eu também não gosto muito dela.

Henny Mets é uma garota legal, com um jeito alegre, só que fala muito alto e fica muito infantil quando brincamos ao ar livre. Infelizmente, ela tem uma amiga chamada Beppy que é uma má influência, porque é suja e vulgar. Sobre a J.R. eu poderia escrever um livro inteiro. É uma fofoqueira insuportável, dissimulada, arrogante de duas caras, que se acha muito adulta. Ela enfeitiçou mesmo a Jacque, o que é uma pena. J. se ofende por nada, cai no choro pela menor coisa e, ainda por cima, é uma tremenda exibida. A senhorita J. acha que está sempre certa. Ela é muito rica e tem um armário cheio de vestidos encantadores, que são adultos demais para alguém da idade dela. Ela se acha linda, mas não é. Eu e J. não nos suportamos.

Ilse Wagner é uma garota legal com um jeito alegre, mas é extremamente mimada e pode passar horas se lamuriando e

---
* Cold cream: creme indicado para peles ressecadas. Além de ser hidratante, é regenerador, entre tantos outros benefícios.

choramingando por alguma coisa. Ilse gosta muito de mim. Ela é muito inteligente, mas preguiçosa.

Hanneli Goslar (ou Lies, como a chamam na escola) é meio estranha. No geral, é tímida e reservada perto de outras pessoas, mas sem rodeios em casa. Tudo o que você fala, ela conta para a mãe. Mas diz o que pensa e, ultimamente, passei a admirá-la muito.

Nannie van Praag-Sigaar é pequena, engraçada e sensível. Eu a acho gentil. Ela é muito inteligente. Não há muito mais o que se possa dizer sobre Nannie. Eefje de Jong é fantástica na minha opinião. Apesar de ter apenas doze anos, é uma verdadeira dama. Ela age como se eu fosse um bebê. É também muito prestativa e eu a admiro muito.

G.Z. é a garota mais bonita da nossa turma. Ela tem um rosto lindo, mas é meio burra. Acho que eles farão com que ela repita o ano, mas é claro que eu não disse isso a ela.

COMENTÁRIO, MAIS TARDE, ADICIONADO POR ANNE: Para minha grande surpresa, no final das contas, G.Z. não repetiu de ano.

E, sentada ao lado de G.Z., está a última de nós doze, eu.

Há muito a ser dito sobre os garotos. Pensando bem, nem tanto. Maurice Coster é um dos meus muitos admiradores, mas, basicamente, uma peste. Sallie Springer tem uma mente suja e dizem por aí que ele já foi até o final. Ainda assim, eu o acho excelente porque ele é muito engraçado.

Emiel Bonewit é encantado pela G.Z., mas ela não está nem aí. Ele é bem chato. Rob Cohen também foi apaixonado por mim, mas eu não aguento mais ele. É um patetinha insuportável, duas caras, mentiroso e choramingão, que simplesmente se acha o máximo. Max van de Velde é um menino do campo de Medemblik, mas muito querido, como diria a Margot.

Herman Koopman também tem uma mente suja, bem como Jopie de Beer, que é um paquerador, absolutamente louco por garotas.

Leo Blom é o melhor amigo de Jopie de Beer, mas foi estragado por sua mente suja.

Albert de Mesquita veio da Escola Montessori e pulou uma série. Ele é bem inteligente.

Leo Slager veio da mesma escola, mas não é tão inteligente.

Ru Stoppelmon é um menino baixinho e bobão de Almelo, que foi transferido para esta escola no meio do ano.

C.N. só faz o que não deve.

Jacques Kocernoot senta-se atrás de nós (G. e eu), perto de C., e nós sempre estamos rindo.

Harry Schaap é o garoto mais decente da nossa classe. Ele é legal.

Werner Joseph também, mas todas as mudanças que estão acontecendo ultimamente fizeram com que ele se tornasse muito quieto, por isso ele parece chato. Sam Salomon é um daqueles valentões da parte ruim da cidade. Uma verdadeira peste. (Um admirador!) Appie Riem é bem ortodoxo, mas uma peste também.

SÁBADO, 20 DE JUNHO DE 1942.

Escrever em um diário é uma experiência muito estranha para alguém como eu. Não apenas porque nunca escrevi nada antes, mas também porque acho que, mais tarde, eu nem ninguém mais vai se interessar pelos pensamentos de uma garota de treze anos. Bem, não tem problema. Tenho vontade de escrever e uma necessidade ainda maior de abrir meu coração.

"O papel tem mais paciência do que as pessoas." Pensei nessa frase em um daqueles dias em que eu me sentia um pouco deprimida e estava sentada em casa, com o queixo apoiado nas mãos, entediada e sem vontade de nada, imaginando se deveria ficar ou sair. Por fim, fiquei onde eu estava, pensando. É, o papel tem mais paciência e, já que não estou planejando deixar ninguém ler este caderno de capa dura que solenemente chamamos de "diário", a menos que eu encontre um amigo de verdade, provavelmente não vai fazer a menor diferença. Agora voltei ao ponto que me fez começar a escrever um diário: eu não tenho um amigo.

Vou ser mais clara, já que ninguém vai acreditar que uma menina de treze anos esteja completamente sozinha no mundo, e não estou. Eu tenho pais amorosos, uma irmã de dezesseis anos e umas trinta pessoas que posso chamar de amigos. Tenho muitos admiradores que não conseguem tirar seus olhos de mim e, às vezes, recorrem a um espelho de bolso quebrado para tentar me ver na sala de aula. Tenho uma família, tias amorosas e um bom lar. À primeira vista, eu pareço ter tudo, exceto um único amigo de verdade. Quando estou com a turma, só penso em me divertir. Não consigo falar em nada, além de coisas comuns do dia a dia. Parece que não conseguimos ficar mais próximos e esse é o problema. Talvez seja minha culpa por não confiarmos um no outro. De qualquer forma, é assim que as coisas são e, infelizmente, não sei se isso vai mudar. É por isso que eu comecei o diário.

Para realçar a imagem dessa amiga tão esperada em minha imaginação, não quero apenas anotar os fatos neste diário como a maioria das pessoas faria, mas quero que o diário seja minha amiga e vou chamar esta amiga de Kitty.

Mas, se eu começasse a escrever minhas histórias para Kitty sem mais nem menos, ninguém entenderia nada, por isso acho melhor eu fazer um pequeno resumo da minha vida, por mais que eu não goste.

Meu pai é o mais adorável que já vi, se casou com minha mãe quando ele tinha trinta e seis anos; e ela, vinte e cinco. A minha irmã Margot nasceu em Frankfurt am Main, na Alemanha, em 1926. Eu nasci em 12 de junho de 1929. Morei em Frankfurt até os quatro anos. Por sermos judeus, meu pai emigrou para a Holanda em 1933, quando ele se tornou diretor administrativo da empresa holandesa Opekta Company, que faz produtos para a fabricação de geleias. A minha mãe, Edith Hollander Frank, foi com ele para a Holanda em setembro, enquanto Margot e eu fomos mandadas para Aachen, para ficar com a nossa avó. Margot foi para a Holanda em dezembro e eu segui em fevereiro, quando me colocaram em cima da mesa como presente de aniversário para a Margot.

Logo comecei na creche Montessori. E fiquei lá até os seis anos, quando iniciei a primeira série. Na sexta série, a minha professora era a sra. Kuperus, a diretora. No final do ano, estávamos as duas aos prantos quando nos despedimos com o coração partido, porque eu tinha sido aceita pelo Liceu Judaico, onde Margot também estuda.

Nossos parentes que continuavam na Alemanha estavam sofrendo com as leis antijudaicas de Hitler, enchendo nossas vidas de angústia. Depois dos pogroms*, em 1938, meus dois tios (irmãos de minha mãe) fugiram e encontraram refúgio nos Estados Unidos. Minha avó, aos setenta e três anos, veio morar conosco. Após maio de 1940, os bons tempos eram poucos e distantes entre si: primeiro houve a guerra, depois a rendição e, então,

----
* Pogrom é uma palavra russa que significa "causar estragos, destruir violentamente". No contexto histórico, o termo refere-se aos violentos ataques físicos da população em geral contra os judeus, tanto no império russo como em outros países.

a chegada dos alemães, quando começaram os problemas para os judeus. Nossa liberdade foi severamente restringida por uma série de decretos antijudaicos: os judeus foram obrigados a usar uma estrela amarela; os judeus foram obrigados a entregar suas bicicletas; os judeus foram proibidos de usar bondes; os judeus foram proibidos de andar de carro, mesmo nos seus; os judeus eram obrigados a fazer suas compras entre as 15h e 17h; os judeus eram obrigados a frequentar apenas as barbearias e os salões de beleza de propriedade de judeus; os judeus eram proibidos de sair às ruas entre as 20h e 6h; os judeus não podiam frequentar teatros, cinemas ou qualquer outra forma de entretenimento; os judeus foram proibidos de usar piscinas, quadras de tênis, campos de hóquei ou quaisquer outras quadras de esporte; os judeus foram proibidos de praticar remo; os judeus eram proibidos de participar de qualquer atividade esportiva em público; os judeus não podiam se sentar em seus jardins ou nos de seus amigos depois das 20h; os judeus foram proibidos de visitar cristãos em suas casas; os judeus foram obrigados a frequentar escolas judaicas etc. Você não podia fazer isso e não podia fazer aquilo, mas a vida continuou. Jacque sempre me dizia: "Eu não me atrevo a fazer mais nada, porque tenho medo que não seja permitido".

No verão de 1941, a vovó adoeceu e teve que ser operada, então o meu aniversário teve pouca comemoração. Um ano antes, também não fizemos muita coisa na data, já que o conflito havia recém-terminado na Holanda.

A vovó morreu em janeiro de 1942. Ninguém sabe quantas vezes penso nela e ainda a amo. Por isso, a festa de aniversário de 1942 tem a missão de compensar as outras, e a vela da vovó* foi acesa junto.

Nós quatro estamos bem e isso me traz à data atual de 20 de junho de 1942, e à solene dedicação ao meu diário.

SÁBADO, 20 DE JUNHO DE 1942.

Querida Kitty!
Vou começar agora. Tudo está tranquilo neste momento. O papai e a mamãe saíram, e a Margot foi jogar pingue-pongue com alguns colegas na casa da amiga dela, a Trees. Eu também tenho jogado muito pingue-pongue ultimamente. Tanto que eu e mais quatro garotas formamos um clube. Chama-se "A Ursa Menor Menos Dois". É um nome bobo, criado por causa de um erro. Nós queríamos dar ao nosso clube um nome especial, e porque éramos cinco, tivemos a ideia da Ursa Menor. Nós pensávamos que ela consistia em cinco estrelas, mas estávamos erradas. Ela tem sete, assim como a Ursa Maior, o que explica o "Menos Dois". A Ilse Wagner tem um kit de pingue-pongue e seus pais nos deixam jogar quando quisermos em sua grande sala de jantar. Como nós, as cinco jogadoras de pingue-pongue, gostamos de sorvete e ficamos com calor por conta do jogo, geralmente terminamos a partida e vamos a uma das sorveterias mais próximas que permitem a entrada de judeus: a Oasis ou a Delphi. Há muito tempo paramos de ficar procurando por dinheiro — na maioria das vezes, a Oasis está tão cheia que conseguimos encontrar rapazes generosos que nos conhecem ou um admirador, para nos oferecer mais sorvete do que poderíamos comer em uma semana.

Você provavelmente está um pouco surpresa ao me ouvir falando sobre admiradores ainda tão nova. Infelizmente ou não, isso acontece em nossa escola. Quando um menino pergunta se

---
* Os judeus têm o costume de acender velas no dia do aniversário da morte de alguém querido. O objetivo é lembrar a vida da pessoa, compartilhar histórias e o legado que ela deixou. Disponível em www.bethelmausoleum. org. Acesso em 22 ago. 2022. (N.T)

pode ir de bicicleta para casa comigo e começamos a conversar, nove em cada dez vezes se apaixonará na hora e não vai me perder de vista. É claro que depois de um tempo isso esfria, especialmente porque eu ignoro seus olhares apaixonados e sigo pedalando feliz pelo meu caminho. Se ficar ruim a ponto de eles cogitarem "pedir permissão do papai", dou uma breve guinada com a minha bicicleta, deixo a minha mochila cair e, quando o rapaz desce da bicicleta para pegá-la para mim, mudo de assunto. Esses são os tipos mais inocentes. Claro, existem aqueles que mandam beijos ou tentam segurar o seu braço, mas, com certeza, eles estão batendo na porta errada. Eu desço da minha bicicleta e recuso a companhia deles ou ajo como se estivesse insultada e digo de forma bem clara para irem para casa sozinhos. Pronto. Acabamos de criar as bases da nossa amizade. Até amanhã.

                                                    Sua Anne

DOMINGO, 21 DE JUNHO DE 1942.

Querida Kitty,
Toda a turma está muito inquieta. O motivo é a próxima reunião de professores, quando eles decidem quem vai passar de ano e quem vai repetir. Metade da turma está fazendo apostas. G.Z. e eu rimos muito dos dois garotos atrás de nós: C.N. e Jacques Kocernoot, que apostaram tudo o que haviam economizado para as férias. O dia todo foi assim, "Você vai passar", "Não, eu não vou", "Sim, você vai", "Não, eu não vou". Nem os olhares suplicantes de G. nem minhas explosões de raiva conseguem acalmá-los. Se você me perguntar, cerca de um quarto da turma deveria repetir de ano por serem burros, mas os professores são as criaturas mais imprevisíveis do planeta. Quem sabe, desta vez, eles sejam imprevisíveis na direção certa. Não estou muito preocupada com minhas amigas nem comigo.

Nós vamos passar. A única matéria sobre a qual não estou segura é matemática. Seja como for, tudo o que podemos fazer é esperar. Enquanto isso, nos resta animar umas às outras.

Eu me dou muito bem com todos os nove professores. São sete homens e duas mulheres. O sr. Keesing, velho rabugento que ensina matemática, ficou bravo comigo por muito tempo porque eu falava demais. Depois de vários avisos, ele me deu um dever de casa extra. Uma redação sobre o tema "A tagarela". O que se pode escrever sobre esse assunto? Decidi me preocupar com isso depois. Anotei a tarefa no meu caderno, enfiei na mochila e tentei ficar quieta.

Naquela noite, depois de terminar a minha lição de casa, a nota sobre a redação chamou minha atenção. Comecei a pensar no assunto enquanto mordia a ponta da minha caneta-tinteiro. Qualquer outra pessoa podia divagar e deixar grandes espaços entre as palavras, mas o segredo era apresentar argumentos convincentes para provar a necessidade de falar. Eu pensei e pensei e, de repente, tive uma ideia. Escrevi as três páginas que o sr. Keesing tinha mandado e fiquei contente. Argumentei que falar é um traço feminino e que faria o possível para mantê-lo sob controle, mas que jamais conseguiria me livrar desse hábito, pois a minha mãe fala tanto quanto eu, se é que não mais, e que não há muito o que fazer sobre os traços herdados.

O sr. Keesing deu uma boa risada dos meus argumentos, mas, quando eu comecei a falar na aula seguinte, ele me mandou fazer uma segunda redação. Desta vez, seria sobre "Uma tagarela incorrigível". Eu entreguei e o sr. Keesing não teve nada do que reclamar por umas duas aulas inteiras. No entanto, na terceira aula, ele finalmente cansou. "Anne Frank, como castigo por conversar em aula, escreva uma redação intitulada "Quaquaquá, disse a dona Pata".

A turma não parava de rir. Eu tive que rir também, apesar de ter praticamente esgotado minha criatividade sobre o tema "as tagarelas". Era hora de inventar outra coisa, algo original. A minha amiga Sanne, que é boa em poesia, se ofereceu para me ajudar a escrever a redação, do começo ao fim, em versos. Eu pulei de alegria. O sr. Keesing estava tentando fazer de mim uma piada com esse assunto ridículo, mas eu faria de tudo para que a piada fosse ele. Terminei o poema e ficou lindo! Era sobre uma mãe pata e um pai cisne com três patinhos que foram mordidos até a morte pelo pai, porque grasnaram demais. Felizmente, o sr. Keesing levou a piada da maneira certa. Ele leu o poema para a turma, acrescentando seus próprios comentários e para várias outras classes. Desde então, tenho permissão para falar e não recebi nenhum dever de casa extra. Pelo contrário, o sr. Keesing está sempre fazendo piadas hoje em dia.

Sua Anne

QUARTA-FEIRA, 24 DE JUNHO DE 1942.

Querida Kitty,
O calor está sufocante. Todo mundo está bufando porque está quente e eu tenho que andar para tudo que é canto. Só agora percebo como é agradável ir de bonde, mas nós, judeus, não podemos mais fazer uso desse luxo; nossos próprios pés são bons o suficiente para nós. Ontem, na hora do almoço, eu tinha uma consulta com o dentista, na Jan Luykenstraat. É muito longe da nossa escola, fica na Stadstimmertuinen. Naquela tarde, por pouco, eu não adormeci na minha mesa. Felizmente, a auxiliar do dentista me ofereceu algo para beber. Ela é muito amável.

O único meio de transporte que nos resta é a balsa. O balseiro de Josef Israelkade nos levou quando lhe pedimos. Não é culpa dos holandeses que nós, judeus, estejamos passando por maus bocados.

Eu gostaria de não precisar ir à escola. Minha bicicleta foi roubada no feriado de Páscoa e, por precaução, o papai deu a da mamãe para alguns amigos cristãos. Graças a Deus as férias de verão estão chegando. Só mais uma semana e nosso tormento vai terminar. Algo inesperado aconteceu ontem de manhã. Quando eu estava passando pelos bicicletários, ouvi alguém chamar meu nome. Eu me virei e lá estava aquele garoto legal que eu havia conhecido na noite anterior, na casa da minha amiga Wilma. Ele é seu primo de segundo grau. Sempre achei a Wilma legal e ela é, mas só fala de garotos, e isso é chato. Ele veio na minha direção, um pouco tímido, e se apresentou como Hello Silberberg. Eu fiquei meio surpresa e não sabia bem o que ele queria, mas não demorei muito para descobrir. Ele perguntou se poderia me acompanhar à escola. "Se você está indo para lá, vou com você", eu disse. E assim caminhamos juntos. Hello tem dezesseis anos e é bom em contar todos os tipos de histórias engraçadas. Esta manhã, ele estava de novo esperando por mim, espero que esteja sempre a partir de agora.

Sua Anne

QUARTA-FEIRA, 1º DE JULHO DE 1942.

Querida Kitty,
Até hoje, sinceramente, não consegui tempo para lhe escrever. Na quinta-feira, passei o dia inteiro com meus amigos, tivemos visitas na sexta e foi assim até hoje.

Hello e eu acabamos nos conhecendo melhor na semana passada e me contou muitas coisas sobre a sua vida. Ele é de Gelsenkirchen e está morando com os avós. Seus pais estão na Bélgica, mas ele não tem como ir para lá. Hello tinha uma namorada chamada Úrsula. Eu a conheço. Ela é uma perfeição de doçura e de chatice. Desde que me conheceu, Hello se deu conta de que está amortecido ao lado de Úrsula. Então eu sou uma espécie de tônico estimulante, que a gente nunca sabe para o que serve! Jacque passou a noite de sábado aqui. Domingo à tarde, ela estava na casa de Hanneli e eu morrendo de tédio aqui.

Hello viria aqui em casa naquela noite, mas ligou por volta das seis. Atendi o telefone e ele disse: "Aqui é Helmuth Silberberg. Posso falar com Anne?".

"Oi. É a Anne."

"Ah, oi, Anne. Como vai?"

"Bem, obrigada."

"Eu queria dizer que sinto muito, não posso ir hoje à noite, mas gostaria de falar rapidinho com você. Tudo bem se eu passar e buscá-la em dez minutos?"

"Sim, tudo bem. Tchau!"

"Então já estou indo. Tchau!"

Desliguei o telefone e fui logo trocar de roupa e arrumar meu cabelo. Eu estava tão nervosa que me inclinei para fora da janela para vê-lo chegar. Finalmente, ele apareceu. Milagre dos milagres, eu não desci as escadas correndo, mas fiquei esperando bem quietinha ele tocar a campainha. Desci para abrir a porta e ele foi direto ao ponto.

"Anne, minha avó te acha muito nova para sair comigo e que eu deveria ir à casa dos Lowenbachs, mas você deve saber que não saio mais com a Úrsula."

"Não, eu não sabia. O que aconteceu? Vocês dois brigaram?"

"Não, não foi nada disso. Eu disse para a Úrsula que não temos nada a ver um com o outro e que seria melhor não nos vermos mais, mas que ela sempre seria bem-vinda na minha casa e eu esperava ser bem recebido na dela. Na verdade, eu achava que a Úrsula estava se encontrando com outro garoto e tratei como se ela estivesse. Mas não era verdade. Então meu tio disse que eu deveria me desculpar, mas eu não quis, por isso terminei com ela. Na verdade, esse foi apenas um dos motivos. Agora a minha avó quer que eu saia com a Úrsula e não com você, mas eu não concordo e não vou. Às vezes, os velhos têm ideias muito antiquadas e não significa que eu tenha que concordar. Preciso dos meus avós, mas eles também precisam de mim. A partir de agora, estou livre às quartas-feiras à tarde. Veja só. Meus avós me fizeram me matricular em um curso de escultura em madeira, mas, na verdade, vou a um clube organizado pelos sionistas*. Meus avós não querem que eu vá, porque são antissionistas. Eu não sou um sionista fanático, mas é algo que me interessa. De qualquer forma, as coisas por lá andam tão complicadas que estou planejando sair. Então, na próxima quarta-feira será a minha última reunião. Isso significa que posso te ver na quarta à noite, sábado à tarde, sábado à noite, domingo à tarde e talvez até mais."

"Mas, se seus avós são contra nossos encontros, você não deveria fazer isso escondido."

"No amor e na guerra, tudo é permitido."

Bem nesse momento, passamos pela livraria de Blankevoort e lá estava Peter Schiff com outros dois garotos. Essa foi a

---

* Sionistas são os adeptos do sionismo - termo utilizado para se referir a um movimento político que surgiu na comunidade judia europeia no final do século XIX e que defendia a ideia da formação de um Estado Nacional que abrigasse os judeus na Palestina.

primeira vez, em séculos, que ele disse oi para mim e isso realmente me fez sentir bem.

Na segunda-feira à noite, Hello veio conhecer o papai e a mamãe. Eu tinha comprado um bolo e alguns doces. Tomamos chá e comemos biscoitos, com tudo o que se tem direito, mas nós dois não estávamos com vontade de ficar lá comportados nas cadeiras. Então saímos para passear e ele só me trouxe para casa às oito e dez. O papai ficou furioso. Ele disse que foi muito errado da minha parte não chegar em casa na hora. Eu tive que prometer que, no futuro, estaria em casa por volta das dez para as oito. Fui convidada para ir à casa do Hello no sábado.

Wilma me contou que uma noite, quando Hello estava em sua casa, ela perguntou: "De quem você mais gosta, da Úrsula ou da Anne?".

Ele disse: "Não é da sua conta".

Mas, quando ele estava saindo (eles não haviam se falado o resto da noite), ele disse: "Bem, eu gosto mais da Anne, mas não conte a ninguém. Tchau!". E vuupt... voou porta afora.

Em tudo o que ele diz ou faz, posso ver que Hello está apaixonado por mim e isso é legal. Margot diria que ele é indiscutivelmente o melhor. Eu também acho, mas Hello é mais do que isso. A mamãe também só o elogia: "Um menino bonito, simpático e educado". Fico feliz por ele seja tão popular com todos. Menos com minhas amigas. Ele as acha muito infantis e ele está certo. Jacque ainda me provoca por causa dele, mas eu não estou apaixonada. Não exatamente. Para mim, não é um problema ter meninos como amigos. Ninguém se importa.

A mamãe está sempre me perguntando com quem vou me casar quando crescer, mas aposto que ela nunca vai adivinhar que é com o Peter, porque eu mesma tirei essa ideia da cabeça dela rapidinho. Eu amo o Peter como nunca amei ninguém e fico dizendo a mim mesma que ele só sai com todas aquelas outras garotas para esconder seus sentimentos por mim. Talvez ele pense que Hello e eu estamos apaixonados, mas não estamos. Ele é apenas um amigo ou, como a mamãe diz, um namorado.

Sua Anne

DOMINGO, 5 DE JULHO DE 1942.

Na sexta-feira, a cerimônia de formatura no Teatro Israelita foi como o esperado. Meu boletim não foi tão ruim. Eu tirei um D, um C- em álgebra e todos os outros foram Bs, exceto dois Bs+ e dois Bs-. Meus pais estão satisfeitos, mas não são como os outros quando se trata de notas. Eles nunca se preocupam com boletins, bons ou ruins. Contanto que eu esteja saudável e feliz, e não seja muito respondona, eles estão satisfeitos. Se essas três coisas estiverem bem, todo o resto se arranja.

Sou exatamente o oposto. Não quero ser uma aluna fraca. Fui aceita no Liceu Judaico sob algumas condições. Deveria ficar na sétima série na Escola Montessori, mas, quando as crianças judias passaram a ser obrigadas a frequentar escolas judaicas, o sr. Elte finalmente concordou, depois de muita persuasão, em aceitar Lies Goslar e eu. A Lies também foi aprovada, embora ela tenha que repetir a prova de geometria.

Pobre da Lies. Não é fácil para ela estudar em casa. Sua irmã mais nova, uma garotinha mimada de dois anos, fica brincando no quarto dela o dia todo. Se Gabi não conseguir o que quer, começa a gritar e, se a Lies não cuidar dela, é a sra. Goslar quem começa a gritar. Por isso, a dificuldade em fazer a lição de casa, mas, se a Lies continuar desse jeito, nem as aulas particulares ajudarão. A casa dos Goslar é realmente peculiar. Os pais da sra. Goslar moram na casa ao lado e fazem as refeições com a família. Além da empregada, tem o bebê, o sempre distraído e ausente sr. Goslar e a sempre nervosa e irritada sra. Goslar, que está esperando outro bebê. Lies, que é muito desajeitada, fica perdida em meio a esse caos.

A minha irmã também recebeu seu boletim brilhante, como sempre. Se tivéssemos algo como "*cum laude**", teria passado com honras por ser tão inteligente.

Ultimamente, o papai tem ficado muito em casa. Não há nada para ele fazer no escritório. Deve ser horrível você sentir que não é necessário. O sr. Kleiman assumiu a Opekta e o sr. Kugler, a Gies & Co., empresa que lida com especiarias e condimentos, fundada em 1941.

Há alguns dias, enquanto passeávamos pela praça do bairro, papai começou a falar sobre nos escondermos. Ele disse que seria muito difícil vivermos isolados do resto do mundo. Perguntei por que ele tinha começado a falar sobre aquele assunto.

"Bem, Anne", respondeu ele, "você sabe que há mais de um ano nós temos levado roupas, comida e móveis para outras pessoas. Não queremos que nossos pertences sejam tomados pelos alemães. Nem queremos cair nas garras deles. Então vamos sair por nossa própria vontade e não ficar esperando que eles nos arrastem."

"Mas quando, papai?" Ele parecia tão sério que eu me assustei.

"Não se preocupe. Nós vamos cuidar de tudo. Agora, enquanto você pode, aproveite sua vida e deixe as preocupações para lá."

Foi isso. Ah, que essas palavras sombrias não se tornem realidade pelo maior tempo possível.

A campainha está tocando, Hello está aqui. Hora de parar.

Sua Anne

QUARTA-FEIRA, 8 DE JULHO DE 1942.

Querida Kitty,

Parece que se passaram anos desde a manhã de domingo. Aconteceram tantas coisas que é como se o mundo inteiro tivesse virado de cabeça para baixo. Mas, como você pode ver, Kitty, ainda estou viva e, como diz o papai, isso é o principal. Estou bem viva, mas não pergunte onde ou como. Provavelmente, você não está entendendo uma palavra do que estou dizendo hoje, então vou começar contando o que aconteceu no domingo à tarde.

Às três horas (Hello havia saído, mas deveria voltar mais tarde), a campainha tocou. Eu não ouvi, pois estava na varanda, lendo preguiçosamente ao sol. Poucos minutos depois, a Margot apareceu na porta da cozinha muito agitada. "Papai recebeu um aviso de convocação da SS", ela falou baixinho. "A mamãe foi ver o sr. van Daan." (o sr. van Daan é o sócio do papai e um bom amigo.)

Eu fiquei apavorada. Uma convocação: todo mundo sabe o que isso significa. Visões de campos de concentração e de celas solitárias vieram rapidamente à minha cabeça. Como poderíamos deixar papai ter um destino desses? "Claro que ele não vai ter", decretou a Margot enquanto esperávamos pela mamãe na sala. "A mamãe foi até o sr. van Daan para perguntar se podemos nos mudar para nosso esconderijo amanhã. Eles também vão conosco. Seremos sete no total." Silêncio. Não conseguíamos falar. O pensamento em papai, visitando alguém no hospital judaico e desconhecendo completamente o que estava se passando, a longa espera por mamãe, o calor, o suspense — tudo isso nos reduzia ao silêncio.

----

* *Cum laude* é uma expressão do latim usada para indicar o nível de distinção acadêmica com o qual um indivíduo havia cursado um grau acadêmico.

De repente, a campainha tocou novamente. "É Hello", eu disse.

"Não abra a porta!", exclamou Margot para me impedir. Mas não foi necessário, pois ouvimos a mamãe e o sr. van Daan no andar de baixo falando com Hello e, então, os dois entraram e trancaram a porta. Toda vez que a campainha tocava, a Margot ou eu tínhamos que descer na ponta dos pés para ver se era o papai e não deixávamos mais ninguém entrar. Nós duas tivemos que sair da sala, pois o sr. van Daan queria falar a sós com a mamãe.

Quando estávamos sentadas no nosso quarto, Margot me disse que a convocação não era para o papai, mas para ela. Com esse segundo choque, comecei a chorar. Margot tem dezesseis anos — ao que parece, eles querem mandar garotas da idade dela sozinhas para longe. Mas, graças a Deus, ela não vai. A mamãe mesma havia dito e devia ser a isso que o papai se referia quando falou comigo sobre nos escondermos. Esconder-se... onde nos esconderíamos? Na cidade? No campo? Em uma casa? Em uma cabana de madeira? Quando, onde, como...? Essas eram perguntas que ficavam rodando na minha cabeça.

Margot e eu começamos a colocar nossos pertences mais importantes em uma mochila. A primeira coisa que eu coloquei foi este diário, depois, rolos, lenços, livros escolares, um pente e algumas cartas antigas. Preocupada com a ideia de me esconder, coloquei as coisas mais loucas na sacola, mas não me arrependo. Memórias significam mais para mim do que vestidos.

Meu pai finalmente chegou em casa por volta das cinco horas e ligamos para o sr. Kleiman para perguntar se ele poderia vir naquela noite. O sr. van Daan saiu e foi buscar a Miep. Ela chegou e prometeu voltar mais tarde trazendo uma sacola cheia de sapatos, vestidos, jaquetas, cuecas e meias. Depois disso, nosso apartamento ficou em silêncio. Nenhum de nós tinha vontade de comer. Ainda estava quente e tudo estava muito estranho.

Havíamos alugado nosso grande quarto no andar de cima para um tal sr. Goldschmidt, um homem divorciado de trinta e poucos anos, que aparentemente não tinha nada para fazer naquela noite, já que, apesar de todas as nossas indiretas educadas, ficou por ali até as dez horas.

Miep e Jan Gies chegaram às onze. Miep, que trabalha para a empresa do papai desde 1933, tornou-se uma amiga íntima, assim como seu marido Jan. Mais uma vez, sapatos, meias, livros e roupas íntimas desapareceram na bolsa de Miep e nos bolsos fundos de Jan. Às sete e meia, eles também desapareceram.

Eu estava exausta e, mesmo sabendo que seria minha última noite na minha própria cama, adormeci imediatamente e não acordei até que a mamãe me chamou às cinco e meia da manhã seguinte. Felizmente, não estava tão quente quanto no domingo; uma chuva morna caiu durante todo o dia. Nós quatro estávamos vestindo tantas camadas de roupas que parecia que fámos passar a noite em uma geladeira. Tudo isso só para podermos levar mais roupas conosco. Nenhum judeu na nossa situação ousaria sair de casa com uma mala cheia de roupas. Eu estava usando duas camisetas, três calcinhas, um vestido e, por cima, uma saia, uma jaqueta, uma capa de chuva, dois pares de meias, sapatos pesados, um boné, um cachecol e muito mais. Eu estava sufocando antes mesmo de sair de casa, mas ninguém se preocupou em me perguntar como eu me sentia.

Margot encheu sua mochila com livros escolares, foi buscar sua bicicleta e, com Miep na frente, partiu para o grande desconhecido. De qualquer forma, era assim que eu pensava, pois ainda não sabia onde ficava o nosso esconderijo.

Às sete e meia também fechamos a porta. A Moortje, minha gata, foi a única criatura viva de quem me despedi. De acordo com um bilhete que deixamos para o sr. Goldschmidt, ela deveria ser levada para os vizinhos, que lhe dariam um bom lar. As camas desarrumadas, as coisas do café da manhã sobre a mesa, o meio quilo de carne para a gata na cozinha — tudo isso dava a impressão de que havíamos saído com pressa. Mas aquilo não importava. Só queríamos sair de lá, fugir e chegar ao nosso destino em segurança. Nada mais importava.

Mais amanhã.

Sua Anne

QUINTA-FEIRA, 9 DE JULHO DE 1942.

Querida Kitty,

Então lá estávamos nós: o papai, a mamãe e eu, andando na chuva torrencial, cada um de nós com uma mochila e uma sacola de compras cheia até a borda com as mais variadas coisas. As pessoas que iam para o trabalho àquela hora da manhã nos dirigiam olhares compassivos. Você podia dizer pelo rosto deles que lamentavam não nos oferecer algum tipo de transporte. A óbvia estrela amarela falava por si mesma.

Somente quando estávamos caminhando pela rua é que o papai e a mamãe revelaram, pouco a pouco, qual era o plano. Durante meses, estávamos tirando o máximo possível de nossos móveis e roupas do apartamento. Ficou combinado que iríamos para o esconderijo em 16 de julho. Por causa do aviso de convocação da Margot, o plano teve que ser adiantado em dez dias, o que significava que teríamos que nos contentar com quartos menos arrumados.

O esconderijo ficava no prédio do escritório do papai. Isso é um pouco difícil para os de fora entenderem, então vou explicar. O papai não tinha muitas pessoas trabalhando em seu escritório, apenas o sr. Kugler, o sr. Kleiman, Miep e uma datilógrafa de 23 anos chamada Bep Voskuijl. Todos sabiam de nossa chegada. O sr. Voskuijl, pai da Bep, trabalha no armazém, junto com dois assistentes, nenhum deles ficou sabendo de nada.

Aqui está uma descrição do prédio. O grande armazém, no andar térreo, é usado como oficina e depósito, e está dividido em várias seções, como o almoxarifado e a moagem, onde são moídos canela, cravo e pimenta.

Ao lado das portas do armazém, há outra porta externa, uma entrada separada para o escritório. Logo depois da porta do escritório, há uma segunda porta e, atrás dela, uma escada. No topo da escada, há outra porta, com uma janela fosca na qual a palavra "Escritório" está escrita em letras pretas. Esse é o escritório principal — muito grande, iluminado e cheio. Bep, Miep e o sr. Kleiman trabalham lá durante o dia. Depois de passar por um quartinho que tem um cofre, um guarda-roupa e um grande armário de suprimentos, você chega ao escritório dos fundos, pequeno, escuro e abafado. Ele costumava ser compartilhado pelo sr. Kugler e pelo sr. van Daan, mas agora o sr. Kugler é o único ocupante. Pode-se também chegar ao escritório do sr. Kugler pelo corredor, mas apenas por uma porta de vidro que só pode ser aberta por dentro, mas não facilmente por fora. Se você sair do escritório do sr. Kugler e prosseguir pelo longo e estreito corredor, passando pelo depósito de carvão e subindo quatro degraus, você chega ao escritório particular, a peça principal de todo o edifício. Mobília elegante de mogno, piso de linóleo coberto com tapetes, um rádio e uma luminária luxuosa. Tudo de primeira classe. Na outra porta, há uma cozinha espaçosa com aquecedor para água e dois queimadores a gás, e, ao lado, fica um banheiro. Esse é o segundo andar.

Uma escada de madeira leva do corredor do térreo ao terceiro andar. No topo da escada, há um patamar, com portas dos dois lados. A porta da esquerda leva até a área de armazenamento de especiarias. Há um sótão na parte da frente da casa. Um lance de escadas tipicamente holandês, muito íngreme, também dá acesso da parte da frente da casa para outra porta que dava para a rua.

A porta à direita do patamar leva ao "anexo secreto", na parte de trás da casa. Ninguém jamais suspeitaria que havia tantos cômodos atrás daquela simples porta cinza. Há apenas um pequeno degrau na frente da porta e, então, você entra direto. Bem na frente, fica um lance de escada íngreme. À esquerda há um corredor estreito que dá acesso a um cômodo que serve como sala de estar e quarto da família Frank. Ao lado, há um cômodo menor, o quarto e o escritório das duas jovens da família, à direita da escada tem um banheiro sem janelas, com uma pia. A porta no canto leva ao banheiro; e outra, ao nosso quarto, meu e da Margot. Se você subir as escadas e abrir a porta que fica no alto da escada, vai ficar surpreso ao ver um cômodo tão grande, claro e espaçoso em uma antiga casa à beira do canal como esta. Nele tem um fogão (graças ao fato de ter sido o laboratório do sr. Kugler) e uma pia. Essa será a cozinha e quarto do sr. e da sra. van Daan, bem como a sala de estar geral, sala de jantar e estudo para todos nós. Uma pequena sala lateral será o quarto de Peter van Daan. E na parte da frente do edifício, há um sótão. Pronto! Acabei de apresentar-lhe todo o nosso adorável esconderijo!

Sua Anne

SEXTA-FEIRA, 10 DE JULHO DE 1942.

Querida Kitty,

Provavelmente, deixei você entediada com a longa descrição da nossa nova casa, mas ainda acho que você deveria saber onde fui parar. Como acabei aqui é algo que você ficará sabendo nas minhas próximas cartas.

Primeiro, deixe-me continuar a história, porque, como você sabe, eu não a terminei. Depois que chegamos à casa na rua Prinsengracht, no número 263, Miep rapidamente nos conduziu pelo longo corredor, pela escada de madeira até o próximo andar e para o anexo. Ela fechou a porta, deixando-nos sozinhos. Margot tinha chegado de bicicleta muito mais cedo e esperava por nós.

Nossa sala de estar e todos os outros quartos estavam tão cheios de coisas que não consigo encontrar palavras para descrever. Todas as caixas de papelão que haviam sido enviadas ao escritório nos últimos meses estavam empilhadas no chão e nas camas. A pequena sala estava cheia de lençóis até o teto. Se quiséssemos dormir em camas bem-feitas naquela noite, teríamos que dar um jeito de colocar ordem naquela bagunça imediatamente. A mamãe e a Margot não conseguiam mover um músculo. Deitaram-se em seus colchões sem lençóis nem cobertas, cansadas, arrasadas e sem saberem o que fazer. Mas papai e eu, e os dois faxineiros da família, logo começamos.

Durante todo o dia, desempacotamos caixas, enchemos armários, martelamos pregos e arrumamos a bagunça até cairmos exaustos em nossas camas limpas à noite. Não tínhamos comido uma refeição quente o dia todo, mas não nos importamos. A mamãe e a Margot estavam muito cansadas e tensas para comer, o papai e eu, muito ocupados.

Na terça de manhã, começamos de onde havíamos parado na noite anterior. Bep e Miep foram às compras com nossos cupons de racionamento, o papai trabalhou em nossas telas de blecaute, esfregamos o chão da cozinha e, mais uma vez, trabalhamos do nascer do sol ao anoitecer. Até quarta-feira, não tive chance de pensar na enorme mudança que acontecia em minha vida. Então, pela primeira vez desde nossa chegada ao anexo secreto, encontrei um momento para contar tudo a você e me dar conta do que havia se passado comigo e do que ainda estava por acontecer.

Sua Anne

SÁBADO, 11 DE JULHO DE 1942.

Querida Kitty,

O papai, a mamãe e a Margot ainda não conseguiram se acostumar com as badaladas do relógio da Westertoren, que marca a hora a cada 15 minutos. Eu gostei desde o início. Parece muito tranquilizador, especialmente à noite. Imagino que você queira saber o que eu penso sobre estar escondida. Só posso dizer que ainda não sei muito bem. Acho que nunca me sentirei à vontade nesta casa, mas isso não significa que eu o deie. É mais como estar de férias em algum hotel estranho. É uma maneira diferente de ver a vida quando se está em um esconderijo, mas é assim que as coisas são. O anexo é ideal como esconderijo. Pode ser úmido e assimétrico, mas, provavelmente, não há um abrigo mais confortável em toda Amsterdã. Nem em toda a Holanda.

Nosso quarto, com suas paredes brancas, estava muito vazio até agora. Mas graças ao papai — que já havia trazido toda a minha coleção de cartões postais e estrelas de cinema — e a um pincel e um pote de cola, consegui cobrir as paredes com fotos. Ficou tudo muito mais alegre. Quando os van Daan chegarem, poderemos montar armários e outros objetos com a madeira empilhada no sótão.

A Margot e a mamãe se recuperaram um pouco. Ontem a mamãe se sentiu bem pela primeira vez e decidiu preparar uma sopa de ervilhas, mas acabou descendo, ficou conversando e a esqueceu. As ervilhas ficaram pretas de tão queimadas e, por mais que se raspasse, não tinha como tirá-las da panela.

Ontem à noite, nós quatro fomos ao escritório particular e ouvimos a Inglaterra pelo rádio. Eu estava com tanto medo de que alguém pudesse escutar que literalmente implorei ao meu pai para me levar de volta para cima. A mamãe entendeu minha ansiedade e foi comigo. Independentemente do que fizermos, temos muito medo de que os vizinhos nos ouçam ou nos vejam. Já no primeiro dia, começamos a costurar umas cortinas. Na verdade, mal podemos chamá-las assim, pois não passam de pedaços de tecido, variando muito em forma, qualidade e padrão, que o papai e eu costuramos de qualquer jeito, com mãos nada qualificadas. Essas obras de arte foram pregadas nas janelas, onde ficarão até sairmos do esconderijo.

O prédio à nossa direita é uma filial da Companhia Keg, uma empresa de Zaandam, e à esquerda fica um ateliê de móveis. Embora as pessoas que trabalham lá não estejam no local depois do expediente, qualquer som que façamos pode passar pelas paredes. Por isso, proibimos a Margot de tossir à noite, embora ela esteja com um resfriado forte, e estamos dando a ela doses grandes de codeína.

Estou ansiosa pela chegada dos van Daan, que está marcada para terça-feira. Vai ser muito mais divertido e não tão silencioso. Você sabe, o silêncio me deixa nervosa durante as tardes e noites, e eu daria tudo para que uma das pessoas que nos ajudam dormisse aqui.

O esconderijo não é tão ruim, já que podemos cozinhar nossa própria comida e ouvir rádio no escritório do papai.

O sr. Kleiman, a Miep e a Bep Voskuijl têm nos ajudado muito mesmo. Já enlatamos montes de ruibarbo, morangos e cerejas, então, por enquanto, duvido que fiquemos entediados. Também temos material de leitura e vamos comprar vários jogos.

Claro, não podemos sequer olhar pela janela ou sair. E temos que ficar quietos para que as pessoas lá embaixo não nos ouçam.

Ontem o dia foi cheio. Tivemos que descaroçar duas caixas de cerejas para o sr. Kugler enlatar. Vamos usar as caixas vazias para fazer estantes de livros.

Alguém está me chamando.

Sua Anne

COMENTÁRIO ACRESCENTADO POR ANNE EM 28 DE SETEMBRO DE 1942: Não poder sair me incomoda mais do que eu possa explicar, e me aterroriza pensar que nosso esconderijo seja descoberto e que sejamos fuzilados. Essa, é claro, é uma possibilidade bastante desalentadora.

DOMINGO, 12 DE JULHO DE 1942.

Todos têm sido tão legais comigo neste último mês por causa do meu aniversário e, ainda assim, a cada dia, sinto que venho me afastando cada vez mais da mamãe e da Margot. Trabalhei duro hoje e elas me elogiaram, mas, cinco minutos depois, já começaram a pegar no meu pé de novo.

Dá para facilmente ver a diferença entre a maneira como tratam a Margot e a mim. Por exemplo, a Margot quebrou o aspirador de pó e, por causa disso, ficamos sem luz o resto do dia. A mamãe disse: "Bem, Margot, é fácil ver que você não está acostumada a trabalhar, caso contrário, saberia que não se puxa o plugue pelo fio". A Margot respondeu alguma coisa e parou por aí.

Mas esta tarde, quando eu quis reescrever alguma coisa na lista de compras da mamãe, porque a letra dela é difícil de entender, ela não me deixou. Gritou de novo comigo e toda a família acabou se envolvendo.

Não tenho muito a ver com eles e percebi isso claramente nas últimas semanas. Eles são muito sentimentais juntos. Eu prefiro ser sentimental sozinha. Estão sempre dizendo que nós quatro temos um relacionamento bom, que nos damos bem, sem sequer pensar, por um momento, no fato de que eu não me sinto assim.

O papai é o único que me entende de vez em quando, embora fique do lado da mamãe e da Margot na maioria das vezes. Outra coisa que não suporto é que falem de mim perto de pessoas de fora, contando como chorei ou como estou me comportando de maneira razoável. É horrível. E, às vezes, eles falam sobre a Moortje e eu não aguento. Ela é o meu ponto fraco. Sinto falta dela a cada minuto e ninguém sabe quantas vezes penso nela. Sempre que eu penso, meus olhos se enchem de lágrimas. A Moortje é tão doce e eu a amo tanto, que continuo sonhando que ela voltará para nós.

Eu tenho muitos sonhos, mas a realidade é que temos que ficar aqui até que a guerra termine. Não podemos sair de jeito nenhum e as únicas visitas que podemos receber são a Miep, o seu marido, Jan, Bep Voskuijl, o sr. Voskuijl, o sr. Kugler, o sr. Kleiman e a sra. Kleiman, embora ela não venha porque acha muito perigoso.

COMENTÁRIO ACRESCENTADO POR ANNE EM SETEMBRO DE 1942: O papai é sempre muito legal. Ele me entende perfeitamente e eu gostaria que pudéssemos ter uma conversa de coração para coração em algum momento, sem que eu desate a chorar na hora. Mas acho que isso tem a ver com a minha idade. Gostaria de passar todo o meu tempo escrevendo, mas, com certeza, isso seria chato. Até agora só confiei meus pensamentos ao meu diário. Ainda não consegui escrever esquetes divertidos que, mais tarde, eu pudesse ler em voz alta. No futuro, vou dedicar menos tempo ao sentimentalismo e mais tempo à realidade.

SEXTA-FEIRA, 14 DE AGOSTO DE 1942.

Querida Kitty,

Eu abandonei você por um mês inteiro, mas aconteceram tão poucas coisas que não consigo achar nem mesmo um evento que valha a pena relatar. Os van Daan chegaram em 13 de julho. Pensávamos que eles viriam no dia 14, mas, do dia 13 ao dia 16, os alemães enviaram vários avisos de convocação e causaram muita agitação, então eles decidiram que seria mais seguro sair um dia antes do que um dia depois.

Peter van Daan chegou às nove e meia da manhã, enquanto ainda estávamos tomando café da manhã. O Peter vai fazer dezesseis anos, é um garoto tímido e desajeitado, cuja companhia não vai fazer muita diferença. O sr. e sra. van Daan chegaram meia hora depois.

Para nossa diversão, a sra. van Daan veio carregando uma caixa de chapéus com um grande penico dentro. "Eu simplesmente não me sinto em casa sem meu penico!", ela exclamou, e aquele foi o primeiro objeto a encontrar um lugar permanente embaixo do sofá. Em vez de um penico, o sr. van Daan trazia, debaixo do braço, uma pequena mesa dobrável de chá.

Desde o início, fazíamos nossas refeições juntos e, depois de três dias, parecia que nós sete tínhamos nos tornado uma grande família. Naturalmente, os van Daan tinham muito a contar sobre a semana em que estivemos longe da civilização. Estávamos particularmente interessados no que havia acontecido com nosso apartamento e com o sr. Goldschmidt.

O sr. van Daan nos contou os últimos acontecimentos: "Segunda-feira de manhã, às nove, o sr. Goldschmidt ligou e perguntou se eu poderia ir lá. Fui imediatamente e o encontrei muito perturbado. Ele me mostrou um bilhete que a família Frank tinha deixado. Conforme havia sido instruído, ele estava pensando em levar a gata para os vizinhos, e concordei como sendo uma boa ideia. Ele estava com medo de que a casa fosse revistada, então passamos por todos os cômodos, arrumando aqui e ali, e tirando as coisas do café da manhã que estavam na mesa. De repente, vi um bloco de notas na mesa da sra. Frank, com um endereço em Maastricht escrito nele. Mesmo sabendo que a sra. Frank havia deixado a anotação de propósito, eu fingi estar surpreso e horrorizado e implorei ao sr. Goldschmidt para queimar aquele pedaço de papel incriminador. Jurei até a ele que não sabia nada sobre o desaparecimento de vocês, mas que o bilhete havia me dado uma ideia. 'Sr. Goldschmidt,' eu disse, 'aposto que sei de quem é esse endereço. Há uns seis meses, um oficial de alta patente veio ao escritório. Parece que ele e o sr. Frank cresceram juntos. Ele prometeu ajudar o sr. Frank se fosse necessário. Pelo que me lembro, ele estava posicionado em Maastricht. Acho que esse oficial manteve sua palavra e está planejando ajudá-los a atravessarem para a Bélgica e depois seguirem para a Suíça. Não há mal nenhum em contar isso a qualquer amigo dos Frank que venha perguntar sobre eles. Claro, você não precisa mencionar a parte sobre Maastricht'. Depois disso, fui embora. Essa é a história que a maioria de seus amigos ouviu, porque eu a ouvi ser contada por várias outras pessoas depois".

Achamos isso extremamente engraçado, mas rimos ainda mais quando o sr. van Daan nos disse que algumas pessoas têm uma imaginação fértil. Por exemplo, uma família que mora em nosso quarteirão alegou ter visto nós quatro andando de bicicleta de manhã cedo, e uma outra mulher estava absolutamente certa de que tínhamos sido colocados em algum tipo de veículo militar no meio da noite.

                                                                    Sua Anne

SEXTA-FEIRA, 21 DE AGOSTO DE 1942.

Querida Kitty,

Agora nosso anexo secreto se tornou realmente secreto.

Como várias casas estão sendo revistadas em busca de bicicletas escondidas, o sr. Kugler achou melhor construir uma estante na frente da entrada do nosso esconderijo. Ela gira para fora sobre dobradiças e se abre como uma porta. O sr. Voskuijl fez o trabalho de carpintaria. (O sr. Voskuijl ficou sabendo que nós sete estamos escondidos, ele tem sido muito prestativo.)

Agora, sempre que queremos descer, temos que nos abaixar e depois dar um pulo. Após os primeiros três dias, estávamos todos com galos na testa, de tanto bater a cabeça na porta baixa. Então, Peter forrou o batente da porta, pregando uma toalha forrada com serragem. Vamos ver se ajuda!

Não estou fazendo muito as tarefas escolares. Eu me dei férias até setembro, que é quando o papai quer começar a me dar aulas, mas primeiro temos que comprar todos os livros.

A nossa vida aqui muda muito pouco. O cabelo do Peter foi lavado hoje, mas não há nada especial nisso. O sr. van Daan e eu nos desentendemos a toda hora. A mamãe sempre me trata como um bebê, o que eu odeio. Quanto ao resto, as coisas vêm melhorando. Eu não acho que o Peter tenha ficado mais legal. Ele é um menino detestável que fica na cama o dia todo, só se levanta para fazer algum pequeno trabalho de carpintaria antes de voltar para sua soneca. Que idiota!

A mamãe me deu outro de seus sermões medonhos esta manhã. Nós temos uma visão oposta em tudo. O papai é um amor. Ele pode ficar bravo comigo, mas nunca isso dura mais do que cinco minutos.

O dia lá fora está lindo, agradável e quente e, apesar de tudo, tiramos o máximo proveito do clima descansando na cama dobrável do sótão.

                                                                    Sua Anne

> COMENTÁRIO ACRESCENTADO POR ANNE EM 21 DE SETEMBRO DE 1942: O sr. van Daan tem sido um doce para mim ultimamente. Eu não disse nada, mas estou aproveitando enquanto está durando.

QUARTA-FEIRA, 2 DE SETEMBRO DE 1942.

Querida Kitty,

O sr. e a sra. van Daan tiveram uma briga terrível. Eu jamais vi algo parecido, já que a mamãe e o papai não sonhariam em gritar um com o outro daquele jeito. A discussão era sobre algo de tão pouca importância que não merecia que se desperdiçasse uma única palavra. Bem, cada um sabe de si.

Claro que deve ser muito difícil para o Peter ficar no meio disso, mas ninguém o leva a sério, já que ele é hipersensível e preguiçoso. Ontem ele estava transtornado de preocupação porque sua língua estava azul, em vez de rosa. Esse fenômeno raro desapareceu tão rapidamente quanto surgiu. Hoje ele está andando por aí com um cachecol pesado porque está com torcicolo. Sua alteza também vem se queixando de dor na lombar. Dores e desconfortos no coração, nos rins e nos pulmões também fazem parte da rotina. Ele é um hipocondríaco absoluto! (Essa é a palavra certa, não é?)

A mamãe e a sra. van Daan não estão se dando muito bem. Há razões suficientes para o desentendimento. Só para dar um pequeno exemplo, a sra. van Daan tirou todos os lençóis dela, exceto três, do nosso armário coletivo de roupa de cama. Ela está achando que os da mamãe podem ser usados para ambas as famílias. Ela vai ter uma surpresa desagradável quando descobrir que a mamãe seguiu o seu exemplo.

Além disso, a sra. van Daan está irritada porque estamos usando louça dela em vez da nossa. Ela ainda está tentando descobrir o que fizemos com nossos pratos. Eles estão muito mais próximos do que ela pensa, pois estão embalados em caixas de papelão no sótão, atrás de uma pilha de material publicitário da Opekta. Enquanto estivermos escondidos, os pratos permanecerão fora do alcance dela. Como vivo causando acidentes, é melhor! Ontem quebrei uma das tigelas de sopa da sra. van Daan.

"Ah!", ela exclamou com raiva. "Você não pode ser mais cuidadosa? Essa era a minha última."

Por favor, Kitty, tenha em mente que as duas senhoras falam um holandês abominável (não ouso comentar sobre os cavalheiros: eles se sentiriam muito insultados). Se você ouvisse as tentativas frustradas, morreria de rir. Desistimos de apontar os erros, já que corrigir não adianta nada. Sempre que eu citar a mamãe ou a sra. van Daan, vou escrever em um holandês adequado, em vez de tentar reproduzir o jeito que elas falam.

Na semana passada, houve uma breve interrupção em nossa rotina monótona. Ela veio do Peter e de um livro sobre mulheres. Eu preciso explicar que a Margot e o Peter podem ler quase todos os livros que o sr. Kleiman nos empresta. Mas os adultos preferiam guardar esse livro especial para si. Isso imediatamente despertou a curiosidade do jovem. Que fruto proibido haveria no livro? Peter o pegou quando sua mãe estava lá embaixo conversando e foi com o seu objeto de saque para o sótão. Por dois dias tudo esteve bem. A sra. van Daan sabia o que ele estava aprontando, mas ficou calada até o sr. van Daan descobrir tudo. Ele fez um escândalo, levou o livro embora e achou que esse seria o fim do problema. No entanto, ele deixou de levar a curiosidade do filho junto. O Peter, nada perturbado com ação rápida do pai, começou a pensar em maneiras de conseguir ler o resto deste livro imensamente interessante.

Sobre isso, a sra. van Daan pediu a opinião da mamãe, que disse não achar esse livro em particular adequado para a Margot, mas não via mal em deixá-la ler a maioria dos outros livros.

"Veja, sra. van Daan", disse a mamãe, "há uma grande diferença entre a Margot e o Peter. Para começar, a Margot é uma menina, e as meninas são sempre mais maduras que os meninos. Depois, ela já leu muitos livros sérios, e não sai em busca daqueles que deixaram de ser proibidos. Por fim, a Margot é muito mais sensata e intelectualmente avançada, como resultado de seus quatro anos em uma escola de excelência". A sra. van Daan concordou com ela, mas achou errado, por uma questão de princípio, deixar os jovens lerem livros escritos para adultos.

Nesse meio-tempo, o Peter pensou em um momento adequado em que ninguém estaria interessado nele ou no livro. E, às sete e meia da noite, quando toda família ouvia rádio no escritório particular, ele pegou seu tesouro e fugiu para o sótão novamente. Peter deveria ter voltado às oito e meia, mas estava tão absorto no livro que perdeu a hora, quando estava descendo as escadas, seu pai entrou no cômodo. A cena que se seguiu não surpreendeu ninguém: depois de um tapa, um empurrão e de uma disputa pelo livro, este ficou sobre a mesa e o Peter, no sótão.

Era assim que as coisas estavam quando chegou a hora de a família comer. O Peter ficou lá em cima. Ninguém pensou nele por um minuto. Ele iria para a cama sem jantar. Nós continuamos comendo, conversando alegremente, quando, de repente, ouvimos um assobio agudo. Largamos nossos garfos e nos entreolhamos, o choque claramente podia ser visto nos nossos rostos pálidos.

Então ouvimos a voz do Peter através da chaminé: "Eu não vou descer!".

O sr. van Daan deu um pulo da cadeira, deixando o guardanapo cair no chão e gritou, com o sangue subindo para o rosto: "Para mim chega!".

Com medo do que poderia acontecer, papai agarrou-o pelo braço e os dois homens foram para o sótão. Depois de muita briga e chutes, o Peter acabou em seu quarto com a porta fechada e nós continuamos comendo.

A sra. van Daan queria guardar um pedaço de pão para seu filhinho querido, mas o sr. van Daan foi inflexível. "Se ele não se desculpar neste minuto, terá que dormir no sótão."

Nós nos opusemos, dizendo que ficar sem jantar era castigo suficiente. E se Peter pegasse um resfriado? Não poderíamos chamar um médico.

Peter não se desculpou e voltou para o sótão.

O sr. van Daan decidiu deixar tudo para lá, embora tenha notado na manhã seguinte que a cama de Peter estava desarrumada. Às sete, Peter foi novamente para o sótão, mas foi persuadido a descer quando o papai lhe dirigiu algumas palavras amáveis. Depois de três dias de olhares pesados e de um silêncio persistente, tudo voltou ao normal.

Sua Anne

SEGUNDA-FEIRA, 21 DE SETEMBRO DE 1942.

Querida Kitty,

Hoje vou contar as novidades aqui do anexo. Uma luminária foi colocada acima do meu sofá-cama para que, no futuro, quando eu ouvir o barulho das armas diminuindo, eu possa puxar uma cordinha e acender a luz. Não posso usá-la agora porque estamos mantendo nossa janela um pouquinho aberta de dia e de noite.

Os membros masculinos do clã van Daan construíram um armário muito útil para guardar comida, todo de madeira, envernizado e com telas de verdade. Esse glorioso armário ficava no quarto do Peter, mas, por causa de ar puro, foi transferido para o sótão. Agora há uma prateleira no lugar onde ele ficava. Eu aconselhei o Peter a colocar a mesa dele embaixo da prateleira, usar um belo tapete e pendurar seu próprio armário onde está a mesa. Isso pode tornar seu pequeno cubículo mais confortável, embora eu certamente não gostaria de dormir lá. A sra. van Daan é insuportável. Ela está sempre me repreendendo porque eu fico falando sem parar quando estou no andar de cima. Eu apenas deixo as palavras saltarem da minha boca! E agora, a madame tem um novo truque na manga: ela tenta se livrar de lavar as panelas e as frigideiras. Se sobra um pouquinho de comida no fundo da panela, ela deixa estragar em vez de transferir para um pote de vidro. Daí, à tarde, quando a Margot está ocupada lavando todas as panelas e frigideiras, a madame exclama: "Ah, pobre Margot, como você trabalha!". A cada duas semanas, o sr. Kleiman me traz alguns livros escritos para meninas da minha idade. Estou entusiasmada com a série *Joop ter Heul*. Gostei muito de todos os livros de Cissy van Marxveldt. Eu li *The Zaniest Summer* quatro vezes, e as situações ridículas ainda me fazem rir.

Neste momento, o papai e eu estamos trabalhando em nossa árvore genealógica, e, à medida que avançamos, ele me conta algo sobre cada pessoa. Comecei minhas tarefas escolares. Estou estudando francês sem parar, enfiando cinco verbos irregulares na cabeça todos os dias. Mas eu esqueci muitas coisas que havia aprendido na escola.

O Peter voltou para o inglês com grande relutância. Alguns livros escolares acabaram de chegar, e eu trouxe de casa uma grande quantidade de cadernos, lápis, borrachas e etiquetas. Pim (esse é o apelido que demos para o papai) quer que eu o ajude com suas aulas de holandês. Estou perfeitamente disposta a ensiná-lo em troca de sua ajuda com francês e com outras matérias. Mas ele comete os erros mais impressionantes! Às vezes, eu ouço as transmissões holandesas de Londres. O príncipe Bernhard anunciou recentemente que a princesa Juliana está esperando um bebê para janeiro, o que eu acho maravilhoso. Ninguém aqui entende por que tenho tanto interesse pela família real. Algumas noites atrás, eu fui o tema da discussão, e todos nós concordamos que eu era uma ignorante. Como consequência, eu me joguei nas tarefas da escola no dia seguinte, já que não tenho o mínimo interesse de ainda estar no primeiro ano do ensino médio quando tiver quatorze ou quinze anos. O fato de eu quase não poder ler nada também foi discutido. No momento, a mamãe está lendo *Gentlemen, Wives and Servants*, e é claro que não tenho permissão para lê-lo (embora a Margot tenha!). Primeiro, eu tenho que ser mais desenvolvida intelectualmente, como a minha genial irmã. Depois, discutimos minha ignorância em filosofia, psicologia e fisiologia (eu imediatamente procurei essas palavras grandes no dicionário!). É verdade, eu não sei nada sobre esses assuntos. Mas talvez eu fique mais inteligente no ano que vem! Cheguei à chocante conclusão de que só tenho um vestido de manga comprida e três casaquinhos de malha para usar no inverno. Papai me deu permissão para tricotar um suéter de lã branca. O fio não é muito bonito, mas vai ficar quentinho e é isso que importa. Algumas de nossas roupas ficaram com amigos, mas infelizmente só poderemos pegá-las depois da guerra. Contanto que ainda estejam lá, é claro.

Eu tinha acabado de escrever algo sobre a sra. van Daan quando ela entrou na sala. Pá! Fechei o caderno com força.

"Ei, Anne, posso dar uma olhadinha?"

"Não, sra. van Daan."

"Só a última página, então?"

"Não, nem mesmo a última página, sra. van Daan."

Claro, eu quase morri, já que aquela página em particular continha uma descrição nada lisonjeira dela.

Todos os dias acontece alguma coisa, mas estou muito cansada e com preguiça de escrever tudo.

Sua Anne

SEXTA-FEIRA, 25 DE SETEMBRO DE 1942.

Querida Kitty,

O papai tem um amigo, um homem em seus setenta e poucos anos chamado sr. Dreher, que é doente, pobre e surdo como um poste. Ao seu lado, como um apêndice inútil, está sua mulher, vinte e sete anos mais jovem e igualmente pobre, cujos braços e pernas estão carregados de pulseiras e anéis verdadeiros e falsos, que sobraram dos dias mais prósperos. Esse sr. Dreher já trouxe grandes aborrecimentos para o papai, e eu sempre admirei a santa paciência com que ele lidava com esse velho patético ao telefone. Quando ainda morávamos em casa, a mamãe aconselhava-o a colocar uma vitrola na frente do telefone, uma que repetisse a cada três minutos, "Sim, sr. Dreher" e "Não, sr. Dreher", já que, de qualquer maneira, o velho nunca entendia uma palavra das longas respostas do papai. Hoje o sr. Dreher ligou para o escritório e pediu ao sr. Kugler que fosse vê-lo. O sr. Kugler não estava com vontade e disse que enviaria Miep, mas ela cancelou a visita. A sra. Dreher ligou para o escritório três vezes, mas, como a Miep supostamente teria ficado fora a tarde inteira, teve que imitar a voz de Bep. Lá embaixo, no escritório, e no andar de cima, no anexo, todos caíram na risada. Agora, cada vez que o telefone toca, a Bep diz "É a Sra. Dreher!", e a Miep acaba rindo, de modo que a pessoa do outro lado da linha é recebida com uma risadinha indelicada. Você consegue imaginar? Este deve ser o melhor escritório de todo o mundo. Os chefes e as secretárias se divertem muito juntos!

Algumas noites, vou até os van Daan para conversar um pouquinho. Comemos "biscoitos de naftalina" (biscoitinhos de melado que estavam guardados em um armário à prova de traças) e nos divertimos. Há pouco tempo, falamos sobre o Peter. Eu disse que, com frequência, ele me dá um tapinha na bochecha e que eu não gosto disso. Eles me perguntaram de uma maneira tipicamente adulta se eu poderia aprender a amar o Peter como um irmão, já que ele me ama como uma irmã. "Ah não!", eu disse, mas o que eu estava pensando era: "Ah, argh!". Imagina só! Eu também disse que o Peter é meio frio, talvez porque seja tímido. Garotos que não estão acostumados com garotas são assim.

Devo dizer que o "comitê do anexo" (a seção masculina) é muito criativo. Ouça o esquema que eles criaram para enviar uma mensagem ao sr. Broks, um representante de vendas e amigo da Companhia Opekta, que havia nos ajudado a esconder algumas de nossas coisas! Eles vão datilografar uma carta para o dono de uma loja no sul da Zelândia que é, indiretamente, um dos clientes da Opekta e pedir para ele preencher um formulário e enviá-lo de volta em um envelope endereçado que está incluso. O próprio papai vai escrever o endereço no envelope. Assim que a carta voltar da Zelândia, o formulário pode ser removido e uma mensagem manuscrita, confirmando que o papai está vivo, pode ser inserida no envelope. Dessa forma, o sr. Broks pode ler a carta sem suspeitar de alguma coisa. Eles escolheram a província da Zelândia porque fica perto da Bélgica (uma carta pode ser facilmente contrabandeada pela fronteira) e porque ninguém pode viajar para lá sem uma autorização especial. Um vendedor comum como o sr. Broks nunca receberia uma licença. Ontem o papai aprontou mais uma. Zonzo de sono, foi cambaleando para a cama. Ele estava com os pés frios, por isso emprestei minhas meias para ele. Cinco minutos depois, ele as jogou no chão. Então, puxou os cobertores sobre a cabeça, porque a luz o incomodava. A lâmpada foi apagada e ele cuidadosamente colocou a cabeça para fora das cobertas. Foi tudo muito divertido. Começamos a falar sobre o fato de Peter dizer que a Margot é uma "xereta". De repente, ouviu-se a voz do papai vindo das profundezas: "Uma chorosa, você quer dizer".

Mouschi, a gata, está ficando mais amável comigo com o passar do tempo, mas eu ainda tenho um pouco de medo dela.

Sua Anne

DOMINGO, 27 DE SETEMBRO DE 1942.

Querida Kitty,

Hoje a mamãe e eu tivemos o que se pode chamar de uma "discussão", mas a parte chata é que eu caí no choro. Eu não consigo evitar. O papai é sempre bom comigo e me entende muito mais. Nessas horas, eu não suporto a mamãe. É óbvio que sou uma estranha para ela. Mamãe nem sabe o que eu penso sobre as coisas mais simples. Estávamos falando sobre empregadas domésticas e o fato de que, hoje em dia, devemos nos referir a elas como "colaboradoras domésticas". Ela afirmou que, quando a guerra acabar, é assim que elas vão querer ser chamadas. Eu não penso nem um pouco assim. Então mamãe disse que eu falo sobre "depois" com tanta frequência e que eu ajo como se eu fosse uma dama, mesmo não sendo. Mas eu não acho que fazer planos seja uma coisa tão terrível contanto que você não leve isso muito a sério. De qualquer forma, o papai geralmente vem em minha defesa. Sem ele eu não seria capaz de aguentar aqui.

Eu também não me dou muito bem com a Margot. Mesmo que nossa família nunca tenha o mesmo tipo de brigas que eles têm no andar de cima, isso está longe de ser agradável. O jeito de ser e de pensar da Margot e da mamãe é muito estranho para mim. Eu entendo minhas amigas melhor do que entendo minha própria mãe. Não é triste?

Pela milésima vez, a sra. van Daan está de cara amarrada. Ela é muito rabugenta e, cada vez mais, vem pegando e trancando as coisas dela. É uma pena que a mamãe não retribua cada "caso de desaparecimento" dos van Daan com um "caso de desaparecimento" dos Frank. Algumas pessoas, como os van Daan, parecem ter um prazer especial não apenas em criar seus próprios filhos, mas em ajudar os outros a criarem os seus. A Margot não precisa disso, já que ela é naturalmente boa, gentil e inteligente, a perfeição em pessoa, mas eu pareço fazer estrago suficiente por nós duas. Mais de uma vez, o ar se encheu com as críticas dos van Daan e com minhas respostas atrevidas. O papai e a mamãe sempre me defendem ferozmente. Sem eles eu não seria capaz de voltar para a briga com minha compostura habitual. Eles ficam dizendo que eu deveria falar menos, cuidar da minha vida e ser mais humilde, mas pareço estar fadada ao fracasso. Se o papai não fosse tão paciente, há muito tempo eu teria perdido a esperança de atender às expectativas bastante moderadas dos meus pais.

Se eu pegar apenas um pouco de uma verdura que eu deteste e, em vez disso, comer batatas, os van Daan, especialmente a sra. van Daan, não se conformam com o quão mimada eu sou. "Vamos, Anne, coma mais um pouco de verduras", diz ela.

"Não, obrigada, senhora", eu respondo. "As batatas são mais do que suficiente."

"Verduras fazem bem para você, a sua mãe também diz isso. Coma mais", ela insiste, até que o meu pai intervém e defende meu direito de recusar uma comida da qual não gosto.

Então a sra. van Daan realmente perde o controle: "Você deveria ter morado na nossa casa, onde as crianças foram criadas do jeito que deveriam ser. Eu não acho que essa seja uma boa criação. A Anne é mimada demais. Eu jamais deixaria que isso acontecesse. Se a Anne fosse minha filha...".

É sempre assim que suas tiradas começam e terminam: "Se a Anne fosse minha filha...". Graças a Deus que eu não sou.

Mas, voltando ao assunto da criação de filhos, ontem baixou um silêncio depois que a sra. van Daan terminou seu pequeno discurso. O papai então respondeu: "Acho que a Anne foi muito bem educada. Pelo menos ela aprendeu a não responder aos seus intermináveis sermões. No que diz respeito aos vegetais, tudo o que tenho a dizer é que quem tem telhado de vidro não atira pedra no telhado do vizinho".

A sra. van Daan perdeu feio. Quem tem telhado de vidro refere-se, é claro, à própria madame, já que ela não tolera feijão ou qualquer tipo de repolho à noite porque eles lhe dão "gases". Mas eu poderia dizer o mesmo. Que idiota, não acha? De qualquer forma, vamos torcer para que ela pare de falar de mim. É tão engraçado ver a rapidez com que a sra. van Daan fica vermelha. Eu não fico e esse segredo a deixa muito irritada.

SEGUNDA-FEIRA, 28 DE SETEMBRO DE 1942.

Querida Kitty,

Eu tive que parar ontem, mesmo não estando nem perto de terminar. Mal podia esperar para lhe contar sobre mais uma das nossas brigas, mas antes gostaria de dizer isto: eu acho estranho que os adultos briguem com tanta facilidade e tanta frequência e sobre coisas tão mesquinhas. Até agora eu sempre pensei que briguinhas eram apenas coisa que as crianças fazem, mas que superam quando crescem. Muitas vezes, é claro, há razão para se ter uma briga real, mas os bate-bocas que acontecem aqui não passam de implicâncias. Eu deveria estar acostumada com o fato de que essas provocações são ocorrências diárias, mas não estou e nunca estarei enquanto eu for o assunto de quase todas as brigas. (Eles se referem a elas como "discussões" em vez de "brigas", mas os alemães não sabem a diferença!) Eles criticam tudo, tudo mesmo o que tem a ver comigo: meu comportamento, minha personalidade, minhas maneiras; cada centímetro de mim, da cabeça aos pés e vice-versa, é assunto de fofoca e debate. Palavras duras e gritos são sempre jogados em cima de mim, embora eu não esteja nada acostumada com isso. De acordo com os poderes constituídos, devo sorrir e aguentar. Mas eu não consigo! Não tenho intenção de aceitar os insultos deles de cabeça baixa. Vou mostrar para eles que Anne Frank não nasceu ontem. Eles vão se sentar e ver o que é bom, e vão manter as bocas fechadas quando eu mostrar que devem cuidar dos seus próprios modos em vez dos meus. Como eles se atrevem a agir desta maneira! É simplesmente o cúmulo. Eu fico cada vez mais impressionada com tanta grosseria e, acima de tudo, [...] com tamanha estupidez (sra. van Daan). Mas, assim que eu me acostumar com a ideia, e isso não deve demorar muito, vou dar a eles um gostinho de seu próprio remédio, e eles vão mudar o tom! Será que eu realmente sou tão mal-educada, voluntariosa, teimosa, agressiva, estúpida, preguiçosa etc., etc. como os van Daan dizem que sou? Não, claro que não. Eu sei que tenho meus defeitos e falhas, mas eles exageram! Se você ao menos soubesse, Kitty, como eu fico irritada quando eles me repreendem e zombam de mim. Não vai demorar muito para eu explodir essa raiva reprimida.

Mas chega disso. Já aborreci você o bastante com minhas brigas e, mesmo assim, não consigo resistir a acrescentar uma conversa extremamente interessante que aconteceu em um jantar.

De alguma forma, chegamos ao assunto da extrema timidez do Pim. Sua modéstia é tão conhecida que nem mesmo a pessoa mais estúpida sonharia em questionar. De repente, a sra. van Daan, que tem a necessidade de se meter em todas as conversas, comentou: "Sou muito modesta e reservada, muito mais do que meu marido!".

Você já ouviu algo mais ridículo? Essa frase mostra muito bem que ela não é exatamente o que você chamaria de modesta!

O sr. van Daan, que se sentiu obrigado a explicar o "muito mais do que meu marido", calmamente respondeu: "Não tenho vontade de ser modesto e reservado. Pela minha experiência, você vai muito mais longe sendo incisivo!". E, virando-se para mim, ele acrescentou: "Não seja modesta e reservada, Anne. Isso não vai te levar a lugar nenhum".

A mamãe concordou totalmente com esse ponto de vista. Mas, como sempre, a sra. van Daan teve que fazer seu comentário. Dessa vez, no entanto, em vez de se dirigir diretamente a mim, ela se virou para meus pais e disse: "Vocês devem ter uma visão estranha da vida para dizer isso à Anne. As coisas eram diferentes quando eu estava crescendo. Embora não tenham mudado muito desde aquela época, exceto em sua família moderna!".

Esse foi um golpe direto nos métodos modernos de criação da mamãe, que ela defendeu em muitas ocasiões. A sra. van Daan estava tão zangada que seu rosto ficou em um vermelho vivo. As pessoas que ficam coradas com muita facilidade se tornam ainda mais agitadas quando sentem que estão esquentando e acabam, rapidamente, perdendo para seus oponentes.

A minha mãe, que não estava vermelha agora queria terminar o assunto o mais rápido possível, parou por um momento para pensar antes de responder: "Bem, sra. van Daan, concordo que é muito melhor que uma pessoa não seja excessivamente modesta. Meu marido, a Margot e o Peter, são todos excepcionalmente modestos. O seu marido, a Anne e eu, embora não sejamos exatamente o oposto, nós não deixamos que mandem na gente".

A sra. van Daan: "Ah, sra. Frank, eu não entendo o que a senhora quer dizer! Honestamente, eu sou muito modesta e reservada. Como você pode dizer que eu sou incisiva?".

A mamãe: "Eu não disse que você era incisiva, mas que ninguém descreveria você como tendo um temperamento retraído".

A sra. van Daan: "Eu gostaria de saber de que maneira sou incisiva! Se eu não cuidasse de mim aqui, ninguém o faria e logo eu morreria de fome, mas isso não significa que eu não seja tão modesta e reservada quanto o seu marido".

A mamãe não teve escolha a não ser rir daquela autodefesa ridícula, o que irritou a sra. van Daan. Não sendo exatamente uma debatedora nata, ela continuou seu relato magnífico numa mistura de alemão e holandês, até ficar tão atrapalhada em suas próprias palavras que, finalmente, ela se levantou da cadeira e, quando estava prestes a sair da sala, seus olhos bateram em mim. Você deveria ter visto a cara dela! Por sorte, no momento em que a sra. van Daan se virou, eu estava balançando a cabeça em uma combinação de compaixão e ironia. Eu não estava fazendo isso de propósito, mas eu segui seu discurso de forma tão atenta que minha reação foi completamente involuntária. A sra. van Daan se virou e me deu aquela bronca: dura, alemã, mesquinha e vulgar, exatamente como é típico de uma vendedora de peixes gorda e de cara vermelha. Foi uma felicidade ver isso. Se eu soubesse desenhar, gostaria de tê-la desenhado como estava naquele momento. Estava tão ridícula, aquela maluca desmiolada! Eu aprendi uma coisa: você só conhece uma pessoa depois de uma briga. Só então você pode julgar seu verdadeiro caráter!

Sua Anne

TERÇA-FEIRA, 29 DE SETEMBRO DE 1942.

Querida Kitty,

Acontecem as coisas mais estranhas quando se está escondida! Tente imaginar. Como não temos banheira, nós tomamos banho em uma tina e, como só há água quente no escritório (isso significa em todo o andar de baixo), nós sete nos revezamos aproveitando ao máximo esse grande luxo. Mas, como nenhum de nós é igual e todos temos diferentes graus de pudor, cada membro da família escolheu um lugar diferente para se lavar. O Peter toma banho na cozinha do escritório, mesmo tendo uma porta de vidro. Quando é a hora do seu banho, ele vai até cada um de nós e anuncia que não devemos passar pela cozinha na próxima meia hora. Para ele, essa medida é suficiente. O sr. van Daan toma seu banho no andar de cima, ele acha que a segurança de seu próprio quarto supera a dificuldade de ter que carregar a água quente por todas aquelas escadas. A sra. van Daan ainda não tomou banho. Ela está esperando para ver qual lugar é melhor. O papai toma banho no escritório particular; e a mamãe, na cozinha, atrás da grade da lareira, enquanto a Margot e eu decretamos que o escritório da frente é nosso lugar de tomar banho. Como as cortinas ficam fechadas no sábado à tarde, nós nos lavamos no escuro; enquanto isso, a que não está tomando banho fica olhando, maravilhada, pela janela, por uma fresta da cortina, as pessoas se divertindo muito. Há uma semana, eu decidi que não gostava dali e comecei a procurar um lugar mais confortável para tomar banho. Foi o Peter quem me deu a ideia de colocar minha tina no espaçoso banheiro do escritório. Eu posso sentar, acender a luz, trancar a porta, despejar a água sem ajuda de ninguém, e tudo sem medo de ser vista. Usei meu lindo banheiro pela primeira vez no domingo e, por mais estranho que pareça, gosto mais dele do que de qualquer outro lugar.

O encanador estava trabalhando no andar de baixo na quarta-feira, movendo os canos de água e drenos do banheiro do escritório para o corredor, para que os canos não congelem durante o inverno. A vinda do encanador não foi nada agradável. Não só fomos proibidos de abrir torneiras durante o dia, mas o banheiro também virou zona proibida. Vou contar como lidamos com esse problema. Você pode achar impróprio da minha parte falar sobre isso, mas eu não sou tão pudica sobre assuntos desse tipo. No dia da nossa chegada, papai e eu improvisamos um penico, sacrificando um pote de conserva para esse fim. Durante o tempo em que o encanador ficou aqui, potes de conserva foram disponibilizados ao longo do dia para acomodar "nossos chamados da natureza". Para mim, isso não foi tão difícil quanto ter que ficar sentada o dia todo, sem dizer uma palavra. Você pode imaginar o quão difícil foi para a dona Quaquaquá. Em dias normais, temos que falar em sussurros. Não poder falar nem se mexer é dez vezes pior.

Depois de três dias tendo que ficar sentada, eu estava toda dura e meu traseiro, dolorido. A ginástica noturna ajudou.

Sua Anne

QUINTA-FEIRA, 1º DE OUTUBRO DE 1942.

Querida Kitty,
Ontem senti um medo horrível. Às oito horas, a campainha tocou de repente. A única coisa em que eu conseguia pensar era que alguém estava vindo nos pegar, você sabe a quem me refiro. Mas eu me acalmei quando todos juraram que deviam ser arruaceiros ou o carteiro.

Os dias aqui são bem pacatos. O sr. Levinsohn, um pequeno farmacêutico e químico judeu, está trabalhando para o sr. Kugler na cozinha. Como ele está familiarizado com todo o edifício, estamos apavorados que ele queira dar uma olhada no que costumava ser o laboratório. Ficamos parados como ratinhos. Quem teria imaginado três meses atrás que a agitada Anne teria que ficar sentada, por horas a fio, sem fazer barulho; e mais, que ela conseguiria?

O aniversário da sra. van Daan foi dia 29. Apesar de não termos feito uma grande festa, ela recebeu flores, presentes simples e uma comida especial. Ao que parece, os cravos vermelhos dados pelo marido são uma tradição de família.

Deixe-me fazer uma pausa no assunto sobre a sra. van Daan e lhe dizer que suas tentativas de paquerar o papai são uma fonte constante de irritação para mim. Ela dá tapinhas na bochecha e na cabeça dele, levanta a saia e faz comentários espirituosos em um esforço para chamar a atenção do Pim. Felizmente, ele não a acha nem bonita nem interessante, então não responde aos flertes dela. Como você sabe, eu sou do tipo ciumenta e não admito o comportamento dela. Afinal, a mamãe não age assim com o sr. van Daan, e disse isso na cara da sra. van Daan.

De vez em quando, Peter é bem divertido. Ele e eu temos uma coisa em comum: gostamos de nos fantasiar, o que faz todo mundo rir. Uma noite dessas, fizemos uma apresentação, com o Peter em um dos vestidos justos de sua mãe e eu usando um terno dele.

Ele estava com um chapéu; eu, com um boné. Os adultos rolavam de tanto rir, nós também nos divertimos muito.

A Bep comprou saias novas para a Margot e para mim na Bijenkorf. O tecido é medonho, como o saco de estopa das batatas. Justamente o tipo de coisa que as lojas de departamentos antigamente não ousariam vender, elas custaram 24 florins (a da Margot) e 7,75 florins (a minha).

Tem uma coisa boa que está para chegar: a Bep encomendou um curso de taquigrafia por correspondência para a Margot, para o Peter e para mim. No ano que vem, a esta altura, saberemos taquigrafar perfeitamente. De qualquer forma, aprender a escrever um código secreto é realmente interessante.

Estou com uma dor terrível no dedo indicador (da mão esquerda), então não posso passar roupa. Que sorte!

O sr. van Daan quer que eu me sente ao lado dele na mesa, já que, para o seu gosto, a Margot não come o suficiente. Por mim, tudo bem, eu gosto de mudanças. Tem sempre um pequeno gato preto perambulando pelo quintal, e ele me lembra minha querida e doce Moortje. Outra razão pela qual gostei da mudança de lugar é que a mamãe está sempre reclamando de mim, especialmente à mesa. Agora a Margot é quem terá que aturar. Ou melhor, não, já que a mamãe não faz esses comentários sarcásticos para ela. Não àquele modelo de virtude! Estou sempre provocando a Margot por ser um modelo de virtude nos dias de hoje e ela odeia isso. Talvez eu a ensine a não ser tão boazinha. Já era hora de ela aprender.

Para acabar com essa miscelânea de notícias, segue uma piada particularmente divertida contada pelo sr. van Daan:
O que faz clic 99 vezes e clac uma vez?
Uma centopeia com uma perna de pau.
Tchau,

Sua Anne

SÁBADO, 3 DE OUTUBRO DE 1942.

Querida Kitty,
Todo mundo me provocou um pouco ontem porque eu me deitei na cama ao lado do sr. van Daan. "Na sua idade! Escandaloso!" e outras observações nesse sentido. Bobo, é claro. Eu jamais iria querer dormir com o sr. van Daan do jeito que eles insinuavam.

Ontem a mamãe e eu tivemos outro desentendimento, e ela realmente armou uma cena. Contou ao papai todos os meus pecados e começou a chorar, o que me fez chorar também, e eu já estava com uma dor de cabeça horrível. Eu finalmente disse ao papai que o amo mais do que amo a mamãe. Ele respondeu que era apenas uma fase passageira, mas acho que não. Eu simplesmente não suporto a mamãe, e tenho que me esforçar para não estourar com ela o tempo todo e ficar calma, quando eu preferiria dar um tapa na cara dela. Não sei por que sinto uma antipatia terrível por ela. O papai diz que, se a mamãe não está se sentindo bem ou está com dor de cabeça, eu deveria me oferecer para ajudá-la, mas eu não vou porque não a amo e não gosto de fazer isso. Eu até consigo imaginar mamãe morrendo algum dia, mas a morte do papai parece inconcebível. É muito maldoso da minha parte, mas é assim que eu me sinto. Espero que a mamãe nunca leia isso ou qualquer outra coisa que escrevi.

Ultimamente, tenho permissão para ler mais livros de adultos. O *Eva's jeugd [Eva's Youth]*, de Nico van Suchtelen, está me mantendo ocupada no momento. Não acho que haja muita diferença entre esse livro e aqueles para garotas adolescentes. A Eva achava que as crianças cresciam em árvores, como maçãs, e que a cegonha as arrancava da árvore quando estavam maduras e as levava para as mães. Mas a gata da sua amiga teve gatinhos, e Eva os viu saindo da gata, por isso ela pensou que as gatas botavam ovos e os chocavam como galinhas, e que as mães que queriam um filho também subiam para o quarto, alguns dias antes da hora de botar um ovo e chocá-lo. Depois que os bebês chegavam, as mães estavam bem fracas de tanto ficarem agachadas. Em algum momento, Eva também quis um bebê. Ela pegou um cachecol de lã e o estendeu no chão para que o ovo pudesse cair nele, e então ela se agachou e começou a fazer força. Ela cacarejava enquanto esperava, mas nenhum ovo saiu. Finalmente, depois de muito tempo sentada, algo veio, mas era uma salsicha, em vez de um ovo. Eva ficou envergonhada. Pensou que estava doente. Engraçado, não é? Há também trechos no *Eva's Youth* que falam sobre mulheres vendendo seus corpos na rua e pedindo muito dinheiro. Eu ficaria mortificada na frente de um homem numa situação dessas. Além disso, o livro menciona a menstruação de Eva. Ah, não vejo a hora de ficar menstruada — eu realmente serei adulta. Papai está resmungando de novo e ameaçando tirar meu diário. Ah, horror dos horrores! De agora em diante, vou escondê-lo.

Sua Anne

QUARTA-FEIRA, 7 DE OUTUBRO DE 1942.

Querida Kitty,
Eu imagino que...
Fui para a Suíça. O papai e eu dormimos em um quarto, enquanto o escritório dos meninos* foi transformado em uma sala de estar, onde posso receber visitas. Como uma surpresa, eles compraram móveis novos para mim, incluindo uma mesa de chá, uma escrivaninha, poltronas e um divã. Tudo é simplesmente maravilhoso. Depois de alguns dias, o papai me dá 150 florins — convertidos em dinheiro suíço, é claro, mas vou chamá-los de florins — e me diz para comprar o que acho que vou precisar, tudo para mim. (Mais tarde, recebo um florim por semana, que também posso usar para comprar o que quiser.) Eu saio com o Bernd e compro:

3 camisetas de algodão a 0,50 = 1,50
3 calcinhas de algodão a 0,50 = 1,50
3 camisetas de lã a 0,75 = 2,25
3 cuecas de lã a 0,75 = 2,25
2 anáguas a 0,50 = 1,00
2 sutiãs (menor tamanho) a 0,50 = 1,00
5 pijamas a 1,00 = 5,00
1 roupão de verão a 2,50 = 2,50
1 roupão de inverno a 3,00 = 3,00
2 casacos de dormir a 0,75 = 1,50
1 travesseiro pequeno a 1,00 = 1,00
1 par de chinelos leves a 1,00 = 1,00
1 par de chinelos quentes a 1,50 = 1,50
1 par de sapatos de verão (escola) a 1,50 = 1,50
1 par de sapatos de verão (passeio) a 2,00 = 2,00
1 par de sapatos de inverno (escola) a 2,50 = 2,50
1 par de sapatos de inverno (passeio) a 3,00 = 3,00
2 aventais a 0,50 = 1,00

---
* Os primos de Anne, Bernhard (Bernd) e Stephan Elias.

25 lenços a 0,05 = 1,00
4 pares de meias de seda a 0,75 = 3,00
4 pares de meias três-quartos a 0,50 = 2,00
4 pares de meias a 0,25 = 1,00
2 pares de meias grossas a 1,00 = 2,00
3 novelos de lã branca (roupa de baixo, gorro) = 1,50
3 novelos de lã azul (suéter, saia) = 1,50
3 novelos de lã variada (gorro, cachecol) = 1,50
Xales, cintos, golas, botões = 1,25

Mais 2 vestidos para a escola (verão), 2 vestidos para a escola (inverno), 2 vestidos bons (verão), 2 vestidos bons (inverno), 1 saia de verão, 1 boa saia de inverno, 1 saia para a escola no inverno, 1 capa de chuva, 1 casaco de verão, 1 casaco de inverno, 2 chapéus, 2 gorros. Por um total de 108 florins.

Duas bolsas, 1 roupa de patinação no gelo, 1 par de patins, 1 estojo de maquiagem (contendo pó, creme para a pele, base, creme de limpeza, bronzeador, algodão, estojo de primeiros socorros, ruge, batom, lápis de sobrancelha, sais de banho, talco, água de colônia, sabonete, espoja para aplicar pó de arroz).

Mais 4 suéteres a 1,50, 4 blusas a 1,00, artigos diversos a 10,00 e livros, presentes por 4,50.

SEXTA-FEIRA, 9 DE OUTUBRO DE 1942.

Querida Kitty,
Hoje não tenho nada além de notícias tristes e deprimentes para contar. Nossos muitos amigos e conhecidos judeus estão sendo levados em massa. A Gestapo** os está tratando muito mal e transportando-os em vagões de gado para Westerbork, o grande campo em Drente, para o qual estão enviando todos os judeus. A Miep nos contou sobre alguém que conseguiu escapar de lá. Deve ser terrível em Westerbork. As pessoas praticamente não recebem nada para comer, menos ainda para beber, já que a água está disponível apenas uma hora por dia, e há apenas um lavatório e poucas latrinas para centenas de pessoas. Homens, mulheres e crianças dormem juntos, e as mulheres e as crianças costumam ter a cabeça raspada. Dizem que há muita imoralidade, por isso muitas mulheres e jovens engravidam se ficam no campo por muito tempo.

Fugir é quase impossível. Muitas pessoas aparentam ser judias e são marcadas por terem suas cabeças raspadas.

Se está tão ruim assim na Holanda, como deve estar naquelas regiões distantes e nada civilizadas para onde os alemães os enviam? Nós supomos que a maioria deles está sendo assassinada. A rádio inglesa diz que eles estão sendo mortos por gás. Talvez essa seja a maneira mais rápida de morrer. Estou me sentido péssima. Os relatos de Miep sobre esses horrores são muito desoladores e ela também está muito transtornada. Outro dia, por exemplo, homens da Gestapo largaram uma judia idosa e aleijada na porta da Miep enquanto buscavam um carro para transportá-la. A senhora estava apavorada com os holofotes brilhantes e as baterias antiaéreas disparando contra os aviões ingleses acima. No entanto, Miep não se atreveu a trazê-la para dentro. Ninguém traria. Os alemães não economizam quando se trata de punição.

A Bep também anda muito calada. O namorado dela está sendo enviado para a Alemanha. Toda vez que os aviões estão sobrevoando, ela teme que eles joguem toda a carga de bombas na cabeça de Bertus. Piadas como "Ah, não se preocupe, elas não podem cair sobre ele" ou "Uma bomba

---
** Geheime Staatspolizei, abreviado Gestapo, era a polícia secreta oficial da Alemanha Nazista e na Europa ocupada pelos alemães.

é suficiente" não são nada apropriadas nesta situação. Bertus não é o único que está sendo forçado a trabalhar na Alemanha. Trens carregados de jovens partem diariamente. Durante a viagem, alguns tentam escapar do trem e se esconder quando param em alguma estação menor, mas apenas uma pequena porcentagem é bem-sucedida.

Ainda não terminei de me lamentar. Você já ouviu falar no termo "prisioneiro"? Essa é a punição mais recente para sabotadores. É a coisa mais horrível que você pode imaginar. Cidadãos importantes — pessoas inocentes — são jogados na prisão à espera de serem sentenciados. Se a Gestapo não consegue encontrar o sabotador, eles simplesmente pegam cinco prisioneiros e os enfileiram contra a parede. Você lê o anúncio da sua morte no jornal, onde são classificados como "acidentes fatais".

Gente boa, esses alemães, e pensar que sou um deles!

Não, não é verdade, Hitler tirou nossa nacionalidade há muito tempo. E, além disso, não há inimigos maiores na terra do que os alemães e os judeus.

Sua Anne

QUARTA-FEIRA, 14 DE OUTUBRO DE 1942.

Querida Kitty,

Estou ocupadíssima. Ontem comecei a traduzir um capítulo de *La Belle Niveraise* e a anotar palavras. Depois, trabalhei em um problema horroroso de matemática e traduzi três páginas de gramática francesa. Hoje, gramática francesa e história. Eu simplesmente me recuso a fazer essa matemática miserável todos os dias. O papai também acha horrível. Sou quase melhor do que ele nisso, embora, na verdade, nenhum de nós seja bom, então sempre temos que pedir a ajuda da Margot. Eu também estou trabalhando na minha taquigrafia, que eu gosto. De nós três, eu fiz o maior progresso.

Li *De Stormen [The Storm Family]*. É muito bom, mas não se compara a *Joop to Heul*. De qualquer forma, as mesmas palavras podem ser encontradas nos dois livros, o que faz sentido, porque são escritos pela mesma autora, Cissy van Marxveldt, que é uma escritora fantástica. Sem dúvida vou deixar meus filhos também lerem os livros dela.

Além disso, li muitas peças de Körner. Eu gosto da maneira como ele escreve. Por exemplo, *Hedwig*, *The Cousin from Bremen*, *The Governess*, *The Green Domino* etc. A mamãe, a Margot e eu voltamos a ser as melhores amigas de novo. Na verdade, assim é muito mais legal. Na noite passada, a Margot e eu estávamos deitadas uma ao lado da outra na minha cama. Estava incrivelmente apertado, mas foi isso que tornou tudo divertido. Ela perguntou se podia ler meu diário de vez em quando. "Algumas partes dele" — eu disse, e perguntei sobre o dela. Ela me deu permissão para ler seu diário também.

A conversa se voltou para o futuro e perguntei o que ela queria ser quando crescesse. Mas ela não disse e fez muito mistério a esse respeito. Acho que tem algo a ver com ensino. Não tenho certeza, mas suspeito que seja algo nesse sentido. Eu realmente não deveria ser tão intrometida.

Esta manhã me deitei na cama do Peter, depois de tê-lo expulsado. Ele ficou furioso, mas não me importei. Ele poderia ser um pouco mais legal comigo de vez em quando. Afinal, eu lhe dei uma maçã ontem à noite.

Uma vez perguntei para a Margot se ela me achava feia. Ela disse que eu era uma gracinha e que tinha olhos bonitos. Um pouco vago, não acha?

Bem, até a próxima!

Sua Anne

P.S.: Hoje de manhã todos nós nos pesamos. A Margot agora pesa 60 quilos; mamãe, 62; papai, 72; Anne, 43; Peter, 67; sra. van Daan, 75; sr. van Daan, 75. Nos três meses desde que estou aqui, engordei 8,5 quilos. Muito, hein?

TERÇA-FEIRA, 20 DE OUTUBRO DE 1942.

Querida Kitty,

Minha mão ainda está tremendo, embora já tenham se passado duas horas desde que tomamos o susto. Antes, preciso explicar que há cinco extintores de incêndio no prédio que precisavam ser recarregados. O pessoal do escritório estupidamente se esqueceu de nos avisar que o carpinteiro, sei lá como ele se chama, estava vindo para encher os extintores. Como resultado, não nos preocupamos em ficar quietos até que ouvi o som de marteladas na área em frente à estante. Eu imediatamente presumi que era o carpinteiro e fui avisar a Bep, que estava almoçando, de que ela não podia voltar lá para baixo. O papai e eu paramos na porta para podermos ouvir quando o homem fosse embora. Depois de trabalhar por cerca de quinze minutos, ele colocou seu martelo e algumas outras ferramentas em nossa estante (ou pelo menos foi isso o que pensamos!) e bateu na nossa porta. Ficamos brancos de medo. Afinal, será que ele tinha ouvido alguma coisa e agora queria checar aquela estante de aparência misteriosa? Parecia que sim, já que ele continuava batendo, puxando, empurrando e sacudindo.

Eu estava com tanto medo que quase desmaiei de terror só de pensar nesse completo estranho descobrindo nosso maravilhoso esconderijo. Justo quando pensei que meus dias estavam contados, ouvimos a voz do sr. Kleiman dizendo: "Abram, sou eu". Abrimos a porta imediatamente.

O que havia acontecido?

O gancho que prendia a estante ficou preso, por isso ninguém conseguiu nos avisar sobre o carpinteiro. Depois que o homem saiu, o sr. Kleiman queria chamar a Bep, mas não conseguiu abrir a estante. Nem consigo dizer como fiquei aliviada. Na minha imaginação, o homem que estava tentando entrar no anexo secreto continuou crescendo e crescendo até se tornar não apenas um gigante, mas também o fascista mais cruel do mundo. Ufa! Felizmente, tudo deu certo, pelo menos desta vez.

Nós nos divertimos muito na segunda-feira. A Miep e o Jan passaram a noite conosco. A Margot e eu dormimos no quarto do papai e da mamãe durante a noite para que os Gies pudessem ficar com as nossas camas. O cardápio foi elaborado em homenagem a eles, e a refeição estava deliciosa. A festa foi brevemente interrompida quando o abajur do papai causou um curto-circuito e, de repente, fomos mergulhados na escuridão. O que deveríamos fazer? Tínhamos fusíveis, mas a caixa onde eles estavam ficava na parte de trás do armazém escuro, o que tornava esse trabalho particularmente desagradável à noite. Ainda assim, os homens se aventuraram e, dez minutos depois, conseguimos apagar as velas.

Eu acordei cedo hoje. O Jan já estava vestido. Como ele tinha que sair às oito e meia, estava lá em cima tomando café da manhã às oito. A Miep estava ocupada se vestindo, e eu a encontrei de camiseta quando entrei. Reparei que usa o mesmo tipo de calças de baixo que eu quando ela anda de bicicleta. A Margot e eu também nos vestimos e subimos mais cedo do que de costume. Depois de um agradável café da manhã, a Miep desceu. Estava chovendo muito forte e ela, feliz por não ter que ir de bicicleta para o trabalho. O papai e eu arrumamos as camas e depois aprendi cinco verbos irregulares em francês. Muito aplicada, não acha?

A Margot e o Peter estavam lendo em nosso quarto, com a Mouschi encolhida no divã, ao lado de Margot. Depois dos meus verbos irregulares em francês, juntei-me a eles e li *The Woods Are Singing for All Eternity*. É um livro lindo, mas muito peculiar. Estou quase terminando.

Na próxima semana, é a vez da Bep passar a noite aqui.

Sua Anne

QUINTA-FEIRA, 29 DE OUTUBRO DE 1942.

Minha querida Kitty,

Estou muito preocupada. O papai está doente. Ele está coberto de manchas e com a temperatura alta. Parece sarampo. Imagina só, não podemos sequer chamar um médico! A mamãe o faz transpirar na esperança de que a febre abaixe com o suor.

Esta manhã, Miep nos disse que os móveis foram removidos do apartamento dos van Daan, em Zuider-Amstellaan. Ainda não contamos à sra. van Daan. Ultimamente, ela anda muito "nervosa", e não estamos com vontade de ouvi-la gemer e reclamar de novo sobre toda a bela porcelana e as lindas cadeiras que ela teve que deixar para trás. Nós também tivemos que abandonar a maioria das nossas coisas boas. Do que adianta queixar-se sobre isso agora? O papai quer que eu comece a ler livros de Hebbel e de outros célebres escritores alemães.

Atualmente, eu consigo ler alemão razoavelmente bem, só que eu costumo sussurrar as palavras em vez de lê-las em silêncio. Mas isso vai passar. O papai pegou do armário grande as peças de Goethe e de Schiller e está planejando lê-las para mim todas as noites. Começamos com *Don Carlos*. Motivada pelo bom exemplo do papai, a mamãe me passou o seu livro de orações. Li algumas orações em alemão, só para ser educada. Elas, sem dúvida, parecem lindas, mas significam muito pouco para mim. Por que ela está me fazendo agir de modo tão religioso e devoto? Amanhã vamos acender o fogão pela primeira vez. Há muito tempo não limpam a chaminé, então a sala pode acabar ficando cheia de fumaça. Vamos torcer para que ela seja puxada!

Sua Anne

SEGUNDA-FEIRA, 2 DE NOVEMBRO DE 1942.

Querida Kitty,

A Bep ficou conosco na sexta à noite. Foi divertido, mas ela não dormiu muito bem, porque tinha bebido um pouco de vinho. De resto, não há nada de especial para relatar. Ontem tive uma dor de cabeça horrível e fui dormir cedo. A Margot está impossível de novo. Esta manhã comecei a organizar um arquivo de fichas do escritório porque tinha caído e tudo ficou misturado. Não demorou muito e a bagunça começou a me deixar maluca. Pedi ajuda para a Margot e o Peter, mas eles estavam com preguiça, então larguei tudo e deixei quieto.

Eu não sou louca o suficiente para fazer tudo sozinha!

Sua Anne

P.S.: Esqueci de mencionar a importante notícia de que provavelmente vou menstruar em breve. Eu sei disso porque ando encontrando uma mancha esbranquiçada nas minhas calcinhas, e a mamãe previu que começaria em breve. Mal posso esperar. É um grande momento. Pena que não posso usar absorventes higiênicos, não se consegue mais comprá-los e os tampões da mamãe só podem ser usados por mulheres que já tiveram um bebê.

COMENTÁRIO ADICIONADO POR ANNE EM 22 DE JANEIRO DE 1944: Eu não conseguiria mais escrever esse tipo de coisa.

Agora que estou relendo meu diário um ano e meio depois, estou surpresa com a minha inocência. No fundo, sei que nunca poderia ser tão ingênua novamente, por mais que quisesse. Eu consigo entender as mudanças de humor e os comentários sobre a Margot, a mamãe e o papai como se eu tivesse escrito ontem, mas não consigo me imaginar escrevendo tão abertamente sobre outros assuntos. Morro de vergonha quando leio as páginas que tratam de assuntos que lembrava serem mais interessantes do que realmente são. Minhas descrições são muito indelicadas. Mas chega disso. Também posso entender minha imensa saudade de casa e da Moortje. Durante todo o tempo que estive aqui inconscientemente e, às vezes, conscientemente, ansiei por confiança, amor e afeto físico. Essa saudade pode mudar de intensidade, mas sempre estará lá.

QUINTA-FEIRA, 5 DE NOVEMBRO DE 1942.

Querida Kitty,

Finalmente, os ingleses conseguiram alguns sucessos na África, e Stalingrado ainda não caiu, por isso os homens estão felizes; tomamos café e chá esta manhã. De resto, nada de especial para contar.

Tenho lido muito e trabalhado pouco esta semana. É assim que as coisas deveriam ser. Esse é, com certeza, o caminho para o sucesso.

A mamãe e eu estamos nos dando melhor ultimamente, mas nunca estamos próximas. O papai não é muito aberto sobre seus sentimentos, mas ele é a mesma pessoa adorável que sempre foi. Acendemos a lareira há alguns dias e a sala ainda está cheia de fumaça. Eu prefiro aquecimento central e, provavelmente, não sou a única. A Margot é uma asquerosa (não há outra palavra para isso), uma fonte constante de irritação, pela manhã, tarde e noite.

Sua Anne

SÁBADO, 7 DE NOVEMBRO DE 1942.

Querida Kitty,

Os nervos da mamãe estão à flor da pele e isso nunca termina bem para mim. É apenas uma coincidência o fato de o papai e a mamãe nunca darem bronca na Margot e sempre me culparem por tudo? Ontem à noite, por exemplo, a Margot estava lendo um livro com lindas ilustrações. Ela se levantou e guardou o livro para ler mais tarde. Eu não estava fazendo nada, então o peguei e comecei a olhar as ilustrações. A Margot voltou e, ao me ver com o "seu" livro, franziu a testa e, com raiva, o exigiu de volta. Eu queria olhar um pouco mais. Ela foi ficando mais furiosa a cada minuto e a mamãe se intrometeu: "A Margot estava lendo esse livro, devolva-o para ela".

O papai entrou na sala e, sem nem saber o que estava acontecendo, viu que a Margot estava sendo injustiçada e veio para cima de mim: "Eu gostaria de ver o que você faria se a Margot estivesse com um dos seus livros!".

Prontamente, eu parei tudo, larguei o livro e, segundo eles, saí da sala "bufando". Eu não estava nem bufando nem zangada, apenas triste.

O papai estava errado em julgar sem saber qual era o problema. Eu mesma teria dado o livro para a Margot muito antes, se o papai e a mamãe não tivessem interferido e corrido para tomar as dores, como se ela estivesse sofrendo alguma grande injustiça.

Claro que a mamãe ficou do lado da Margot. Elas sempre ficam uma do lado da outra. Estou tão acostumada com isso que me tornei completamente indiferente às críticas da mamãe e ao mau humor da Margot. Eu as amo, mas só porque são a mamãe e a Margot. Eu não dou a mínima para elas como pessoas. No que me diz respeito, podem ir caçar sapos. Com o papai, é diferente. Quando o vejo tomando o lado da Margot, aprovando cada ação dela, elogiando-a, abraçando-a, sinto dor que me consome por dentro, porque sou louca por ele. Eu tenho o papai como o meu modelo e não há ninguém no mundo que eu ame mais. Ele não percebe que trata a Margot de maneira diferente de mim: ela é a mais inteligente, a mais gentil, a mais bonita e a melhor. Mas eu também tenho o direito de ser levada a sério. Sempre fui a palhaça e a travessa da família. Também sempre tive que pagar o dobro pelos meus pecados: primeiro com repreensões e depois com meu próprio sentimento de desespero. Eu não me contento mais com carinho sem sentido ou com as conversas supostamente sérias. Quero tanto algo do papai, que ele é incapaz de dar. Não é que eu tenha ciúmes da Margot; eu nunca tive. Não tenho inveja do seu cérebro ou da sua beleza. É só que eu gostaria de sentir que o papai realmente me ama, não porque eu sou filha dele, mas porque eu sou eu, a Anne.

Eu me apego a ele porque o meu desprezo pela mamãe cresce a cada dia e é só por causa dele que consigo reter o último pingo de sentimento de família que me resta. Papai não consegue entender que, às vezes, eu preciso desabafar o que sinto pela mamãe. Ele não quer falar sobre o assunto e evita qualquer discussão que envolva os defeitos dela. Mas é mais difícil para mim lidar com a mamãe, com todas as suas falhas. Eu não sei como devo agir. Não posso simplesmente confrontá-la com a sua falta de tato, seu sarcasmo e sua dureza de coração, mas não posso continuar levando a culpa por tudo.

Eu sou o oposto da mamãe, então é claro que entramos em confronto. Não quero julgá-la; eu não tenho esse direito. Estou simplesmente olhando para ela como uma mãe. Ela não é uma mãe para mim — tenho que ser a minha mãe. Eu me desliguei e me afastei deles. Estou traçando meu próprio curso e vamos ver aonde isso me leva. Não tenho escolha, porque fico imaginando o que uma mãe e uma esposa deveriam ser e não consigo encontrar nada disso na mulher que devo chamar de "mãe".

Fico dizendo a mim mesma, várias vezes, para ignorar o mau exemplo da mamãe. Só quero ver seus pontos positivos e procurar em mim o que não encontro nela. Mas isso não funciona e o pior de tudo é que nem o papai nem a mamãe percebem suas próprias deficiências e o quanto eu os culpo por me decepcionarem. Será que existem pais que conseguem fazer seus filhos completamente felizes?

Às vezes acho que Deus está tentando me testar, tanto agora quanto no futuro. Eu vou ter que me tornar uma boa pessoa por conta própria, sem ninguém para me servir de modelo ou me aconselhar, mas, no final, isso vai me tornar mais forte.

Quem mais além de mim vai ler estas cartas algum dia? A quem mais, além de mim, posso recorrer em busca de conforto? Eu estou frequentemente precisando de consolo, muitas vezes, me sinto fraca e, na maioria das vezes, não consigo corresponder às expectativas. Eu sei disso e todos os dias decido fazer melhor.

Eles não são consistentes na maneira como me tratam. Em um dia, dizem que a Anne é uma garota sensata e com direito a saber tudo, no outro, que a Anne é uma patetinha inconsequente que não sabe de nada e, ainda assim, imagina que aprendeu tudo o que precisa saber nos livros! Não sou mais um bebê nem o animalzinho de estimação de quem vocês podem rir não importando o que façam. Tenho minhas próprias ideias, planos e ideais, mas ainda não consigo colocá-los em palavras.

Ah, bem. Tanta coisa vem na minha cabeça quando estou sozinha à noite ou durante o dia, quando sou obrigada a aturar pessoas que não suporto ou que invariavelmente interpretam mal minhas intenções. É por isso que sempre acabo voltando ao meu diário — começo e termino ali porque Kitty é sempre paciente. Eu prometo que, apesar de tudo, eu continuarei e encontrarei o meu próprio caminho, além de engolir as minhas lágrimas. Eu só gostaria de ver alguns resultados ou, pelo menos uma vez, receber incentivo de alguém que me ama.

Não me condene, mas pense em mim como uma pessoa que, às vezes, chega ao seu limite e explode!

Sua Anne

SEGUNDA-FEIRA, 9 DE NOVEMBRO DE 1942.

Querida Kitty,

Ontem foi o aniversário do Peter, seu décimo sexto. Eu subi às oito, e o Peter e eu fomos ver os seus presentes. Ele ganhou um *Monopoly**, uma navalha e um isqueiro. Não que ele fume tanto assim, nada disso; só que parece ser algo tão distinto. A maior surpresa veio do sr. van Daan, que trouxe a notícia de que os ingleses haviam desembarcado em Túnis, Argel, Casablanca e Orã.

"É o início do fim", diziam todos, mas Churchill, o primeiro-ministro britânico, que deve ter ouvido a mesma coisa sendo repetida na Inglaterra, declarou: "Esse não é o fim. Nem mesmo o início do fim. Mas é, talvez, o fim do começo". Vê a diferença? No entanto, há motivos para otimismo. Stalingrado, a cidade russa que está sob ataque há três meses, ainda não caiu nas mãos dos alemães.

No verdadeiro espírito do anexo, eu deveria falar com você sobre comida. (Devo explicar que eles, do andar de cima, são verdadeiros glutões.)

O pão é entregue diariamente por um padeiro muito gentil, amigo do sr. Kleiman. Claro que não temos tanto quanto tínhamos em casa, mas é o suficiente. Nós também compramos cupons de racionamento no mercado negro. O preço continua subindo; já subiu de 27 florins para 33 florins. E isso por meras folhas de papel impresso!

Para termos reserva de alimentos que não estraguem, além das nossas 150 latas de vegetais, compramos 130 quilos de ervilhas secas e feijão. Não é tudo apenas para nós, é também para o pessoal do escritório. Penduramos os sacos de grãos em ganchos no corredor, logo na entrada secreta, mas algumas costuras arrebentaram com o peso. Então, decidimos transferi-los para o sótão e o Peter ficou encarregado do trabalho pesado. Ele já havia conseguido colocar, intactos, cinco dos seis sacos no andar de cima e estava ocupado com o último quando o saco arrebentou e uma enxurrada, ou melhor, uma chuva de feijão marrom desceu as escadas. Como havia cerca de 25 quilos ali, fez barulho suficiente para ressuscitar os mortos. Lá embaixo, eles tinham certeza de que a casa estava caindo sobre as suas cabeças. O Peter ficou atordoado, mas então caiu em gargalhadas quando me viu ao pé da escada, como em uma ilha e ondas de feijão marrom batendo nos meus tornozelos. Imediatamente, começamos a juntá-los, mas os grãos são tão pequenos e escorregadios que entram em todos

....
* Também conhecido como Banco Imobiliário.

os cantos imagináveis. Agora, cada vez que subimos, nos abaixamos e procuramos por feijões para que possamos presentear a sra. van Daan com um punhado deles.

Quase esqueci de contar que o papai está quase bom.

Sua Anne

P.S.: A rádio acaba de anunciar que Argel caiu. Marrocos, Casablanca e Orã estão em mãos inglesas há vários dias. Agora estamos esperando por Túnis.

TERÇA-FEIRA, 10 DE NOVEMBRO DE 1942.

Querida Kitty,

Ótimas notícias! Estamos querendo trazer uma oitava pessoa para se esconder conosco! Sim, é verdade. Sempre fomos da opinião de que havia espaço e comida suficientes para mais uma pessoa, mas tínhamos medo de sobrecarregar ainda mais o sr. Kugler e o sr. Kleiman. Mas, como as notícias das coisas terríveis que estão sendo feitas com os judeus estão piorando a cada dia, o papai decidiu sondar esses dois senhores e eles acharam a ideia excelente. "O perigo é o mesmo, sejam sete ou oito", observaram eles com razão. Uma vez resolvido, passamos mentalmente por nosso círculo de conhecidos, tentando encontrar alguém que fosse sozinho e que se encaixasse bem com nossa família estendida. Não foi difícil encontrar. Depois que o papai rejeitou todos os parentes dos van Daan, escolhemos um dentista chamado Alfred Dussel, cuja esposa teve sorte suficiente de estar no exterior à época da declaração da guerra. Ele é conhecido por ser quieto e refinado, e parece ser simpático pelo conhecimento superficial que nós e os van Daan temos dele. A Miep também o conhece, então ela poderá tomar as providências necessárias. Se vier, o sr. Dussel terá que dormir no meu quarto em vez de no da Margot, ela, por sua vez, terá que se contentar com a cama dobrável. Vamos pedir para ele trazer alguma coisa para tratar cáries.

Sua Anne

QUINTA-FEIRA, 12 DE NOVEMBRO DE 1942.

Querida Kitty,

A Miep veio nos dizer que tinha ido ver o dr. Dussel. No momento em que ela chegou, ele perguntou se sabia de algum esconderijo e ficou muito satisfeito quando a Miep disse que tinha algo em mente. Ela acrescentou "que ele precisaria se esconder o mais rápido possível, de preferência no sábado, mas ele achava isso altamente improvável, pois queria atualizar seus registros, pagar suas contas e atender alguns pacientes". Esta manhã, a Miep nos repassou o que ele disse. Não achamos prudente esperar tanto. Todos esses preparativos exigem dar explicações para várias pessoas que achamos que não deveriam saber de nada. A Miep foi perguntar se o dr. Dussel não conseguiria vir no sábado, mas ele disse que não e agora está programado para chegar na segunda-feira.

Acho estranho que ele não se agarre à nossa proposta. Se o pegarem na rua, não vai ajudar em nada nem seus registros nem seus pacientes, então por que a demora? Se você me perguntar, eu acho burrice da parte do papai fazer a vontade dele.

Fora isso, nada de novo.

Sua Anne

TERÇA-FEIRA, 17 DE NOVEMBRO DE 1942.

Querida Kitty!

O sr. Dussel chegou. Tudo correu bem. A Miep disse para ele estar em um determinado lugar, em frente ao correio, às 11 horas, quando um homem iria ao seu encontro. E ele estava no local marcado, na hora marcada. O sr. Kleiman foi até ele, informou-o de que o homem que ele esperava encontrar não poderia vir e pediu-lhe para passar no escritório para ver a Miep. O sr. Kleiman pegou um bonde de volta ao escritório enquanto o sr. Dussel o seguia a pé.

Eram onze e vinte quando o sr. Dussel bateu na porta do escritório. A Miep pediu-lhe que tirasse o casaco, para que a estrela amarela não pudesse ser vista e o levou ao escritório particular, onde o sr. Kleiman o manteve ocupado até que a faxineira fosse embora. Sob o pretexto de que o escritório particular era necessário para outra coisa, a Miep levou o sr. Dussel para cima, abriu a estante e entrou, enquanto ele olhava espantado.

Nesse meio-tempo, nós sete nos sentamos ao redor da mesa de jantar para esperar com café e conhaque a mais recente adição à nossa família. Primeiro, a Miep o levou ao quarto da família Frank. Ele imediatamente reconheceu nossos móveis, mas não tinha ideia de que estávamos no andar de cima, logo acima de sua cabeça. Quando a Miep contou, ele ficou tão surpreso que quase desmaiou. Graças a Deus ela não o deixou em mais suspense e o trouxe para cima. O sr. Dussel se afundou em uma poltrona e olhou para nós em um silêncio perplexo, como se primeiro quisesse ler a verdade em nossos rostos. Então ele gaguejou um pouco em holandês, um pouco em alemão: "Mas... como vocês não estão na Bélgica? O oficial, o carro, eles não estavam vindo? Sua fuga não deu certo?".

Explicamos tudo a ele, sobre como havíamos deliberadamente espalhado o boato sobre o oficial e o carro para despistar os alemães e qualquer outra pessoa que pudesse vir nos procurar. O sr. Dussel ficou sem palavras diante de tamanha engenhosidade, e não fez nada além de olhar em volta com surpresa enquanto explorava o resto de nosso adorável e ultraprático anexo. Almoçamos todos juntos. Depois, ele tirou um pequeno cochilo, juntou-se a nós para o chá, guardou os poucos pertences que a Miep tinha conseguido trazer aqui com antecedência e começou a se sentir mais em casa. Especialmente, quando lhe entregamos as seguintes regras e regulamentos datilografados do anexo secreto (uma produção dos van Daan):

PROSPECTO E GUIA PARA O ANEXO SECRETO

Uma instalação única para a acomodação temporária de judeus e outros despossuídos

Aberta o ano todo: localizada num ambiente bonito, tranquilo e arborizado no coração de Amsterdã. Não há residências particulares nas proximidades. Pode-se chegar pelo bonde número 13 ou 17, também de carro e bicicleta. Para aqueles a quem esse transporte foi proibido pelas autoridades alemãs, também pode-se chegar a pé. Quartos e apartamentos mobiliados e não mobiliados estão disponíveis a qualquer momento, com ou sem refeições.

Preço: Gratuito.

Dieta: Baixo teor de gordura.

Água corrente no banheiro (desculpe, sem banho) e em várias paredes internas e externas. Agradáveis fogões a lenha para aquecimento.

Amplo espaço de armazenamento para uma variedade de mercadorias. Dois cofres grandes e modernos.
Rádio particular em linha direta com Londres, Nova York, Tel Aviv e muitas outras estações. Disponível para todos os moradores após as 18h. Não há estações proibidas, com algumas exceções. As estações alemãs, é claro, só podem ser sintonizadas para ouvir música clássica.
Horário de descanso: das 22h às 7h30; aos domingos, até as 10h15. Devido às circunstâncias, os residentes são obrigados a observar as horas de descanso durante o dia, quando instruídos a fazê-lo pela Administração. Para garantir a segurança de todos, os horários de descanso devem ser rigorosamente observados!!!!
Férias (fora da instituição): suspensas até segunda ordem.
Atividades em horário livre: Nenhuma permitida fora da casa até segunda ordem.
Uso dos idiomas: É obrigatório falar baixinho o tempo todo. Apenas a língua de pessoas civilizadas pode ser falada, portanto, nada de alemão.
Leitura e relaxamento: Nenhum livro alemão pode ser lido, exceto os clássicos e obras de natureza acadêmica. Outros livros são opcionais.
Exercícios físicos: Diariamente.
Cantar: Apenas suavemente, depois das 18h.
Filmes: Necessário agendamento prévio.
Aulas: Um curso semanal de taquigrafia por correspondência. Cursos de inglês, francês, matemática e história oferecidos a qualquer hora do dia ou da noite. Pagamento na forma de tutoria, por exemplo, holandês.
Departamento separado para o cuidado de animais domésticos pequenos (com exceção de animais nocivos, para os quais são necessárias licenças especiais).
Refeições:
Café da manhã: Diariamente, às 9h; exceto domingos e feriados, aproximadamente às 11h30.
Almoço: Uma refeição leve. A partir das 13h15 às 13h45.
Jantar: Pode ou não ser uma refeição quente.
A hora das refeições depende dos noticiários nas rádios.
Obrigações em relação às equipes de abastecimento: Os moradores devem estar sempre preparados para ajudar no trabalho de escritório.
Banhos: A tina está disponível para todos os residentes após as 9h, aos domingos. Os moradores podem tomar banho no banheiro, na cozinha, no escritório particular ou na recepção, como preferirem.
Álcool: Apenas para fins medicinais.

Fim

Sua Anne

QUINTA-FEIRA, 19 DE NOVEMBRO DE 1942.

Querida Kitty!
Como pensávamos, o sr. Dussel é um homem muito gentil. Claro que ele não se importou em dividir um quarto comigo. Para ser honesta, não estou exatamente feliz por ter um estranho usando minhas coisas, mas temos que fazer sacrifícios por uma boa causa, e estou feliz em fazer este pequeno gesto. "Se pudermos salvar ao menos um de nossos amigos, o resto não importa", disse o papai, e ele está absolutamente certo.

Já no seu primeiro dia aqui, o sr. Dussel me fez todo tipo de pergunta — por exemplo, a que horas a faxineira chegava ao escritório, como nos organizamos quanto ao banho e quando podemos ir ao banheiro. Você pode achar engraçado, mas essas coisas não são tão fáceis em um esconderijo. Durante o dia, não podemos fazer nenhum barulho que possa ser ouvido no andar de baixo e, quando alguém está lá, como a faxineira, temos que ser ainda mais cuidadosos. Expliquei tudo isso ao sr. Dussel, com toda a paciência, mas fiquei surpresa ao ver como ele demora para entender. Pergunta tudo duas vezes e, ainda assim, não consegue lembrar o que você disse a ele.

Talvez esteja confuso com a mudança repentina e acabe superando. Tirando isso, tudo está indo bem.

O sr. Dussel nos contou muito sobre o mundo exterior que havíamos deixado há tanto tempo. Ele tinha notícias tristes. Inúmeros amigos e conhecidos tinham sido levados para um destino terrível. Noite após noite, veículos militares verdes e cinzas cruzam as ruas. Eles batem em todas as portas, perguntando se algum judeu mora lá. Se sim, toda a família é imediatamente levada. Se não, eles seguem para a próxima casa. É impossível escapar de suas garras a menos que você se esconda. Eles costumam andar com listas, batendo apenas nas portas onde sabem que há uma grande captura para ser feita. Também oferecem recompensa, tal valor por cabeça. É como a caça aos escravos dos velhos tempos. Eu não quero brincar com isso, é trágico demais para tanto. À noite, no escuro, muitas vezes, vejo longas filas de pessoas boas e inocentes, com crianças chorando, andando sem parar, sob as ordens de um punhado de homens que as intimidam e batem nelas até quase caírem. Ninguém é poupado. Os doentes, os idosos, as crianças, os bebês e as mulheres grávidas — todos marcham para a morte.

Temos muita sorte aqui, longe do tumulto. Não teríamos que pensar sequer por um momento sobre todo esse sofrimento se não estivéssemos tão preocupados com pessoas que nos são queridas, a quem não podemos mais ajudar. Eu me sinto mal por dormir em uma cama quente, enquanto meus queridos amigos estão caindo de exaustão ou sendo jogados no chão em algum lugar lá fora.

Eu fico apavorada quando penso em amigos íntimos que agora estão à mercê dos monstros mais cruéis que já assombraram a terra.

E tudo porque são judeus.

Sua Anne

SEXTA-FEIRA, 20 DE NOVEMBRO DE 1942.

Querida Kitty,
A verdade é que nenhum de nós sabe muito bem como reagir. Até agora pouquíssimas notícias sobre os judeus chegaram até nós, e achamos melhor nos manter o mais animados possível. De vez em quando, a Miep mencionava o que havia acontecido com um amigo, e a mamãe ou a sra. van Daan começavam a chorar, então ela decidiu que era melhor não dizer mais nada. Mas bombardeamos o sr. Dussel com perguntas, e as histórias que ele tinha para contar eram tão grotescas e terríveis que não conseguimos tirá-las da cabeça. Assim que tivermos tempo para digerir as notícias, provavelmente voltaremos às nossas brincadeiras e provocações de sempre. De nada adiantará a nós ou aos de fora continuar tão desolados quanto estamos agora. E qual seria o sentido de transformar o anexo secreto em um anexo melancólico? Não importa o que eu esteja fazendo, não consigo deixar de pensar naqueles que se foram. Eu me pego rindo e lembro que é uma vergonha ficar tão alegre. Mas será que devo passar o dia inteiro chorando? Não, eu não posso fazer isso. Essa tristeza vai passar. Somada à miséria, há outra, de natureza mais pessoal, mas que não é nada em

comparação com o sofrimento sobre o qual acabei de falar. Ainda assim, não posso deixar de dizer que ultimamente comecei a me sentir abandonada e com um vazio muito grande. Eu não costumava pensar muito nisso, pois minha mente estava preenchida por meus amigos e por bons momentos. Agora, penso em coisas tristes ou em mim mesma. Demorou um pouco, mas finalmente percebi que o papai, não importa o quão doce seja, não pode substituir o meu mundo de antes. Quando se trata dos meus sentimentos, a mamãe e a Margot deixaram de se importar há muito tempo.

Mas por que eu incomodo você com essa besteira? Sou terrivelmente ingrata, Kitty, eu sei, mas, quando me dão uma bronca pela milésima vez e tenho todas essas outras misérias em que pensar também, minha cabeça começa a girar!

Sua Anne

SÁBADO, 28 DE NOVEMBRO DE 1942.

Querida Kitty,

Estamos usando muita eletricidade e excedemos nossa cota. Resultado: economia exorbitante e possibilidade de corte de energia. Nenhuma luz por quatorze dias. Pensamento agradável, não é? Mas, quem sabe, talvez não demore tanto! Fica muito escuro para ler depois das quatro ou quatro e meia, então passamos o tempo com todo tipo de atividade maluca: contar enigmas, fazer ginástica no escuro, falar inglês ou francês, fazer resenhas de livros — depois de um tempo, tudo fica chato. Ontem eu descobri um novo passatempo: usar um bom par de binóculos para espiar os cômodos que estavam com as luzes acesas nas casas dos vizinhos. Durante o dia, nossas cortinas não podem ser abertas, nem um centímetro, mas não há mal nenhum quando está escuro.

Eu nunca imaginei que os vizinhos pudessem ser tão interessantes. Os nossos são em certo ponto. Vi alguns jantando, uma família gravando filmes caseiros, e o dentista do outro lado atendendo uma senhora apavorada.

O sr. Dussel, o homem que, segundo diziam, se dava tão bem com as crianças e absolutamente as adorava, acabou por ser um disciplinador antiquado e pregador de sermões insuportavelmente longos sobre boas maneiras. Como tenho o singular privilégio de compartilhar meu muito estreito quarto com sua excelência e, geralmente, sou considerada a que pior se comporta dos três jovens, tudo o que me resta a fazer é evitar as mesmas velhas repreensões e advertências repetidamente jogadas na minha cabeça e fingir que não as ouvi. Isso não seria tão ruim se o sr. Dussel não fosse tão fofoqueiro e não tivesse escolhido a mamãe como a destinatária de seus relatórios. Mal acabo de ouvir o sermão de um lado, lá vem a mamãe falando do outro. Se correr, o bicho pega; se ficar, o bicho come. E se eu estiver com bastante sorte, vem a sra. van Daan e me chama para prestar contas cinco minutos depois e também dita a lei!

Realmente, não é fácil ser o centro das atenções como a malcriada de uma família de perfeccionistas.

Na cama à noite, enquanto penso em meus muitos pecados e falhas, fico tão confusa com a quantidade de coisas que tenho que considerar que acabo rindo ou chorando, dependendo do meu humor. Então, adormeço com a estranha sensação de querer ser diferente do que sou ou ser diferente do que quero ser, ou talvez de me comportar de forma diferente do que sou ou do que quero ser.

Meu Deus, eu estou confundindo você também. Perdoe-me, mas não gosto de riscar as coisas e, nesses tempos de escassez, jogar fora um pedaço de papel é claramente um tabu. Então, só posso aconselhar você a não reler a passagem acima e a não fazer nenhuma tentativa de se aprofundar nela, porque nunca encontrará a saída novamente!

Sua Anne

SEGUNDA-FEIRA, 7 DE DEZEMBRO DE 1942.

Querida Kitty,

O Hanukkah e o Dia de São Nicolau quase coincidiram este ano. Teve apenas um dia de diferença entre eles. Não fizemos muita coisa no Hanukkah, apenas trocamos algumas lembrancinhas e acendemos as velas. Mas, como estão escassas, as acendemos por somente dez minutos, mas não importa, contanto que a música seja cantada. O sr. van Daan fez uma menorá de madeira, então isso também foi resolvido.

O Dia de São Nicolau, no sábado, foi muito mais divertido. Durante o jantar, a Bep e a Miep estavam tão ocupadas cochichando com o papai que nossa curiosidade cresceu e suspeitamos que eles estivessem tramando alguma coisa. Como era de se esperar, às oito horas, todos nós descemos as escadas pelo corredor, em uma escuridão total (o que me deu arrepios, e eu desejei estar de volta na segurança de lá em cima!) para a saleta. Podíamos acender a luz, já que essa parte não tem janelas. Quando acendemos, o papai abriu o grande armário. "Ah, que maravilha!", exclamamos.

No canto, havia uma grande cesta decorada com papel colorido e uma máscara de Black Peter*.

Rapidamente, levamos a cesta para cima conosco. Dentro dela, havia um presente para todos, incluindo um verso. Já que você está familiarizada com os tipos de poemas que as pessoas escrevem umas para as outras no Dia de São Nicolau, não vou escrevê-los aqui. Ganhei uma boneca Kewpie, o papai ganhou suportes para livros, e assim por diante. Bem, foi uma boa ideia e, como nós oito nunca havíamos comemorado o Dia de São Nicolau antes, esse era um bom momento para começar.

Sua Anne

P.S.: Também tínhamos presentes para todos do andar de baixo, algumas coisas que sobraram dos bons velhos tempos. A Miep e a Bep sempre ficam felizes em receber dinheiro.

Hoje soubemos que o cinzeiro do sr. van Daan, o porta-retratos do sr. Dussel e os suportes para livros do papai foram feitos por ninguém menos que o sr. Voskuijl. Como alguém pode ser tão habilidoso com as mãos é um mistério para mim!

QUINTA-FEIRA, 10 DE DEZEMBRO DE 1942.

Querida Kitty,

O sr. van Daan trabalhava no ramo de carnes, salsichas e especiarias. E, para nosso prazer, seus talentos com o preparo de salsichas vieram a calhar agora.

Encomendamos uma grande quantidade de carne (no mercado negro, é claro) que planejamos armazenar caso tempos difíceis venham pela frente. O sr. van Daan decidiu fazer linguiças, salsichas e salames. Eu me diverti vendo-o colocar a carne no moedor: uma, duas, três vezes. Em seguida, ele adicionou os ingredientes restantes à carne moída e usou um tubo longo para colocar a mistura nas tripas. Comemos a linguiça

---

* É ele quem ajuda São Nicolau a distribuir os presentes. A cada ano, Black Peter chega à costa holandesa em um barco a vapor, vindo de Sinterklaas, procedente da Espanha, e dá brinquedos às crianças que se comportaram bem. (N.T.)

com chucrute no almoço, mas as salsichas, que seriam enlatadas, tinham que secar primeiro, então nós as penduramos em um pau suspenso no teto. Todos que entraram na sala caíram na gargalhada quando viram as salsichas penduradas. Foi uma visão muito cômica.

A cozinha estava um caos. O sr. van Daan, vestido com o avental da esposa e parecendo mais gordo do que nunca, trabalhava na carne. Com as mãos ensanguentadas, o rosto vermelho e o avental manchado, ele parecia um verdadeiro açougueiro. A sra. Van Dann estava tentando fazer tudo ao mesmo tempo: aprender holandês em um livro, mexer a sopa, cuidar da carne, suspirar e gemer por causa da sua costela quebrada. Isso é o que acontece quando velhinhas fazem esses exercícios estúpidos para se livrar de seus traseiros gordos! Dussel teve uma infecção no olho e estava sentado ao lado do fogão fazendo compressas com chá de camomila. O Pim, sentado sob um único raio de sol que entrava pela janela, não parava de mover a cadeira de um lado a outro para não atrapalhar. Seu reumatismo devia estar incomodando, porque ele estava ligeiramente curvado e de olho no sr. Van Daan com uma expressão de agonia no rosto. Ele me lembrou aqueles idosos inválidos que a gente vê nas casas de caridade. O Peter estava brincando pela sala com a gata Mouschi, enquanto a mamãe, a Margot e eu descascávamos batatas cozidas. Se parássemos bem para ver, nenhum de nós estava fazendo seu trabalho direito porque estávamos todos muito ocupados assistindo ao sr. Dussel iniciar os atendimentos odontológicos. Para nos divertirmos um pouco, vou descrever a sessão com o seu primeiro paciente.

A mamãe estava passando roupa e a sra. van Daan, a primeira vítima, sentou-se em uma cadeira no meio da sala. Dussel abriu a maleta com ar de importância, pediu um pouco de água de colônia, que seria usada como desinfetante, e vaselina, que substituiria a cera. Ele olhou a boca da sra. van Daan e encontrou dois dentes que a faziam estremecer de dor e soltar gritos incoerentes toda vez que ele os tocava. Depois de um longo exame (longo para a sra. van Daan, já que, de fato, não levou mais do que dois minutos), Dussel começou a raspar uma das cáries. Mas a sra. van Daan não tinha intenção de deixá-lo trabalhar. Ela agitou os braços e as pernas até que Dussel finalmente soltou a sonda que [...] ficou presa no dente dela. Foi o que bastou! A sra. van Daan se jogava freneticamente em todas as direções, chorava (tanto quanto você pode com um instrumento desses na boca), tentava removê-lo, mas só conseguiu foi empurrá-lo ainda mais para dentro. O sr. Dussel calmamente observava a cena, com as mãos nos quadris, enquanto o resto da plateia gargalhava. Claro, isso foi muito maldoso da nossa parte. Se fosse eu, tenho certeza de que gritaria ainda mais alto. Depois de muito se contorcer, chutar, gritar e berrar, a sra. van Daan finalmente conseguiu arrancar a coisa, e o sr. Dussel continuou seu trabalho como se nada tivesse acontecido. Ele foi tão rápido que ela não teve tempo de aprontar mais nenhuma confusão. Então, ele teve mais ajuda do que já tivera antes: dois assistentes, o sr. van Daan e eu, que realizamos bem o nosso trabalho. A cena toda lembrava uma daquelas gravuras da Idade Média intituladas "Um charlatão em ação". Enquanto isso, a paciente estava ficando inquieta, pois precisava ficar de olho na "sua" sopa e na "sua" comida. Uma coisa é certa: demorará um pouco até que a sra. van Daan marque outra consulta no dentista!

Sua Anne

DOMINGO, 13 DE DEZEMBRO DE 1942.

Querida Kitty,

Estou sentada confortavelmente no escritório principal, espiando por uma fresta das cortinas grossas. Está escuro, mas tem luz suficiente para escrever.

É muito estranho ver as pessoas passarem. Todos parecem estar com tanta pressa que quase tropeçam nos próprios pés. Aqueles em bicicletas passam tão rápido que eu não consigo nem saber quem são. As pessoas neste bairro não são particularmente convidativas para se olhar. As crianças, especialmente, são tão sujas que você não gostaria de tocá-las nem mesmo com uma vara de três metros. Garotos de bairros degradados, com narizes escorrendo. Mal consigo entender uma palavra do que eles dizem.

Ontem à tarde, quando a Margot e eu estávamos tomando banho, eu disse: "E se pegássemos uma vara de pescar e puxássemos essas crianças uma a uma enquanto elas passam, as enfiássemos na banheira, lavássemos e consertássemos suas roupas e então...".

"E então, amanhã elas estariam tão sujas e esfarrapadas quanto antes", respondeu a Margot.

Tá, baboseira. Há também outras coisas para ver, carros, barcos e a chuva. Consigo ouvir o bonde e as crianças, e me divirto.

Nossos pensamentos estão sujeitos a tão pouca mudança quanto nós. Eles são como um carrossel, passando dos judeus para a comida, da comida para a política. A propósito, falando em judeus, ontem vi dois quando espiava pelas cortinas. Senti como se estivesse olhando para uma das Sete Maravilhas do Mundo. Isso me deu uma sensação tão engraçada, como se eu os tivesse denunciado às autoridades e agora estivesse espionando sua desgraça.

Na frente do nosso anexo, tem uma casa-barco. O capitão mora lá com sua esposa e filhos. Ele tem um pequeno cachorro que vive latindo. Conhecemos o cachorrinho apenas pelo latido e pelo rabo, que vemos sempre que corre pelo convés. Ah, que pena, começou a chover e a maioria das pessoas está escondida sob seus guarda-chuvas. Tudo o que posso ver são capas de chuva e, de vez em quando, a parte de trás de uma cabeça coberta com um gorro feito com uma meia. Na verdade, eu nem preciso olhar. A essa altura reconheço as mulheres de imediato: mais gordas de tanto comer batatas, vestidas com um casaco vermelho ou verde e sapatos gastos, uma sacola de compras pendurada no braço, com rostos sérios ou alegres, dependendo do humor dos maridos.

Sua Anne

TERÇA-FEIRA, 22 DE DEZEMBRO DE 1942.

Querida Kitty,

Todo o anexo ficou radiante ao saber que cada um de nós vai receber 125 gramas a mais de manteiga no Natal. De acordo com o jornal, todos têm direito a 250 gramas, mas eles estão se referindo àquelas almas sortudas que obtêm seus cupons de racionamento do governo, não judeus escondidos como nós, que só podem comprar quatro em vez de oito cupons de racionamento no mercado negro. Cada um de nós vai preparar algo com a manteiga. Esta manhã fiz dois bolos e uma fornada de biscoitos. Lá em cima, está todo mundo muito ocupado, e a mamãe me disse que não devo estudar ou ler até que todas as tarefas domésticas tenham sido terminadas.

A sra. van Daan está deitada na cama cuidando de sua costela machucada. Ela reclama o dia todo, exige constantemente que as bandagens sejam trocadas e, no geral, está insatisfeita com tudo. Eu vou ficar feliz quando ela se recuperar e puder limpar a sua própria sujeira porque, devo admitir, ela é extraordinariamente trabalhadora e arrumada e, desde que esteja em boas condições físicas e mentais, é bastante alegre.

Como se eu já não ouvisse "shh, shh" o suficiente durante o dia porque estou sempre fazendo "muito" barulho, meu caro colega de quarto teve a ideia de ficar fazendo "shh, shh" para mim a noite toda também. Por ele, eu sequer deveria me virar. Eu me recuso a prestar atenção nele e, da próxima vez que ele me mandar ficar quieta, vou mandá-lo ficar quieto de volta. A cada dia, ele fica mais irritante e egoísta. Exceto na primeira semana, não vi nem um dos biscoitos que ele me prometeu tão generosamente. Ele é mais irritante aos domingos, quando acende a luz para se exercitar por dez minutos ao raiar do dia.

Para mim, esse tormento parece durar horas, já que as cadeiras que uso para deixar a minha cama mais comprida ficam constantemente balançando sob minha cabeça sonolenta. Depois de terminar seus exercícios de flexibilidade, com alguns movimentos vigorosos de braço, sua excelência começa a se vestir. Sua roupa de baixo fica pendurada em um gancho, então primeiro ele se arrasta para pegá-la e depois volta, passando pela minha cama. Mas sua gravata está sobre a mesa, então, mais uma vez, ele empurra e esbarra nas cadeiras. Mas não vou mais perder meu tempo me queixando de velhos nojentos. Seja como for, isso não vai mesmo servir para nada. Meus planos de vingança, tipo o de desatarraxar a lâmpada, trancar a porta e esconder suas roupas, infelizmente tiveram que ser abandonados em nome da paz.

Ah, estou ficando tão sensível! Temos que ser razoáveis em tudo o que fazemos aqui: estudar, ouvir, calar a língua, ajudar os outros, ser gentil, fazer concessões e não sei o que mais! Tenho medo de que meu bom senso, que era escasso no início, se esgote muito rapidamente e não tenha mais nada quando a guerra acabar.

Sua Anne

QUARTA-FEIRA, 13 DE JANEIRO DE 1943.

Querida Kitty,

Fui constantemente interrompida nesta manhã e, como resultado, não consegui terminar uma única coisa que comecei.

Temos um novo passatempo, que é encher embalagens com molho em pó. Esse é um dos produtos da Gies & Co. O sr. Kugler não conseguiu encontrar mais ninguém para encher os pacotes, além disso é mais barato se nós o fizermos. É o tipo de trabalho que eles fazem nas prisões. É incrivelmente chato e nos deixa tontos e rindo por qualquer coisa.

Coisas terríveis estão acontecendo lá fora. A qualquer hora do dia e da noite, pessoas pobres e indefesas estão sendo arrastadas para fora de suas casas. Eles têm permissão para levar apenas uma mochila e um pouco de dinheiro e, mesmo assim, seus pertences são roubados no caminho. Famílias são dilaceradas; homens, mulheres e crianças são separados. As crianças chegam da escola e descobrem que seus pais desapareceram. As mulheres voltam das compras e encontram suas casas fechadas, e suas famílias desaparecidas. Os cristãos da Holanda também vivem com medo porque seus filhos estão sendo enviados para a Alemanha. Todo mundo está com medo. Todas as noites, centenas de aviões passam pela Holanda a caminho das cidades alemãs para lançar suas bombas naquele solo. A cada hora, centenas ou talvez milhares de pessoas estão sendo mortas na Rússia e na África. Ninguém pode ficar de fora do conflito, o mundo inteiro está em guerra e, embora os Aliados estejam se saindo melhor, o fim não está à vista.

Quanto a nós, temos muita sorte. Mais sorte do que milhões de pessoas. Aqui é tranquilo e seguro, e estamos usando nosso dinheiro para comprar comida. Somos tão egoístas que falamos sobre "depois da guerra" e estamos ansiosos por roupas e sapatos novos, quando, na verdade, deveríamos estar economizando cada centavo para ajudar os outros quando a guerra acabar, para recuperar o que pudermos.

As crianças deste bairro correm em camisas finas e sapatos de madeira. Elas não têm casacos, gorros, meias nem ninguém para ajudá-las. Roendo uma cenoura para acalmar a fome, elas caminham de suas casas frias pelas ruas frias até uma sala de aula ainda mais fria. As coisas ficaram tão ruins na Holanda que bandos de crianças param pedestres nas ruas para implorar por um pedaço de pão.

Eu poderia passar horas contando a você sobre o sofrimento que a guerra trouxe, mas só ficaria mais arrasada. Tudo o que podemos fazer é esperar com calma que isso acabe. Judeus e cristãos estão esperando, o mundo inteiro está esperando, e muitos estão esperando a morte.

Sua Anne

SÁBADO, 30 DE JANEIRO DE 1943.

Querida Kitty,

Estou fervendo de raiva, mas não posso demonstrar. Eu gostaria de gritar, bater os pés, dar uma boa sacudida na mamãe, chorar e não sei mais o que por causa das palavras desagradáveis, olhares zombeteiros e acusações que ela me lança dia após dia, me perfurando como flechas de um arco bem amarrado, que são quase impossíveis de puxar do meu corpo. Eu gostaria de gritar com a mamãe, a Margot, os van Daan, Dussel e o papai também: "Me deixem em paz, deixem que eu tenha, pelo menos, uma noite em que eu não chore até dormir com meus olhos ardendo e minha cabeça latejando. Me deixem fugir, fugir para longe de tudo, longe deste mundo!". Mas eu não posso fazer isso. Não posso deixá-los ver minhas dúvidas ou as feridas que me causaram. Eu não poderia suportar sua pena ou seu escárnio bem-humorado. Isso só me faria querer gritar ainda mais.

Todo mundo pensa que estou me exibindo quando falo, que sou ridícula quando fico calada, insolente quando respondo, ardilosa quando tenho uma boa ideia, preguiçosa quando estou cansada, egoísta quando como um pouquinho a mais do que deveria, estúpida, covarde, calculista etc., etc. Passo o dia todo ouvindo que sou uma criança irritante e, apesar de rir disso e fingir não me importar, eu me importo muito. Gostaria de pedir a Deus outra personalidade, uma que não criasse tanto antagonismo com todos.

Mas isso é impossível. Estou presa ao caráter com o qual nasci e, ainda assim, tenho certeza de que não sou uma pessoa ruim. Eu faço o meu melhor para agradar a todos, mais do que eles jamais poderiam imaginar. Quando estou lá em cima, tento levar tudo na brincadeira, porque não quero que eles vejam meus problemas.

Mais uma vez, depois de uma série de recriminações absurdas, eu estourei com a minha mãe: "Não me importo com o que você diz. Por que você não desiste de mim? Sou um caso perdido". Claro, ela me diria para não responder e praticamente me ignoraria por dois dias. Então, de repente, tudo seria esquecido e ela me trataria como todo mundo. É impossível para mim ser toda sorrisos em um dia e venenosa no outro. Prefiro escolher a razão áurea, que não é tão dourada, e guardar meus pensamentos para mim. Talvez algum dia eu trate os outros com o mesmo desprezo com que eles me tratam. Ah, se eu pudesse.

Sua Anne

SEXTA-FEIRA, 5 DE FEVEREIRO DE 1943.

Querida Kitty,

Embora já tenham se passado séculos desde que eu escrevi para você sobre as brigas, ainda não houve nenhuma mudança. No início, o sr. Dussel levou muito a sério nossos confrontos logo esquecidos, mas agora já está acostumado a eles e não tenta mais mediar.

A Margot e o Peter não são exatamente o que você chamaria de "jovens"; os dois são muito quietos e chatos. Perto deles, eu pareço um passarinho fora do ninho, e ficam sempre me dizendo: "A Margot e o Peter não se comportam assim. Por que você não segue o exemplo da sua irmã?" Eu odeio isso.

Confesso que não desejo, de jeito nenhum, ser como a Margot. Ela é tão sem iniciativa e passiva para o meu gosto. E se deixa influenciar pelos outros e sempre recua sob pressão. Eu quero ter mais determinação! Mas guardo ideias como essas para mim. Eles só ririam de mim se eu dissesse isso em minha defesa.

Durante as refeições, o clima fica muito tenso. Felizmente, às vezes, as explosões são contidas pelos "tomadores de sopa" — pessoas do escritório que vêm tomar uma tigela de sopa no almoço.

Esta tarde, o sr. van Daan voltou a falar sobre o fato de a Margot comer tão pouco. "Eu acho que você faz isso para ficar na linha", acrescentou em um tom de deboche.

A mamãe, que sempre vem em defesa da Margot, disse em voz alta: "Não vou suportar mais, nem mais um minuto essa sua conversinha estúpida".

A sra. van Daan ficou vermelha como uma pimenta. O sr. van Daan olhou direto para frente e não disse nada. Ainda assim, muitas vezes, damos boas risadas. Não faz muito tempo, a sra. van Daan estava nos entretendo com alguma das suas bobagens. Ela ficava falando sobre o passado, sobre como se dava bem com o pai e como era namoradeira. "E vocês sabem", ela continuou, "meu pai me disse que se um cavalheiro quisesse passar dos limites, eu deveria dizer: 'Lembre-se, senhor, de que eu sou uma dama', e ele saberia o que eu estava dizendo". Nós rolamos de tanto rir, como se ela tivesse nos contado uma boa piada.

Até mesmo o Peter, apesar de geralmente ser quieto, de vez em quando, nos faz rir. Ele tem o azar de adorar palavras estrangeiras sem saber o que significam. Uma tarde não podíamos usar o banheiro porque havia visitas no escritório. Sem conseguir esperar, ele foi ao banheiro, mas não deu a descarga. Para nos avisar sobre o fedor, ele pregou um aviso na porta do banheiro: "RSVP — gás!". Claro, ele queria dizer "Perigo — gás!", mas achou que "RSVP" parecia mais elegante. Não tinha a menor ideia de que significava "por favor, responda".

Sua Anne

SÁBADO, 27 DE FEVEREIRO DE 1943.

Querida Kitty,

O Pim está esperando a invasão a qualquer momento. Churchill teve pneumonia, mas está melhorando. Gandhi, o defensor da liberdade na Índia, está em mais uma de suas incontáveis greves de fome. A sra. van Daan diz que é fatalista. Mas quem tem mais medo quando as armas disparam? Ninguém mais do que Petronella van Daan.

O Jan nos trouxe a carta episcopal que os bispos escreveram aos seus fiéis. Linda e inspiradora. "Povo da Holanda, levante-se e aja. Cada um de nós deve escolher suas próprias armas para lutar pela liberdade do nosso país, nosso povo e nossa religião! Ajudem e apoiem. Ajam agora!" Isso é o que eles estão pregando do púlpito. Será que vai adiantar? Definitivamente, é tarde demais para ajudar nossos companheiros judeus.

Adivinha só o que nos aconteceu agora? O proprietário do prédio o vendeu sem informar ao sr. Kugler e ao sr. Kleiman. Numa manhã dessas, o novo proprietário chegou com um arquiteto para dar uma olhada no local. Graças a Deus, o sr. Kleiman estava no escritório. Ele mostrou aos cavalheiros tudo o que havia para ver, com exceção do anexo secreto. Disse que havia deixado a chave em casa e o novo dono não fez mais perguntas. Tomara que ele não volte e exija ver o anexo. Senão, a coisa vai ficar feia para nós! O papai esvaziou uma caixa de arquivos para mim e para a Margot e a encheu com fichas organizadoras, todas em branco em um dos lados. Esse vai ser nosso arquivo de leitura, na qual a Margot e eu devemos anotar os livros que lemos, o autor e a data. Aprendi duas palavras novas: "bordel" e "coquete". Comprei um caderno separado para novos vocabulários estrangeiros.

Temos um novo tipo de divisão de manteiga e margarina. Agora, cada um deve pegar sua porção em seu próprio prato. A distribuição é muito injusta. Os van Daan, que sempre fazem o café da manhã para todos, colocam para si mesmos uma porção e meia maior do que colocam para nós. Meus pais têm muito medo de uma discussão para falarem alguma coisa, o que é uma pena, porque acho que sempre se deve retribuir essas pessoas com a mesma moeda.

Sua Anne

QUINTA-FEIRA, 4 DE MARÇO DE 1943.

Querida Kitty,

A sra. van Daan tem um novo apelido — começamos a chamá-la de sra. Beaverbrook. Claro, isso não significa nada para você, então vou explicar. Um tal sr. Beaverbrook frequentemente fala na rádio inglesa sobre o que ele considera ser um bombardeio muito leniente sobre a Alemanha. A sra. van Daan, que sempre vai contra todo mundo, inclusive Churchill e os noticiários, concorda totalmente com o sr. Beaverbrook. Então pensamos que seria uma boa ideia eles se casarem e, como ela ficou lisonjeada com a ideia, decidimos chamá-la, de agora em diante, de sra. Beaverbrook.

Um novo funcionário está sendo contratado para o armazém, já que o antigo está sendo enviado para a Alemanha. Isso é ruim para ele, mas bom para nós, porque o novo não estará familiarizado com o prédio. Ainda temos medo dos homens que trabalham no armazém.

Gandhi voltou a comer.

O mercado negro está crescendo como nunca se viu. Se tivéssemos dinheiro suficiente para pagar os preços ridículos, poderíamos nos empanturrar. Nosso verdureiro compra batatas da "Wehrmacht" e as traz em sacos para o escritório particular. Como ele suspeita que estamos escondidos aqui, ele faz questão de vir na hora do almoço, quando os funcionários do armazém estão fora.

Há tanta pimenta sendo moída no momento que espirramos e tossimos a cada respiração. Todo mundo que sobe nos cumprimenta com um "aaaa-tchim". A sra. Van Daan jura que não vai descer; caso inspire uma pitada de pimenta, ela vai ficar doente.

Não acho que o papai tenha um negócio muito bom. Só pectina e pimenta. Já que está no ramo de alimentos, por que não fazer doces?

Uma verdadeira tempestade de palavras caiu, mais uma vez, em cima de mim esta manhã.

O ar relampejou com tantas expressões grosseiras que meus ouvidos estavam zumbindo com "Anne, isso é ruim" e "os van Daan, bom é aquilo". Fogo e enxofre!

Sua Anne

QUARTA-FEIRA, 10 DE MARÇO DE 1943.

Querida Kitty,

Ontem à noite, tivemos um curto-circuito. Enquanto lá fora, tiros foram disparados até o amanhecer. Eu ainda não superei meu medo de aviões e de tiroteios, e me arrasto até a cama do papai quase todas as noites em busca de conforto. Eu sei que parece infantil, mas espere até isso acontecer com você! As armas de ataque fazem tanto barulho que não é possível ouvir a própria voz. A sra. Beaverbrook, a fatalista, praticamente desatou a chorar e disse com uma vozinha tímida: "Ah, é tão horrível. Ah, as armas fazem tanto barulho!" — o que é outra maneira de dizer "Estou com tanto medo".

À luz de velas, as coisas nem pareciam tão ruins quanto no escuro. Eu tremia como se estivesse com febre e implorei ao papai para acender a vela novamente. Ele foi inflexível: não deveria haver nenhuma luz. De repente, ouvimos uma rajada de tiros de metralhadora, que é dez vezes pior do que armas antiaéreas. A mamãe pulou da cama e, para grande aborrecimento do Pim, acendeu a vela. A resposta firme ao resmungo dele foi: "Anne não é um ex-soldado!". E isso colocou um fim na história!

Eu já lhe contei algum dos outros medos da madame? Acho que não. Para atualizá-la sobre as últimas aventuras no anexo secreto, tenho que contar isso também. Uma noite dessas, a sra. van Daan pensou ter ouvido um barulho alto de passos no sótão e estava com tanto medo de ladrões que acordou o marido. Naquele instante, os ladrões desapareceram, e o único som que o sr. van Daan pôde ouvir foi o palpitar assustado do coração de sua esposa fatalista. "Ah, Putti!", ela chorou. (Putti é o apelido da sra. van Daan para o marido.) "Eles devem ter levado todas as nossas salsichas e feijões secos. E o Peter? Ah, você acha que o Peter ainda está são e salvo na cama?"

"Tenho certeza de que eles não levaram o Peter. Pare de ser tão boba e me deixe voltar a dormir!"

Impossível. A sra. van Daan estava assustada demais para dormir.

Algumas noites depois, toda a família van Daan foi despertada por ruídos fantasmagóricos. Peter foi para o sótão com uma lanterna e — com pressa — o que acha que ele viu fugindo? Uma grande quantidade de ratos enormes!

Assim que ficamos sabendo quem eram os ladrões, deixamos a Mouschi dormir no sótão e nunca mais voltamos a ver nossos indesejados convidados [...] pelo menos não à noite.

Há algumas noites (eram sete e meia e ainda estava claro), o Peter subiu ao sótão para pegar alguns jornais velhos. Para descer a escada, teve que se segurar com força no alçapão. Ele abaixou a mão sem olhar e quase caiu da escada em choque e dor. Sem perceber, ele havia colocado a mão sobre um rato enorme, que o mordeu no braço. Quando chegou aonde estávamos, branco como um lençol e com os joelhos tremendo, o sangue já havia encharcado o seu pijama. Não é à toa que ele ficou tão abalado. Acariciar um rato não é muito divertido, especialmente quando ele arranca um pedaço do seu braço.

Sua Anne

SEXTA-FEIRA, 12 DE MARÇO DE 1943.

Querida Kitty,

Quero lhe apresentar: Mamãe Frank, a defensora das crianças! Manteiga extra para os jovens, o problema enfrentado pelos jovens de hoje — você escolhe, e mamãe defende a geração jovem. Depois de uma boa luta, ela sempre consegue o que quer.

Um dos vidros de língua em conserva estragou. Um banquete para a Mouschi e para a Boche.

Você ainda não conheceu a Boche, apesar de ela já estar aqui antes de nos escondermos. Ela é a gata do armazém e do escritório, que mantém os ratos longe do depósito.

Esse seu estranho e político nome pode ser facilmente explicado. Por algum tempo, a firma Gies & Co. teve dois gatos: um para o armazém e outro para o sótão. Seus caminhos se cruzavam de tempos em tempos, o que invariavelmente resultava em uma briga. O gato do armazém era sempre o que atacava, mas, no final, quem vencia era o gato do sótão, assim como na política. Por isso, o gato do armazém foi chamado de Alemão, ou "Boche", e o gato do sótão de Inglês, ou "Tommy". Algum tempo depois, eles se desfizeram do Tommy, mas a Boche está sempre lá para nos divertir quando descemos.

Comemos uma quantidade enorme de feijão marrom e feijão branco que não aguento nem olhar para eles. Só de pensar fico enjoada.

E nossa cota noturna de pão foi completamente cancelada.

O papai acabou de dizer que não está de bom humor. Seus olhos parecem tão tristes de novo, coitado!

Não consigo largar o livro *A Knock at the Door*, de Ina Bakker-Boudier. Esse romance familiar é extremamente bem escrito, mas as partes que tratam da guerra, dos escritores e da emancipação das mulheres não são muito boas. Para ser honesta, esses assuntos não me interessam muito.

Terríveis bombardeios na Alemanha. O sr. van Daan está um rabugento pela falta de cigarros.

O debate sobre começar ou não a comer a comida enlatada acabou a nosso favor.

Não posso usar nenhum dos meus sapatos, exceto minhas botas de cano alto para esqui, que não são nada práticas em casa. Só consegui usar um par de sandálias de vime, compradas por 6,50 florins, mas que se desgastaram até a sola em uma semana. Talvez a Miep consiga arranjar algo no mercado negro.

É hora de cortar o cabelo do papai. O Pim jura que eu faço um trabalho tão bom que ele nunca mais vai a outro barbeiro depois da guerra. Se, pelo menos, eu não picasse sua orelha com tanta frequência!

Sua Anne

QUINTA-FEIRA, 18 DE MARÇO DE 1943.

Querida Kitty,

A Turquia entrou na guerra. Grande empolgação. Ansiosamente esperando as notícias do rádio.

SEXTA-FEIRA, 19 DE MARÇO DE 1943.

Querida Kitty,

Em menos de uma hora, a alegria foi seguida pela decepção. A Turquia ainda não havia entrado na guerra. Era apenas de um ministro falando sobre a nação desistir de sua neutralidade em breve. O vendedor de jornais na Praça Dam gritava "Turquia do lado da Inglaterra!", e os jornais estavam sendo arrancados de suas mãos. Foi assim que ouvimos o boato encorajador.

Notas de 500 e de mil florins estão sendo declaradas sem valor. Isso vai ser um golpe para os comerciantes do mercado negro e outros como eles, mas ainda mais para as pessoas que estão em esconderijos e qualquer outra com dinheiro que não pode ser declarado. Para trocar uma nota de mil florins, você precisa indicar como a obteve e fornecer provas. Elas ainda podem ser usadas para pagar impostos, mas só até a próxima semana. As notas de 500 vão perder o valor no mesmo período. A Gies & Co. ainda tinha algumas notas de mil florins não contabilizadas, que a empresa usava para pagar seus impostos estimados para os próximos anos, então tudo parece legítimo.

Dussel recebeu uma broca de dentista antiga, operada por pedal. Isso significa que provavelmente passarei por um *check-up* completo em breve.

Ele é muito negligente quando se trata de obedecer às regras da casa. Não apenas escreve cartas para sua Charlotte, mas também mantém uma abundante correspondência com várias outras pessoas. A Margot, a professora de holandês do anexo, corrige essas cartas para ele. O papai o proibiu de continuar fazendo isso e a Margot parou de corrigir as cartas, mas acho que não vai demorar muito para ele recomeçar a escrevê-las. O *Führer* esteve falando com soldados feridos. Ouvimos no rádio e foi patético. As perguntas e respostas foram mais ou menos assim:

"Meu nome é Heinrich Scheppel."
"Onde você foi ferido?"
"Perto de Stalingrado."
"Que tipo de ferimento?"
"Dois pés com ulcerações pelo gelo e uma fratura no braço esquerdo."

Foi exatamente assim que o rádio transmitiu esse terrível teatro de marionetes. Os feridos pareciam orgulhosos de seus ferimentos — quanto mais, melhor. Um estava tão fora de si com a ideia de apertar a mão (presumo que ainda tivesse uma) do *Führer* que mal conseguia dizer uma palavra.

Por acaso deixei cair o sabonete de Dussel no chão e pisei nele. Agora está faltando um pedaço. Já pedi ao papai para compensá-lo pelos danos, especialmente porque Dussel só recebe uma barra de sabão de qualidade inferior por mês.

QUINTA-FEIRA, 25 DE MARÇO DE 1943.

Querida Kitty,

A mamãe, o papai, a Margot e eu estávamos sentados confortavelmente juntos ontem à noite quando o Peter entrou, de repente, e sussurrou no ouvido do papai. Eu peguei as palavras "um barril caindo no armazém" e "alguém mexendo na porta".

A Margot também ouviu, mas estava tentando me acalmar, já que eu tinha ficado branca como giz e estava extremamente nervosa. Nós três esperamos enquanto o papai e o Peter desciam. Um ou dois minutos depois, a sra. van Daan apareceu de onde estava ouvindo o rádio e nos disse que o Pim havia pedido que ela desligasse o rádio e subisse as escadas na ponta dos pés. Mas você sabe o que acontece quando a gente está tentando ficar quieto — as escadas velhas rangem duas vezes mais alto. Cinco minutos depois, o Peter e o Pim, completamente brancos, voltaram para nos contar sua experiência.

Eles se posicionaram embaixo da escada e esperaram, a princípio sem sucesso.

Então, de repente, ouviram algumas pancadas, como se duas portas tivessem sido fechadas dentro da casa. O Pim subiu as escadas, enquanto o Peter foi avisar Dussel, que finalmente se apresentou no andar de cima, mas não sem provocar uma confusão e fazer muito barulho. Então, todos nós fomos, de meias, na ponta dos pés, até os van Daan, no andar de acima. O sr. van Daan estava resfriado e já tinha ido para a cama, então nos reunimos ao lado da cama dele e falamos, aos sussurros, sobre as nossas suspeitas. Toda vez que o sr. van Daan tossia alto, a sra. van Daan e eu quase tínhamos um ataque de nervos. Ele continuou tossindo até que alguém teve a brilhante ideia de dar a ele codeína. A tosse parou imediatamente.

Mais uma vez, esperamos e esperamos, mas não ouvimos nada. Finalmente, chegamos à conclusão de que os ladrões deram no pé quando ouviram passos em um prédio silencioso. O problema agora era que as cadeiras do escritório particular estavam arrumadas ao redor do rádio, que estava sintonizado na Inglaterra. Se a porta fosse arrombada e os guardas antiaéreos notassem e chamassem a polícia, haveria repercussões muito sérias. Então o sr. van Daan se levantou, vestiu o casaco e as calças, colocou o chapéu e cautelosamente seguiu o papai escada abaixo, seguido pelo Peter (armado com um martelo pesado, só para garantir). As senhoras (incluindo a Margot e eu) esperaram em suspense até os homens voltarem, cinco minutos depois, e informarem que não havia sinal de qualquer atividade no prédio. Concordamos em não abrir nenhuma torneira nem dar descarga no banheiro; mas já que o estômago de todos estava revirado com toda a tensão, você pode imaginar o fedor depois que cada um de nós fez sua visita ao banheiro.

Incidentes como esses vêm sempre acompanhados por outros desastres, e este não foi exceção. Número um: os sinos de Westertoren pararam de tocar, e eu sempre os achei tão reconfortantes. Número dois: o sr. Voskuijl saiu cedo ontem à noite e não tínhamos certeza se ele tinha dado a chave a Bep e ela havia se esquecido de trancar a porta. Mas isso agora era de pouca importância. A noite estava apenas começando e ainda não sabíamos o que aconteceria. Ficamos um pouco tranquilos pelo fato de não termos mais ouvido nenhum som entre oito e quinze — quando o ladrão entrou no prédio e colocou nossas vidas em risco — e dez e meia. Quanto mais pensávamos sobre isso, menos provável parecia que um ladrão tivesse forçado uma porta tão cedo da noite, quando ainda havia pessoas nas ruas. Além disso, ocorreu-nos que o gerente do armazém da Companhia Keg, ao lado, pudesse ainda estar trabalhando. Com o nervosismo e as paredes finas, é fácil confundir os sons. Além disso, a nossa imaginação costuma nos pregar peças em momentos de perigo. Então fomos para a cama, mas não para dormir. O papai, a mamãe e o sr. Dussel ficaram acordados a maior parte da noite. Não estou exagerando quando digo que mal fechei os olhos. Esta manhã, os homens desceram para ver se a porta de fora ainda estava trancada, mas estava tudo bem!

É claro que demos a todo o pessoal do escritório um relato detalhado do incidente, que estava longe de ser agradável. Eles riram e fizeram piadas. É muito mais fácil rir desse tipo de coisa depois que ela acontece. Apenas a Bep nos levou a sério.

Sua Anne

P.S.: Esta manhã o vaso sanitário estava entupido. O papai teve que enfiar uma longa vara de madeira e pescar vários quilos de excremento e de papel para embrulhar morangos (que, hoje em dia, é o que usamos como papel higiênico). Depois disso, queimamos a vara.

SÁBADO, 27 DE MARÇO DE 1943.

Querida Kitty,
Terminamos nosso curso de taquigrafia e agora estamos trabalhando para melhorar a velocidade. Não somos inteligentes! Deixe-me contar mais sobre meus "matadores de tempo" (é assim que chamo meus cursos, porque tudo o que fazemos é para os dias passarem o mais rápido possível para estarmos muito mais perto do fim do nosso tempo aqui). Adoro mitologia, especialmente os deuses gregos e romanos. Todo mundo aqui acha que meu interesse é apenas uma fantasia passageira, já que nunca ouviram falar de uma adolescente que gostasse de mitologia. Bem, então, serei a primeira!

O sr. van Daan está resfriado, ou melhor, está com uma irritação na garganta e causando a maior confusão por causa disso. Ele faz gargarejo com chá de camomila, passa tintura de mirra no céu da boca e esfrega um creme de eucalipto no peito, coloca no nariz, nas gengivas e na língua. E, para piorar, está com um mau humor insuportável!

Rauter, um figurão alemão, recentemente fez um discurso. "Todos os judeus devem estar fora dos territórios ocupados pelos alemães antes de 1º de julho. A província de Utrecht vai ficar limpa dos judeus [como se eles fossem baratas] entre 1º de abril e 1º de maio; e as províncias do norte e do sul da Holanda, entre 1º de maio e 1º de junho". Essa pobre gente está sendo enviada para matadouros imundos como um rebanho de gado doente e negligenciado. Mas não vou dizer mais nada sobre isso. Meus próprios pensamentos me dão pesadelos!

Uma boa notícia é que o Departamento Alemão de Intercâmbio do Trabalho foi incendiado em ato de sabotagem. Alguns dias depois, o Cartório de Registro Civil também. Homens se passando por policiais alemães amarraram e amordaçaram os guardas e conseguiram levar alguns documentos importantes.

Sua Anne

QUINTA-FEIRA, 1º DE ABRIL DE 1943.

Querida Kitty,
Eu realmente não estou com humor para brincadeiras (veja a data). Pelo contrário, hoje seguramente posso citar o ditado: "Uma desgraça nunca vem sozinha". Primeiro, o nosso alegre sr. Kleiman teve, ontem, uma crise de hemorragia gastrointestinal e vai ter que ficar de cama por, pelo menos, três semanas. Eu tenho que te avisar, o estômago dele o tem incomodado bastante e não há cura. Segundo, a Bep está com gripe. Terceiro, o sr. Voskuijl precisa ir ao hospital na próxima semana. Provavelmente, ele tem uma úlcera e vai ter que passar por uma cirurgia. Quarto, os gerentes das Indústrias Pomosin vieram de Frankfurt para discutir as novas entregas da Opekta. O papai já tinha passado os pontos importantes com o sr. Kleiman e não tem mais tempo suficiente para dar ao sr. Kugler uma atualização completa.

Os cavalheiros chegaram de Frankfurt e o papai já estava tremendo ao pensar em como seriam as negociações. "Se ao menos eu pudesse estar lá, se ao menos pudesse descer", exclamou.

"Deite-se com o ouvido no chão. Eles serão trazidos para o escritório particular e você poderá ouvir tudo".

O rosto do papai se iluminou e, ontem de manhã, às dez e meia, a Margot e o Pim (dois ouvidos ouvem melhor do que um) tomaram suas posições no chão. Ao meio-dia, as conversas ainda não haviam terminado, mas papai não estava em condições de continuar sua campanha de escuta. Ele estava em agonia por ter que ficar horas deitado nessa posição anormal e desconfortável. Às duas e meia, ouvimos vozes no corredor e eu fiquei no lugar dele. A Margot me fez companhia. A conversa foi tão longa e chata que peguei no sono no linóleo frio e duro. A Margot não se atreveu a me tocar, com medo de que nos ouvissem e, é claro, falar está fora de questão. Eu dormi por uma boa meia hora e acordei com um susto, sem me lembrar de uma única palavra da importante discussão. Por sorte, a Margot havia prestado mais atenção.

Sua Anne

SEXTA-FEIRA, 2 DE ABRIL DE 1943.

Querida Kitty,
Ah, meu Deus, mais um item foi adicionado à minha lista de pecados. Ontem à noite, eu estava deitada na cama, esperando que o papai viesse me dar boa-noite e fazer as orações comigo, quando a mamãe entrou no quarto, sentou-se na minha cama e perguntou muito gentilmente: "Anne, o papai não pode vir agora. E se eu rezar com você hoje?".

"Não, mamãe", eu respondi.

A mamãe se levantou, parou ao lado da minha cama por um momento e então caminhou lentamente em direção à porta. De repente, ela se virou, com o rosto contorcido de dor, e disse: "Não quero ficar brava com você. Não posso fazer você me amar". Algumas lágrimas correram pelo seu rosto quando ela saiu do quarto.

Fiquei deitada, pensando em como tinha sido má rejeitá-la de forma tão cruel, mas eu também sabia que era incapaz de responder de outra maneira. Não posso ser hipócrita e rezar com ela quando não tenho vontade. Mas não é assim que as coisas funcionam. Fiquei com pena da mamãe, muita pena mesmo, porque, pela primeira vez na vida, eu percebi que ela não era indiferente à minha frieza. Vi a tristeza no rosto dela quando ela falou sobre não poder me fazer amá-la. É difícil dizer a verdade, mas a verdade é que foi ela quem me rejeitou. São os comentários sem consideração e piadas maldosas que mamãe faz sobre coisas que eu não acho engraçadas que me tornaram insensível a qualquer sinal de amor vindo da parte dela. Assim como meu coração se enche de tristeza toda vez que ouço as suas palavras duras, foi assim que o coração dela ficou quando percebeu que não havia mais amor entre nós. Ela chorou durante a metade da noite e não conseguiu dormir. O papai evitou olhar para mim e, quando acontece de os olhos dele cruzarem com os meus, eu posso ler as palavras: "Como você pode ser tão indelicada? Como você ousa deixar sua mãe tão triste!".

Todo mundo espera que eu me desculpe, mas isso não é algo pelo qual eu possa me desculpar, porque eu disse a verdade e, mais cedo ou mais tarde, a mamãe iria descobrir de qualquer maneira. Parece que me tornei indiferente às lágrimas dela e aos olhares do papai, porque ambos estão agora sentindo o que sempre senti. A única coisa que posso fazer é sentir pena da mamãe por ela ter descoberto que passei a agir como ela age. Da minha parte, continuarei calada e distante, e não pretendo fugir da verdade, porque quanto mais ela for adiada, mais difícil será para eles aceitá-la quando a ouvirem!

Sua Anne

TERÇA-FEIRA, 27 DE ABRIL DE 1943.

Querida Kitty,
A casa ainda está tremendo com as brigas. Todo mundo está bravo com todo mundo: a mamãe e eu, o sr. van Daan e

o papai, a mamãe e a sra. van Daan. Atmosfera fantástica, não acha? Mais uma vez, a tradicional lista dos defeitos da Anne foi amplamente divulgada.

Nossos visitantes alemães voltaram no último sábado e só foram embora às seis. Nós ficamos sentados no andar de cima, sem ousarmos nos mover um centímetro. Se não há mais ninguém trabalhando no prédio ou na vizinhança, você pode ouvir cada passo no escritório particular. Estou de novo com formigamento nas pernas de ter que ficar parada por tanto tempo.

O sr. Voskuijl foi hospitalizado, mas o sr. Kleiman está de volta ao escritório. Seu estômago parou de sangrar mais cedo do que de costume. Ele nos disse que o Cartório de Registro Civil havia ficado ainda mais danificado porque os bombeiros tinham inundado o prédio todo em vez de apenas apagarem o fogo. Bem feito!

O Hotel Carlton foi destruído. Dois aviões britânicos carregados de bombas incendiárias caíram bem em cima do Clube dos Oficiais Alemães. Todo o quarteirão da Vijzelstraat com a Singel pegou fogo. O número de ataques aéreos em cidades alemãs está aumentando a cada dia. Não temos uma boa noite de sono há séculos, e estou com olheiras fundas por não dormir.

Nossa comida está miserável. O café da manhã é um pão seco e uma imitação de café. Nas últimas duas semanas, o almoço foi espinafre ou alface cozida com batatas de vinte centímetros que têm um gosto podre e adocicado. Para quem quer emagrecer, o anexo é o lugar certo! Lá em cima eles passam reclamando, mas nós não achamos que seja uma tragédia tão grande assim. Todos os holandeses que lutaram ou foram mobilizados em 1940 estão sendo convocados para trabalhar para o *Führer* como prisioneiros de guerra. Aposto que estão fazendo isso como precaução por causa da invasão!

Sua Anne

SÁBADO, 1º DE MAIO DE 1943.

Querida Kitty,

Ontem foi o aniversário de Dussel. A princípio ele agiu como se não quisesse comemorar, mas quando a Miep chegou com uma grande sacola de compras cheia de presentes, ele ficou tão animado quanto uma criança. Sua querida Lotje mandou ovos, manteiga, biscoitos, limonada, pão, conhaque, bolo de especiarias, flores, laranjas, chocolate, livros e papel de carta. Ele empilhou seus presentes sobre uma mesa e os expôs por nada menos que três dias. O velho bode bobo!

Você não deve pensar que ele está passando fome. Encontramos pão, queijo, geleia e ovos em seu armário. É absolutamente lamentável que Dussel, a quem tratamos com tanta bondade e a quem trouxemos para salvar da destruição, se empanturre nas nossas costas e não nos dê nada. Afinal de contas, dividimos tudo o que tínhamos com ele! Mas o pior, na nossa opinião, é ele ser mesquinho em relação ao sr. Kleiman, ao sr. Voskuijl e à Bep. Dussel não dá nada para eles. Na sua opinião, as laranjas de que o Kleiman tanto precisa para seu estômago doente farão muito melhor ao seu próprio estômago. Esta noite os canhões estão atirando tanto que eu já tive que juntar meus pertences quatro vezes. Hoje fiz uma mala com as coisas que eu precisaria caso tivéssemos que fugir, mas como a mamãe acertadamente observou: "Para onde você iria?".

Toda a Holanda está sendo castigada pelas greves dos trabalhadores. Foi declarada lei marcial, e todos vão receber um cupom de manteiga a menos. Que crianças travessas! Esta tarde, eu lavei o cabelo da mamãe, tarefa nada fácil nesses dias. Temos que usar um detergente líquido muito viscoso porque não tem mais xampu. Além disso, a mamãe passou um mal bocado para pentear o cabelo porque só restam dez dentes no pente da família.

Sua Anne

DOMINGO, 2 DE MAIO DE 1943.

Querida Kitty,

Quando penso em nossas vidas aqui, geralmente, chego à conclusão de que temos um paraíso em comparação com os judeus que não estão escondidos. Mesmo assim, mais tarde, quando tudo voltar ao normal, provavelmente me perguntarei como nós, que sempre vivemos em circunstâncias tão confortáveis, pudemos "afundar" tanto. Refiro-me às boas maneiras. Por exemplo, o mesmo tecido impermeável cobre a mesa de jantar desde que chegamos aqui. Depois de tanto uso, o que ele não está é sem manchas. Eu faço o meu melhor para limpá-lo, mas, como o pano de prato também foi comprado antes de nos escondermos, e consiste em mais buracos do que pano, essa é uma tarefa ingrata. Os van Daan dormiram o inverno inteiro no mesmo lençol de flanela, que não pode ser lavado porque o sabão em pó é racionado e escasso. Além disso, é de tão baixa qualidade que é praticamente inútil. O papai está andando com calças puídas, e sua gravata também está dando sinais de estar gasta. O corpete da mamãe estourou hoje e não tem conserto, enquanto a Margot está usando um sutiã dois tamanhos menor. A mamãe e a Margot compartilharam as mesmas três camisetas durante todo o inverno e as minhas estão tão pequenas que nem cobrem minha barriga. Todas essas coisas podem ser superadas, mas, às vezes, eu me pergunto: como nós, cujos pertences — da minha calcinha ao pincel de barbear do papai — estão tão velhos e gastos, podemos esperar recuperar a posição que tínhamos antes da guerra?

DOMINGO, 2 DE MAIO DE 1943.

Querida Kitty,

A atitude dos moradores do anexo em relação à guerra:

Na opinião de todos nós, o sr. Van Daan, como um respeitável cavalheiro, tem uma grande percepção política. Entretanto, ele prevê que vamos ter que ficar aqui até o final de 1943. É muito tempo, apesar disso, é possível aguentar até lá. Mas quem pode garantir que esta guerra, que causou nada mais além de dor e tristeza, vai ter terminado? E que nada terá acontecido a nós e aos que nos ajudam muito antes disso? Ninguém! É por isso que cada dia é cheio de tensão. Expectativa e esperança geram tensão, assim como o medo — por exemplo, quando ouvimos um barulho dentro ou fora de casa, quando os canhões disparam ou quando lemos novas "proclamações" no jornal, pois tememos que aqueles que estão nos ajudando possam acabar sendo forçados a se esconder em algum momento. Nesses dias, todo mundo está falando sobre ter que se esconder. Não sabemos quantas pessoas estão, de fato, escondidas. É claro que o número é relativamente pequeno em comparação com a população em geral, mas, mais tarde, sem dúvida ficaremos surpresos com quantas pessoas boas na Holanda estiveram dispostas a receber judeus e cristãos, com ou sem dinheiro, em suas casas. Há também um número impressionante de pessoas com documentos de identidade falsos. Quando a linda dama (segundo sua própria opinião) sra. van Daan soube que estava mais fácil obter identidades falsas, ela imediatamente propôs que cada um de nós conseguisse uma. Como se fosse fácil, como se o papai e o sr. van Daan fossem feitos de dinheiro.

A sra. van Daan está sempre dizendo as coisas mais ridículas e o seu Putti se exaspera. Mas isso não é surpreendente, porque um dia Kerli anuncia: "Quando tudo isso acabar, vou me batizar". E no dia seguinte: "Até onde consigo me lembrar, eu sempre quis ir a Jerusalém. Só me sinto em casa com outros judeus!".

O Pim é um grande otimista, mas sempre tem seus motivos.

O sr. Dussel vai inventando conforme fala e quem quiser contradizer sua majestade deve pensar duas vezes. Na casa de Alfred Dussel, sua palavra é lei, mas isso não agrada à Anne Frank nem um pouco.

O que os outros membros da família do anexo pensam sobre a guerra não importa. Em matéria de política, esses quatro são os únicos que contam. Na verdade, apenas dois deles, mas a madame van Daan e Dussel também se incluem.

TERÇA-FEIRA, 18 DE MAIO DE 1943.

Querida Kitty,

Há algum tempo, assisti a um feroz duelo entre pilotos alemães e ingleses. Infelizmente, dois aviadores aliados tiveram que pular de seu avião em chamas. Nosso leiteiro, que mora em Halfweg, viu quatro canadenses sentados na beira da estrada, sendo que um deles falava holandês fluentemente. Ele perguntou ao leiteiro se ele tinha fogo para o cigarro e depois disse que a tripulação era composta por seis homens. O piloto morreu queimado e o quinto membro da tripulação estava escondido em algum lugar. A polícia alemã veio buscar os quatro homens que restaram, nenhum dos quais estava ferido. Depois de saltar de paraquedas de um avião em chamas, como alguém pode ter tanta presença de espírito?

Embora esteja inegavelmente quente, temos que acender a lareira todos os dias para queimar as cascas dos vegetais e o lixo. Não podemos jogar nada em latas de lixo, porque os funcionários do armazém podem ver. Como um pequeno descuido facilmente poderia nos trair! Todos os estudantes que desejam se formar ou continuar seus estudos estão sendo obrigados a assinar uma declaração oficial dizendo que "simpatizam com os alemães e que aprovam a Nova Ordem". Oitenta por cento decidiram obedecer sua consciência e suas convicções, mas a penalidade será severa. Qualquer estudante que se recuse a assinar será enviado para um campo alemão de trabalhos forçados. O que será da juventude do nosso país se todos eles tiverem que fazer trabalhos forçados na Alemanha?

Ontem à noite, a mamãe fechou a janela por causa do barulho dos bombardeios. Eu estava na cama do Pim. De repente, bem acima de nossas cabeças, ouvimos a sra. van Daan dar um pulo, como se tivesse sido mordida pela Mouschi, seguido imediatamente por um estrondo alto, que soou como se uma bomba incendiária tivesse caído ao lado da minha cama. "Acendam a luz! Acendam a luz!", eu gritei. O Pim acendeu a lâmpada. Eu estava esperando que o quarto fosse pegar fogo a qualquer minuto.

Nada aconteceu. Todos nós corremos para cima para ver o que estava acontecendo. O sr. e a sra. van Daan tinham visto um brilho vermelho através da janela aberta. Ele pensou que havia um incêndio ali perto. Ela tinha certeza de que nossa casa estava em chamas. A sra. van Daan já estava de pé ao lado da sua cama com as pernas tremendo quando veio o estrondo. Dussel ficou no andar de cima para fumar um cigarro, e voltamos para a cama. Menos de quinze minutos depois, os disparos recomeçaram. A sra. van Daan saltou da cama e desceu para o quarto do sr. Dussel em busca do conforto que não conseguiu encontrar com o marido. Dussel a recebeu com as palavras "Venha para minha cama, minha filha!".

Explodimos em gargalhadas e o estrondo dos canhões não nos incomodou mais. Nossos medos foram todos varridos.

Sua Anne

DOMINGO, 13 DE JUNHO DE 1943.

Querida Kitty,

O poema que o papai compôs para o meu aniversário é bom demais para guardá-lo só para mim. Como o Pim escreve seus versos apenas em alemão, a Margot se ofereceu para traduzi-los para o holandês. Como você pode ver, a Margot não fez um trabalho primoroso. Começa com o habitual resumo dos acontecimentos do ano e continua:

Como a mais jovem entre nós, já não és mais tão pequena,
Sua vida pode ser difícil, pois temos como tema
Nos tornarmos seus professores, uma chatice extrema.
"Nós temos experiência! Pode acreditar!"
"Já fizemos tudo isso antes, é só você olhar.
Conhecemos as regras, conhecemos o preceito.
Desde tempos imemoriais, continuam do mesmo jeito.
As nossas próprias deficiências nada mais são do que
* insignificantes,*
Mas as deficiências dos outros são coisas mais angustiantes:
Encontrar falhas é fácil quando esta é a nossa obrigação,
Mas é difícil para seus pais, por mais que digam que não,
Tratá-la com justiça e bondade, tal como você quer;
Envolve cuidar do detalhe, um hábito difícil de perder.
Sua vida é em meio a velhos, é tudo o que você não quer
Aturar nosso mau humor - é difícil, mas não tem o que fazer.
A pílula pode ser amarga, mas deve descer,
Pois ela mantém a paz, isso você não pode esquecer.
Esses muitos meses não foram desperdiçados,
Você jamais vai perder tempo aqui.
Pois tudo o que você lê e estuda, além de afugentar o tédio
Irão contigo quando partir,
A pergunta mais difícil, a mais difícil de responder,
É "O que diabos eu tenho para vestir?"
Não tenho mais nada, está tudo pequeno e apertado,
Minha camisola virou camiseta, meu casaco longo, uma
* jaqueta*
Se quiser calçar sapatos, só cortando a ponta,
Ai, meu Deus, é tanto problema que amedronta!"

A Margot teve problemas para traduzir em rima a parte sobre comida, então não coloquei esse trecho. Mas, fora isso, você não acha que é um bom poema?

Quanto ao resto, fui mimada de todas as formas e recebi vários presentes adoráveis, incluindo um grande livro sobre meu assunto favorito, mitologia greco-romana. Nem posso reclamar da falta de doces. Todos pegaram suas últimas reservas. Como o Benjamin do anexo secreto, ganhei mais do que mereço.

Sua Anne

TERÇA-FEIRA, 15 DE JUNHO DE 1943.

Querida Kitty,

Muitas coisas aconteceram, mas, às vezes, acho que estou te chateando com minha conversa deprimente e que você preferiria receber menos cartas. Então vou manter as notícias breves. No final das contas, o sr. Voskuijl acabou não sendo operado da úlcera. Assim que os médicos o colocaram na mesa de operação e o abriram, viram que ele tinha câncer e que estava em um estágio tão avançado que seria inútil operar. Então, o fecharam de novo, o mantiveram no hospital por três semanas, o alimentaram bem e, finalmente, o mandaram para casa. Mas cometeram um erro imperdoável: disseram ao pobre homem exatamente o que o aguardava. Ele não pode mais trabalhar e apenas fica sentado em casa, cercado por seus oito filhos, triste, pensando sobre a morte que se aproxima. Sinto muito por ele e odeio não poder sair, senão, iria visitá-lo sempre que pudesse para distraí-lo. Agora o bom homem não pode mais nos contar o que acontece no armazém, o que para nós é um desastre. O sr. Voskuijl foi nossa maior fonte de ajuda e de apoio quanto à nossa segurança. Nós sentimos muito a falta dele. Mês que vem é nossa vez de entregar nosso rádio às autoridades. O sr. Kleiman tem um pequeno aparelho escondido em sua casa que ele está nos dando para substituir nosso lindo rádio de gabinete. É uma pena que tenhamos que entregar nosso grande Philips, mas quando se está escondido, não pode se dar ao luxo de chamar a atenção das autoridades. Claro, vamos colocar a "versão infantil" do rádio lá em cima. O que é um rádio clandestino quando já existem judeus clandestinos e dinheiro clandestino?

Por todo o país, as pessoas estão tentando obter um rádio antigo que possam entregar no lugar da sua "fonte de coragem". É verdade: à medida que as notícias de fora vão ficando cada vez piores, o rádio, com sua voz maravilhosa, nos ajuda a não desanimar e a continuar dizendo a nós mesmos: "Animem-se, mantenham o ânimo, as coisas vão melhorar!".

Sua Anne

DOMINGO, 11 DE JULHO DE 1943.

Querida Kitty,

Voltando, pela enésima vez, ao tema da educação de filhos, quero dizer que estou fazendo o meu melhor para ser prestativa, amável e gentil em fazer todo o possível para manter a chuva de repreensões como uma leve garoa. É muito difícil se comportar de maneira exemplar com pessoas que você não suporta, especialmente quando não se quer dizer qualquer palavra. Mas eu vi que um pouquinho de hipocrisia me leva muito mais longe do que meu antigo método de dizer exatamente o que penso (mesmo que ninguém nunca peça minha opinião nem se importe com ela). Claro, muitas vezes, esqueço que estou representando e acho impossível conter minha raiva quando eles estão sendo injustos, de modo que passam o mês seguinte dizendo que sou a garota mais insolente do mundo. Você não acha que, de vez em quando, eles bem que poderiam ter pena de mim? Uma coisa boa é que não sou do tipo rabugenta, porque, ao contrário, eu acabaria ficando azeda e mal-humorada. No geral, consigo ver o lado engraçado das críticas deles, mas é mais fácil quando outra pessoa está em maus lençóis.

Além disso, decidi (depois de pensar muito) abandonar a taquigrafia. Primeiro, para ter mais tempo para meus outros assuntos e, segundo, por causa dos meus olhos. Essa é uma história triste. Eu fiquei bastante míope e deveria estar usando óculos há muito tempo (que coisa, não vou ficar com cara de coruja!). Mas, como você sabe, pessoas escondidas não podem muitas coisas... Ontem, todos aqui só conseguiam falar sobre os olhos da Anne, porque a mamãe tinha sugerido me mandar ao oftalmologista com a sra. Kleiman. Só de ouvir isso, meus joelhos ficaram moles, já que não é pouca coisa. Sair! Imagine só: andar na rua! Não consigo nem pensar nisso. No início, eu fiquei petrificada, depois, feliz. Mas não é tão simples assim. Várias autoridades que teriam que aprovar tal medida não conseguiram chegar a uma decisão rápida. Primeiro, eles tiveram que pesar cuidadosamente todas as dificuldades e riscos, embora a Miep estivesse pronta para sair imediatamente comigo a tiracolo. Enquanto isso, eu tinha ido pegar meu casaco cinza do armário, mas era tão pequeno que parecia ter sido da minha irmãzinha. Baixamos a bainha e, mesmo assim, não conseguia abotoá-lo. Estou realmente curiosa para ver o que eles decidem, só que não acho que vão chegar a elaborar um plano porque os britânicos desembarcaram na Sicília, e o papai está novamente esperando um "final rápido". A Bep está trazendo muito trabalho de escritório para a Margot e para mim. Isso faz com que nós duas nos sintamos importantes, e é uma grande ajuda para ela. Qualquer pessoa pode arquivar cartas e fazer lançamentos em um livro de vendas, mas fazemos isso com notável precisão.

A Miep tem tantas coisas para trazer e levar que parece uma mula de carga. Quase todos os dias, ela sai em busca de legumes e depois volta de bicicleta com suas compras em grandes sacolas. É ela também que traz cinco livros da biblioteca todos os sábados. Nós esperamos ansiosos pelos sábados. Parecemos um bando de criancinhas com um presente. As pessoas comuns não sabem o quanto os livros podem significar para alguém que está confinado.

Nossas únicas diversões são ler, estudar e ouvir rádio.

Sua Anne

DOMINGO, 13 DE JULHO DE 1943.

A melhor mesinha

Ontem à tarde, o papai me deu permissão para perguntar ao sr. Dussel se ele faria a gentileza de me permitir (está vendo como sou educada?) usar a mesa do nosso quarto duas tardes por semana, das quatro às cinco e meia. Já uso todos os dias das duas e meia às quatro, enquanto Dussel tira uma soneca, mas o resto do tempo o quarto e a mesa ficam fora do meu alcance. É impossível estudar no cômodo ao lado à tarde porque lá tem muita atividade. Além disso, às vezes, papai gosta de usar a mesa durante a tarde.

Nesse sentido, parecia um pedido razoável, e perguntei a Dussel muito educadamente. O que você acha que o culto cavalheiro respondeu? "Não". Um simples "Não!".

Eu fiquei tão furiosa! Não estava nem um pouco disposta a ser dispensada daquela forma. Perguntei a ele o motivo do seu "não", mas isso não me levou a lugar nenhum. A essência de sua resposta foi: "Você sabe que eu tenho que trabalhar também e, se eu não conseguir fazer isso à tarde, não vou conseguir me organizar de jeito nenhum. Tenho que terminar o que comecei, senão não adianta ter começado. Além disso, você não está trabalhando em nada sério de qualquer maneira. Mitologia — que tipo de trabalho é esse? Ler e tricotar também não contam. Eu uso essa mesa e não vou abrir mão dela!".

Eu respondi: "Sr. Dussel, eu trabalho sério. Não posso estudar no cômodo ao lado à tarde, e agradeceria se o senhor reconsiderasse o meu pedido!". Tendo dito essas palavras, uma Anne ofendida se virou e fingiu que o culto doutor não estava lá. Eu estava fervendo de raiva e achei que Dussel tinha sido incrivelmente grosseiro (e certamente foi) enquanto fui muito educada com ele.

Naquela noite, quando consegui falar com o Pim, contei o que havia acontecido e pensamos sobre qual deveria ser meu próximo passo, porque eu não tinha intenção de desistir e preferia tratar do assunto sozinha. O Pim me disse mais ou menos como falar com Dussel, mas me aconselhou a esperar até o dia seguinte, já que eu estava muito nervosa. Ignorei este último conselho e esperei por Dussel depois de lavar a louça. O Pim estava sentado ao lado, e isso me acalmou.

"Sr. Dussel", eu comecei, "o senhor parece achar que discutir o assunto é inútil, mas eu peço que reconsidere".

Dussel me deu seu sorriso mais encantador e disse: "Estou sempre preparado para discutir o assunto, mesmo que já esteja resolvido".

Eu continuei falando, apesar das repetidas interrupções de Dussel. "Quando o senhor chegou aqui," eu disse, "nós concordamos que o quarto seria compartilhado por nós dois. Se fôssemos fazer essa divisão de forma justa, você teria a manhã inteira e eu, a tarde inteira! Não estou pedindo muito, mas duas tardes por semana me parecem razoáveis". Dussel pulou da cadeira como se estivesse sentado em um alfinete. "Você não tem nada que falar sobre seus direitos no quarto. Onde devo ficar? Talvez eu devesse pedir ao sr. van Daan para me construir um cubículo no sótão. Você não é a única que não consegue encontrar um lugar tranquilo para trabalhar. E está sempre procurando uma briga. Se a sua irmã, Margot, que tem mais direito ao espaço de trabalho do que você, tivesse vindo até mim com o mesmo pedido, eu nunca teria pensado em recusar, mas você..."

E, mais uma vez, ele puxou o assunto sobre a mitologia e o tricô, e mais uma vez a Anne foi ofendida. No entanto, não deixei transparecer e deixei Dussel terminar: "Mas não, é impossível falar com você. Você é vergonhosamente egocêntrica. Ninguém mais importa, desde que você consiga o que quer. Eu nunca vi uma criança assim. Mas, no final das contas, vou ser obrigado a deixar você fazer o que quiser, já que não quero que as pessoas digam mais tarde que Anne Frank não foi aprovada nos exames porque o sr. Dussel se recusou a abrir mão de sua mesa!".

Ele falou e falou até que veio um dilúvio de palavras que eu mal conseguia acompanhar.

Por um breve instante, pensei: "Ele e suas mentiras. Eu vou socar aquela fuça feia com tanta força que ele vai voar e parar na parede! Mas, no instante seguinte, eu pensei: "Calma, não vale a pena ficar tão nervosa por causa dele!".

No fim, a fúria do sr. Dussel se esgotou. Ele saiu da sala com uma expressão de triunfo misturada com ira, os bolsos do casaco abarrotados de comida.

Fui correndo até o papai e contei toda a história ou pelo menos aquelas partes que ele mesmo não conseguiu acompanhar. O Pim decidiu falar com Dussel naquela mesma noite e conversaram por mais de meia hora.

Primeiro, eles discutiram se a Anne deveria ter permissão para usar a mesa, sim ou não. O papai me disse que eles já haviam tratado do mesmo assunto uma vez, momento em que ele declarou concordar com Dussel porque não queria contradizer o mais velho na frente da mais nova, mas que, mesmo naquela época, ele não tinha achado justo. Dussel achava que eu não tinha o direito de falar como se ele fosse um intruso que reivindicava tudo o que via. Mas o papai protestou com veemência, já que ele mesmo não havia me ouvido dizer nada daquilo. E, assim, a conversa ia e voltava, com papai defendendo meu "egoísmo" e meu "trabalho", e Dussel resmungando o tempo todo.

Finalmente, ele teve que ceder e me foi concedida a oportunidade de trabalhar sem interrupção duas tardes por semana. Dussel ficou muito carrancudo, não falou comigo por dois dias e fazia questão de ocupar a mesa das cinco às cinco e meia — tudo muito infantil, é claro.

Qualquer um que seja tão mesquinho e pedante aos cinquenta e quatro anos nasceu assim e nunca vai mudar.

Sua Anne

SEXTA-FEIRA, 16 DE JULHO DE 1943.

Querida Kitty,

Ladrões novamente, mas desta vez foi de verdade! Esta manhã, o Peter desceu ao armazém às sete como sempre e logo percebeu que tanto a porta do armazém quanto a porta da rua estavam abertas. Ele imediatamente relatou isso ao Pim, que foi ao escritório particular, sintonizou o rádio em uma estação alemã e trancou a porta. Em seguida, os dois voltaram para cima. Em situações como essa, a ordem não abra a torneira, fique quieto, esteja pronto às oito e não vá ao banheiro... foi seguida rigorosamente como de costume. Todos ficamos alegres por termos dormido tão bem e não termos ouvido nada. Por um tempo, ficamos indignados porque ninguém do escritório subiu a manhã inteira. O sr. Kleiman nos deixou em suspense até as onze e meia. Ele contou que os ladrões haviam arrombado a porta de fora e a porta do armazém com um pé de cabra, mas quando não encontraram nada que valesse a pena roubar, tentaram a sorte no andar de cima. Eles roubaram duas caixas com 40 florins, talões de cheques em branco e, o pior de tudo, todos os cupons para 150 quilos de açúcar — toda a nossa alocação de açúcar. Não vai ser fácil dar um jeito para conseguir outros.

O sr. Kugler acha que este ladrão pertence à mesma gangue que há seis semanas fez uma tentativa frustrada de abrir todas as três portas (a porta do armazém e as duas portas externas).

O roubo causou outro rebuliço, mas passar por essas situações faz com que o anexo secreto ser o que é.

Naturalmente, ficamos felizes que as máquinas de escrever e a caixa registradora estivessem guardadas em segurança em nosso armário de roupas.

Sua Anne

P.S.: Desembarque na Sicília. Mais um passo mais perto da...!

SEGUNDA-FEIRA, 19 DE JULHO DE 1943.

Querida Kitty,

No domingo, o norte de Amsterdã foi severamente bombardeado. Houve muita destruição. Ruas inteiras estão em ruínas e vai demorar um pouco para eles resgatarem todos os corpos que estão sob os escombros. Até agora, há duzentos mortos e incontáveis feridos; os hospitais estão lotados. Ouve-se falar de crianças perdidas nas ruínas fumegantes, procurando por seus pais mortos. Ainda me dá arrepios pensar no estrondo distante e enfraquecido, sinal da destruição que se aproxima.

Sua Anne

SEXTA-FEIRA, 23 DE JULHO DE 1943.

Querida Kitty,

Atualmente, a Bep está conseguindo arranjar cadernos, especialmente para atas e livros-caixa, úteis para minha irmã contadora! Outros tipos também podem ser encontrados à venda, mas não pergunte como são ou quanto tempo vão durar. No momento, todos eles têm o rótulo "Nenhum cupom é necessário!". Como tudo o que é possível comprar sem cupons de racionamento, são completamente inúteis. Eles consistem em doze folhas de papel cinza com linhas estreitas que atravessam a página. A Margot está pensando em fazer um curso de caligrafia. Eu a aconselhei a fazê-lo. A mamãe não me deixa por causa dos meus olhos, o que eu acho uma bobagem. Se eu faço isso ou qualquer outra coisa, dá no mesmo. Como você nunca passou por uma guerra, Kitty, e como sabe muito pouco sobre a vida na clandestinidade, apesar das minhas cartas, vou te contar, apenas por diversão, o que cada um de nós quer fazer primeiro quando puder sair de novo.

A Margot e o sr. van Daan desejam, acima de qualquer coisa, tomar um banho quente de banheira, cheia até a borda, e querem ficar por mais de meia hora. A sra. van Daan gostaria de um bolo; Dussel não consegue pensar em nada além de ver sua Charlotte; e a mamãe está louca por uma xícara de café de verdade. O papai gostaria de visitar o sr. Voskuijl; o Peter quer ir ao centro da cidade; e, quanto a mim, eu ficaria tão feliz que não saberia por onde começar.

Acima de tudo, quero uma casa que seja nossa, poder me movimentar livremente e ter alguém para me ajudar com o dever de casa de novo. Em outras palavras, voltar para a escola!

A Bep se ofereceu para nos trazer algumas frutas a um preço que supostamente seria uma pechincha: uvas 5 florins o quilo, groselhas 1,40 florim o quilo, um pêssego 50 centavos, melão 1,5 florim o quilo. Não é de admirar que os jornais escrevam todas as noites em letras maiúsculas: "MANTENHA OS PREÇOS BAIXOS!".

SEGUNDA-FEIRA, 26 DE JULHO DE 1943.

Querida Kitty,

Ontem foi um dia muito tumultuado e ainda estamos nervosos. Na verdade, você pode se perguntar se há um dia sem algum tipo de emoção.

Enquanto tomávamos o café da manhã, a primeira sirene de alerta tocou de manhã, mas não demos atenção porque significava apenas que os aviões estavam atravessando a costa. Eu estava com uma dor de cabeça terrível, então me deitei por uma hora depois do café e, depois, fui para o escritório por volta das duas horas.

Às duas e meia, a Margot havia terminado seu trabalho de escritório e estava juntando suas coisas quando as sirenes começaram a tocar novamente. Então, nós duas corremos para o andar de cima. E, menos de cinco minutos depois, ao que parece, começou o bombardeio, tão violento que fomos para o corredor. A casa tremia e as bombas continuavam caindo. Eu estava agarrada à minha "bolsa de fuga", mais porque queria ter algo para segurar do que pensar em fugir. Eu sei que não podemos sair daqui, mas, se tivermos que sair, sermos vistos nas ruas seria tão perigoso quanto sermos pegos em um ataque aéreo. Depois de meia hora, o ruído dos motores diminuiu e a casa retomou suas atividades. O Peter saiu de seu posto de vigia no sótão da frente, Dussel permaneceu no escritório da frente, a sra. van Daan sentiu-se mais segura no escritório particular e o sr. van Daan ficou espiando para ver as colunas de fumaça subindo do porto. Em pouco tempo, o cheiro de fumaça estava por toda parte e, do lado de fora, parecia que a cidade estava envolta em uma névoa espessa. Um grande incêndio como esse não é uma visão agradável, mas felizmente para nós, estava tudo acabado e voltamos às nossas várias tarefas. Estávamos começando o jantar quando outro alarme antiaéreo soou. A comida estava boa, mas perdi o apetite assim que ouvi a sirene. Mas nada aconteceu e quarenta e cinco minutos depois, ouvimos o toque sinalizando que o perigo havia passado. Depois que os pratos foram lavados, outro aviso de ataque aéreo, tiros e enxames de aviões. "Ai, Deus, duas vezes em um dia", pensamos, "duas vezes no mesmo dia", pensamos, "é o dobro". Isso praticamente não adiantou de nada, porque, mais uma vez, as bombas caíram, desta vez sobre outros lugares da cidade. De acordo com noticiários britânicos, o aeroporto de Schiphol havia sido bombardeado. Os aviões mergulhavam e subiam, o ar zunia com o ronco dos motores. Foi muito assustador e eu ficava pensando: "Lá vem, vai ser essa".

Posso garantir que, quando fui para a cama às nove horas, minhas pernas ainda tremiam. Quando bateu meia-noite, acordei de novo: mais aviões! Dussel estava se despindo, mas não prestei atenção e, ao som do primeiro estrondo pulei da cama, totalmente desperta. Eu fiquei na cama do papai até uma hora, na minha cama até uma e meia e voltei para a cama do papai às duas. Mas os aviões não paravam de chegar. Finalmente, o bombardeio parou e eu pude voltar para cama. Por fim, adormeci às duas e meia.

Sete horas. Acordei com um sobressalto e me sentei na cama. O sr. van Daan estava com o papai. Meu primeiro pensamento foi: ladrões. "Tudo", ouvi o sr. van Daan dizer, e pensei que tudo tinha sido roubado. Mas não, desta vez eram notícias maravilhosas, as melhores que tivemos em meses, talvez desde o início da guerra. Mussolini havia renunciado e o rei da Itália tinha assumido o governo.

Pulamos de alegria. Após os terríveis acontecimentos de ontem, finalmente algo de bom acontece e nos traz... esperança! Esperança pelo fim da guerra, esperança pela paz. O sr. Kugler apareceu e nos disse que a fábrica de aviões Fokker tinha sido duramente atingida. Enquanto isso, houve outro alarme de ataque aéreo, com aviões voando e outra sirene de alerta. Estou sufocada com tantos alarmes. Mal tenho dormido e a última coisa que quero fazer é estudar ou trabalhar. Mas agora o suspense sobre a Itália e a esperança de que a guerra termine até o final do ano estão nos mantendo acordados.

Sua Anne

QUINTA-FEIRA, 29 DE JULHO DE 1943.

Querida Kitty,

Enquanto sra. van Daan, Dussel e eu lavávamos a louça, eu estava muito quieta. Isso é muito incomum para mim, e eles perceberiam com certeza. Então, para evitar quaisquer perguntas, rapidamente quebrei a cabeça para achar um assunto neutro. Eu achei que o livro *Henry from Across the Street* daria conta do recado, mas não poderia estar mais errada. Se a sra. van Daan não pular na minha garganta, o sr. Dussel vai. Tudo se resumia a isto: o sr. Dussel havia recomendado o livro para a Margot e para mim como exemplo de um texto de excelência. Achamos que era tudo menos isso. O garotinho tinha sido bem retratado, mas, quanto ao resto... é melhor não fazer comentários. Mencionei algo nesse sentido enquanto lavávamos a louça, e Dussel começou um verdadeiro discurso.

"Como você pode entender a psicologia de um homem? A de uma criança não é tão difícil [!]. Mas você é muito jovem para ler um livro como esse. Nem mesmo um rapaz de vinte anos poderia compreendê-lo". (Então, por que ele se esforçou para recomendá-lo para a Margot e para mim?)

A sra. van Daan e Dussel continuaram o sermão: "Você sabe demais sobre coisas que não deveria. Você foi criada de maneira errada. Mais tarde, quando for mais velha, não achará graça em mais nada e dirá: 'Ah, eu li isso há vinte anos, em algum livro'. É melhor se apressar se quiser arranjar um marido ou se apaixonar, senão tudo vai acabar sendo uma decepção para você. Na teoria, você já sabe tudo o que há para saber, só falta a prática". Pode imaginar como eu me senti? Eu me surpreendi comigo mesma ao responder calmamente: "Você pode pensar que não fui bem-criada, mas muitas pessoas discordariam!".

Eles parecem acreditar que uma boa criação significa tentar me colocar contra meus pais, já que isso é tudo o que eles fazem. E não falar com uma garota da minha idade a respeito de assunto de "gente grande" é um método excelente. Todos nós podemos ver o que acontece quando as pessoas são criadas dessa maneira. Naquela hora, eu poderia ter dado um tapa nos dois por me ridicularizarem. Eu estava fora de mim de raiva e comecei a contar os dias para me livrar deles.

A sra. van Daan é uma ótima pessoa para se conversar! Ela dá um bom exemplo de um mau exemplo!

Ela é conhecida por ser extremamente mandona, egoísta, astuciosa, calculista e eternamente insatisfeita. Acrescente a isso, vaidade e a mania de ficar flertando com os homens e, sobre isso, não vai haver dúvida: ela é uma pessoa completamente desprezível. Eu poderia escrever um livro inteiro sobre a madame van Daan, e quem sabe, talvez um dia eu escreva. Qualquer um pode aparentar ser encantador quando quer. A sra. van Daan é amigável com estranhos, especialmente com homens, então é fácil se enganar com ela quando a conhecemos.

A mamãe acha que a sra. van Daan é estúpida demais, falar com ela é jogar palavras fora; a Margot acha ela irrelevante; o Pim, que ela é muito feia (literal e figurativamente!); e, depois de uma longa observação (nunca sou preconceituosa no começo), eu cheguei à conclusão de que ela é tudo o que se disse acima e muito mais. Ela tem tantas características ruins, por que eu deveria destacar apenas uma delas?

Sua Anne

P.S.: Leitor, por favor, leve em consideração que essa história foi escrita antes que a fúria do escritor tivesse esfriado?

TERÇA-FEIRA, 3 DE AGOSTO DE 1943.

Querida Kitty,

As coisas estão indo bem no campo da política. A Itália baniu o partido fascista. As pessoas estão lutando contra os fascistas em muitos lugares — até o exército se juntou à luta. Como pode um país como esse continuar a fazer guerra contra a Inglaterra? O nosso lindo rádio foi levado na semana passada. Dussel estava muito zangado com o sr. Kugler por entregá-lo no dia marcado. Dussel está caindo cada vez mais no meu conceito, e já está abaixo de zero. O que quer que ele diga sobre política, história, geografia ou qualquer outra coisa é tão ridículo que mal ouso repetir: Hitler desaparecerá da história; o porto de Roterdã é maior que o de Hamburgo; os ingleses são idiotas por não aproveitarem a oportunidade para bombardear a Itália até ela virar poeira etc., etc. Acabamos de passar por um terceiro ataque aéreo. Decidi cerrar os dentes e colocar a coragem em prática. A sra. van Daan, que sempre dizia "Que elas caiam" e "Melhor terminar em uma explosão do que não terminar", é a mais covarde de nós. Esta manhã, ela estava tremendo feito vara verde e até começou a chorar. Mas foi consolada pelo marido, com quem recentemente declarou uma trégua após uma semana de brigas. Eu quase me emocionei com aquele espetáculo.

A Mouschi acabou de provar que, sem sombra de dúvida, ter um gato tem desvantagens e vantagens. A casa inteira está cheia de pulgas e está piorando a cada dia. O sr. Kleiman espalhou um pó amarelo em todos os cantos e recantos, mas as pulgas não deram a menor atenção. Isso está nos deixando muito nervosos. A gente acaba imaginando uma picada nos braços e nas pernas ou em outras partes de nosso corpo, então damos um pulo e fazemos alguns exercícios, já que isso nos dá uma desculpa para darmos uma olhada mais de perto em nossos braços ou pescoço. Mas agora estamos pagando o preço por termos feito tão pouco exercício físico. Estamos tão rígidos que mal conseguimos virar a cabeça. A ginástica de verdade foi deixada de lado há muito tempo.

Sua Anne

QUARTA-FEIRA, 4 DE AGOSTO DE 1943.

Querida Kitty,

Agora que estamos escondidos no anexo secreto há pouco mais de um ano, você já sabe muita coisa sobre nossas vidas. Ainda assim, não posso contar tudo, já que são muito diferentes em comparação aos tempos normais e às pessoas comuns. Mesmo assim, para dar uma ideia mais próxima das nossas vidas, de vez em quando, vou descrever parte de um dia comum. Vou começar com a noite.

Nove da noite. No anexo, começa a correria para nos deitarmos, sempre com uma enorme confusão. Cadeiras são deslocadas, camas armadas, cobertores desdobrados — nada fica onde estava durante o dia. Eu durmo em um pequeno divã, que tem apenas um metro e meio, então precisamos colocar algumas cadeiras para aumentá-lo. Edredom, lençóis, travesseiros, cobertores: tudo tem que ser retirado da cama de Dussel, onde ficam guardados durante o dia. No quarto ao lado, a gente ouve um rangido terrível: é a cama dobrável da Margot sendo montada. Mais cobertores e travesseiros, qualquer coisa para deixar as ripas de madeira um pouco mais confortáveis. No andar de cima, parece que está trovejando, mas é apenas a cama da sra. van Daan sendo empurrada contra a janela para que sua majestade, vestida com sua camisola rosa, possa sentir o ar noturno em suas delicadas narinas!

Nove horas em ponto. Depois que o Peter termina de usar o banheiro, é a minha vez. Eu me lavo da cabeça aos pés e, na maioria das vezes, encontro uma pulga minúscula flutuando na pia (apenas nos meses ou semanas muito quentes). Escovo os dentes, enrolo o cabelo, cuido das minhas unhas e passo água oxigenada no buço para descolorir os pelos escuros — tudo isso em menos de meia hora.

Nove e meia. Eu coloco meu roupão. Com sabonete em uma mão e penico, grampos de cabelo, calcinha, bobes e um chumaço de algodão na outra, saio correndo do banheiro. O próximo da fila invariavelmente me chama de volta para remover os cabelos graciosamente encaracolados, mas desagradáveis, que eu deixo na pia.

Dez horas. Hora de colocar a tela de blecaute e dizer boa noite. Pelos próximos quinze minutos, pelo menos, a casa se enche com o ranger das camas e o barulho de molas quebradas, e então, desde que nossos vizinhos de cima não estejam tendo uma briga conjugal, tudo fica quieto.

Onze e meia. A porta do banheiro range. Uma estreita faixa de luz atravessa o quarto. Sapatos se arrastando, um casaco grande, ainda maior que o homem dentro dele... Dussel está voltando de seu trabalho noturno no escritório do sr. Kugler. Eu o ouço caminhando para a frente e para trás por dez minutos inteiros, o ruído de papel (que é da comida que ele está guardando no armário) e da cama sendo arrumada. Então a figura desaparece novamente e o único som é o ocasional barulho suspeito que vem do banheiro.

Três horas. Eu tenho que me levantar para uma pequena tarefa no penico debaixo da minha cama, que, por segurança, tem um tapete de borracha embaixo para o caso de vazamentos. Sempre prendo a respiração durante a tarefa, pois cai na lata como um riacho descendo a encosta de uma montanha. O penico é devolvido ao seu lugar, e a figura de camisola branca (aquela que faz a Margot exclamar todas as noites: "Ah, essa camisola indecente!") volta para a cama. Um certo alguém fica acordado por cerca de quinze minutos, ouvindo os sons da noite. Em primeiro lugar, para saber se há ladrões no andar de baixo, e depois para certificar-se de que — no andar de cima, ao lado e no meu quarto —, os outros estão dormindo ou meio acordados nas camas. Isso não é divertido, especialmente quando se trata de um membro da família chamado dr. Dussel. Primeiro, ouço o som de um peixe como se estivesse com falta de ar, que se repete nove ou dez vezes. Em seguida, percebo uma movimentação para umedecer os lábios e escuto um barulho de estalar dos lábios para assegurar-se de que estão umedecidos. Por fim, há um longo período de revirar-se e arrumar os travesseiros. Depois de cinco minutos de silêncio total, a mesma sequência se repete mais três vezes e, depois disso tudo, ele volta a dormir por um tempo.

Às vezes acontece um tiroteio durante a noite, entre uma e quatro horas. Eu nunca percebo isso completamente até que, de repente, eu me vejo de pé ao lado da minha cama, por puro hábito. De vez em quando, estou sonhando tão profundamente (com verbos irregulares em francês ou com uma briga no andar de cima) que só quando meu sonho acaba, percebo que o tiroteio parou e que permaneci em silêncio em meu quarto. Mas, geralmente, eu acordo. Então pego um travesseiro e um lenço, coloco meu roupão e chinelos e corro para perto do papai, exatamente como a Margot descreveu neste poema de aniversário:

Quando começam os tiros na noite escura
Uma porta se abre e, em meio a rangidos, a esse cenário se
    mistura
Um lenço, um travesseiro e uma linda figura...

Assim que chego à cama grande, o pior já passou, exceto quando os tiros estão exageradamente altos.

Seis e quarenta e cinco. Trrriiiimm... o despertador, que eleva sua voz estridente a qualquer hora do dia ou da noite, quer você queira ou não. Crac... tum... a sra. van Daan o desliga. Nhéc... o sr. van Daan se levanta, coloca a água e corre para o banheiro.

Sete e quinze. A porta do banheiro range de novo. É a vez de Dussel. Finalmente sozinha, eu removo a tela de blecaute... e o novo dia começou no anexo secreto.

Sua Anne

QUINTA-FEIRA, 5 DE AGOSTO DE 1943.

Querida Kitty,
Hoje vamos falar sobre a hora do almoço.

Meio-dia e meia. O povo todo suspira aliviado: o sr. van Maaren, o homem de passado obscuro, e o sr. de Kok foram para casa almoçar.

No andar de cima, dá para ouvir o baque do aspirador de pó no lindo e único tapete da sra. van Daan. A Margot enfia alguns livros debaixo do braço e se dirige para a turma dos "alunos que não vão para a frente", que é o que Dussel parece ser. O Pim vai sentar-se em um canto com seu inseparável Dickens, na esperança de encontrar um pouco de paz e sossego. A mamãe corre para o andar de cima a fim de ajudar a dona de casa ocupada, e eu arrumo o banheiro e a mim ao mesmo tempo.

Meio-dia e quarenta e cinco. Eles vão chegando um a um: primeiro o sr. Gies e depois o sr. Kleiman ou o sr. Kugler, seguidos pela Bep e, às vezes, até pela Miep.

Uma hora. Amontoados ao redor do rádio, todos ouvem a BBC tensos. Essa é a única hora que os membros da família do anexo não se interrompem, já que nem mesmo o sr. van Daan pode discutir com o alto-falante.

Uma e quinze. Hora de distribuir a refeição. Todos do andar de baixo recebem uma caneca de sopa, mais sobremesa, se tiver. Um satisfeito sr. Gies senta-se com a caneca no divã ou se inclina contra a mesa com seu jornal, geralmente, com a gata ao seu lado. Se um dos três estiver faltando, ele não hesita em fazer com que seu protesto seja ouvido. O sr. Kleiman traz as últimas notícias da cidade, e ele é uma excelente fonte. O sr. Kugler sobe as escadas apressado, dá uma batida curta e firme na porta, e entra torcendo as mãos ou esfregando-as de alegria, se está tranquilo e de mau humor ou falante e de bom humor.

Uma e quarenta e cinco. Todos se levantam da mesa e vão cuidar das suas coisas. A Margot e a mamãe lavam a louça; o sr. e a sra. van Daan vão para o divã; o Peter vai para o sótão; o papai vai para seu divã; Dussel, para sua cama; e Anne, para seus estudos.

O que se segue é a hora mais tranquila do dia; quando estão todos dormindo, não há perturbações. A julgar pelo seu rosto, Dussel está sonhando com comida. Mas eu não olho para ele por muito tempo porque o tempo voa e, antes que você perceba, serão quatro da tarde, e o pedante dr. Dussel estará de pé, com o relógio na mão, porque estou um minuto atrasada para liberar a mesa.

Sua Anne

SÁBADO, 7 DE AGOSTO DE 1943.

Querida Kitty,
Há algumas semanas, comecei a escrever uma história, algo que inventei do início ao fim, e gostei tanto que os produtos da minha caneta estão formando pilhas.

Sua Anne

SEGUNDA-FEIRA, 9 DE AGOSTO DE 1943.

Querida Kitty,
Em continuação à descrição de um dia típico no anexo, agora é hora de descrever o jantar.

O sr. van Daan abre a série. Ele é o primeiro a se servir e pega uma porção generosa de tudo o que gosta. Costuma participar da conversa e nunca deixa de dar a sua opinião, mesmo que não tenha nada a ver. E, depois que fala, sua palavra é a final. Se alguém se atreve a sugerir o contrário, o sr. van Daan começa uma boa briga. Ah, e fica barulhento como um gato brabo ou assustado... mas eu preferia que não ficasse assim. Depois de ver uma vez, você nunca mais quer ver. A opinião dele é a melhor, ele sabe mais sobre tudo. Tudo bem, o homem tem uma boa cabeça sobre os ombros, mas a sua justiça própria atingiu um alto grau nesse cavalheiro.

A madame. Na verdade, a melhor coisa seria não dizer nada. Há dias, especialmente quando o mau humor está a caminho, que é difícil ver qualquer coisa na sua expressão. Se você analisar as discussões, vai ver que ela não é o assunto, mas a culpada! Um fato que todos preferem ignorar. Mesmo assim, você pode considerá-la a provocadora. Criar problemas, é isso o que a sra. van Daan chama de diversão. Criar problemas entre a sra. Frank e Anne. Mas não é tão fácil com a Margot e o sr. Frank.

Mas voltemos à mesa. A sra. Van Daan pode achar que nem sempre recebe o suficiente, mas não é verdade. As melhores batatas, o pedaço mais saboroso, a guloseima mais gostosa, o pedaço mais macio do que quer que seja, essa é a máxima da madame. Os outros podem ter a sua vez, desde que eu consiga o melhor. (Exatamente o que ela acusa a Anne Frank de fazer.) E como ela fala! Se alguém está ouvindo ou não, se alguém está interessado ou não, isso não parece lhe importar. Ela deve pensar que qualquer coisa que tem a dizer vai interessar a todos.

Risadinhas brincalhonas, agindo como se soubesse de tudo, dando conselhos e bancando a mãezona de todos — isso, com certeza, até deve causar uma boa impressão. Mas, se você prestar atenção, a boa impressão desaparece. Um, ela é diligente; dois, é alegre; três, é insinuante e, às vezes, mostra um rosto bonito. Essa é Petronella van Daan.

O terceiro à mesa. Quase não se percebe que ele está ali. O jovem sr. van Daan, no geral, é quieto e faz o que pode para não ser notado. Quanto ao apetite, ele é um tonel das Danaides que nunca fica cheio. Mesmo depois da refeição mais reforçada, ele pode olhar calmamente nos seus olhos e afirmar que poderia ter comido o dobro.

Número quatro, a Margot. Come como um passarinho e não fala praticamente nada. Come apenas legumes e frutas. "Mimada", na opinião dos van Daan; "muito pouco exercício e ar fresco", é a nossa opinião.

Ao lado dela, a mamãe. Tem um apetite saudável, e faz sua parte da conversa. Ninguém tem a impressão, como acontece com a sra. van Daan, de que ela é uma dona de casa. Qual a diferença entre as duas? Bem, a sra. van Daan cozinha e mamãe lava a louça e lustra os móveis.

Números seis e sete. Não vou falar muito sobre o papai e sobre mim. Ele é a pessoa mais modesta à mesa. Primeiro, certifica-se de que todos já foram servidos. Ele não precisa de nada para si mesmo; as melhores coisas são para as crianças. Ele é a bondade personificada. Sentado ao lado dele está o pequeno feixe de nervos do anexo.

Dr. Dussel. Serve-se, não levanta os olhos, come e não fala. E, se você tem que dizer alguma coisa, então, pelo amor de Deus, que seja sobre comida. Isso não leva a brigas, apenas a se gabar. Ele consome porções enormes, e dizer "não" não faz parte de seu vocabulário, seja a comida boa ou ruim. Com as calças que vão até o peito, jaqueta vermelha, chinelos pretos de couro envernizado e óculos de aro de chifre — é assim que ele fica quando está na mesinha, perpetuamente trabalhando. Isso só é interrompido por seu cochilo da tarde, e pela comida e — seu local favorito — pelo banheiro. Três, quatro ou cinco vezes por dia tem alguém esperando do lado de fora da porta do banheiro, pulando impacientemente de um pé para o outro, tentando se segurar e mal conseguindo. Por acaso Dussel se importa? Nem um pouquinho. Das sete e quinze às sete e meia, do meio-dia e meia a uma hora, das duas às duas e quinze, das quatro às quatro e quinze, das seis às seis e quinze, das onze e meia às doze, que ninguém se aproxime do banheiro. Você pode ajustar seu relógio por eles; esses são os horários para suas "sessões regulares". Ele nunca se desvia ou se deixa influenciar pelas vozes do lado de fora, implorando para que ele abra antes que ocorra um desastre.

Número nove. Ela não faz parte da nossa família do anexo, embora compartilhe nossa casa e nossa mesa. A Bep tem um apetite saudável. Ela raspa o prato e não é exigente. É fácil de agradar e isso nos deixa muito felizes. Alegre, bem-humorada, gentil e disposta, essas são as suas características.

Sua Anne

TERÇA-FEIRA, 10 DE AGOSTO DE 1943.

Querida Kitty,

Tive uma nova ideia: durante as refeições, falo mais comigo mesma do que com os outros, o que tem duas vantagens. Primeiro, eles estão felizes por não terem que ouvir minha tagarelice contínua e, segundo, não preciso me irritar com suas opiniões. Não acho que minhas opiniões sejam idiotas, mas outras pessoas acham, então é melhor guardá-las para mim. Eu aplico a mesma tática quando tenho que comer algo que eu detesto. Coloco o prato na minha frente, finjo que está delicioso, evito ao máximo olhar para ele, e a comida some antes que eu tenha tempo de perceber o que é. Quando me levanto de manhã, outro momento muito desagradável, pulo da cama e penso comigo mesma: "Logo, logo, você vai voltar para debaixo das cobertas", vou até a janela, tiro a tela de blecaute, cheiro pela fresta até sentir um pouco de ar fresco e estou acordada. Arrumo a cama o mais rápido possível para não ficar tentada a voltar. Sabe como a mamãe chama esse tipo de coisa? A arte de viver. Não é uma expressão engraçada?

Todos nós ficamos um pouco confusos na semana passada, porque nossos amados sinos da Westertoren foram retirados para serem derretidos durante a guerra, então não temos ideia da hora exata, seja da noite ou do dia. Ainda tenho esperança de que eles consigam um substituto, feito de estanho ou cobre ou algo assim, para que o bairro se lembre do relógio.

Aonde quer que eu vá, no andar de cima ou de baixo, todos eles lançam olhares de admiração para os meus pés, que estão adornados por um par de sapatos excepcionalmente bonitos (para tempos como estes!). A Miep conseguiu arranjá-los por 27,50 florins. Eles são de camurça e couro na cor vinho, com saltos que faltam pouco para serem altos. Eu sinto como se estivesse usando pernas de pau, e pareço ainda mais alta do que já sou.

Ontem foi meu dia de azar. Eu espetei meu polegar direito na ponta de uma agulha grande. Como resultado, a Margot teve que descascar batatas para mim (o mal que vem para o bem), e foi difícil escrever. Depois esbarrei na porta do armário com muita força, o que quase me derrubou, e brigaram comigo por fazer tanto barulho. Eles não me deixaram abrir a torneira para lavar minha testa, então agora estou andando com um caroço gigante em cima do meu olho direito. Para piorar a situação, o dedinho do meu pé direito ficou preso no aspirador de pó. Sangrou e doeu, mas meus outros machucados já estavam me causando tantos problemas que deixei esse passar, o que foi estúpido da minha parte, porque agora estou com o dedo do pé infeccionado. Com a pomada, a gaze e a fita, não consigo calçar meu divino sapato novo.

Indiretamente, Dussel colocou nossas vidas em perigo. Ele fez com que a Miep lhe trouxesse um livro, um discurso contra Mussolini, que havia sido banido. No caminho para cá, ela foi atropelada por uma motocicleta da SS. Ela perdeu a cabeça e gritou "Seus desgraçados!" e seguiu caminho. Não me atrevo a pensar no que teria acontecido se ela tivesse sido levada para a delegacia de polícia.

Sua Anne

Uma tarefa cotidiana em nossa pequena comunidade: descascar batatas!

Uma pessoa vai buscar alguns jornais; outra, as facas (guardando a melhor para si, claro); o terceiro, as batatas; e a quarta, a panela com água.

O sr. Dussel começa. Ele nem sempre as descasca muito bem, mas faz a tarefa sem parar, olhando para a esquerda e para a direita para ver se todos estão fazendo do jeito que ele faz. Não, não estão.

"Não: olha, Anne, estou usando a faca assim e descasco de cima para baixo! Não, não é assim... mas assim!"

"Eu acho que meu jeito é mais fácil, sr. Dussel", comento timidamente.

"Mas esta é a melhor maneira, Anne. Isso você pode aprender comigo. Claro, não adianta, você faz do jeito que você quer."

Continuamos descascando. Olho para Dussel com o canto do olho. Perdido em pensamentos, ele balança a cabeça (pensando sobre mim, sem dúvida), mas não diz mais nada.

Continuo descascando. Então olho para o papai, do meu outro lado. Para ele, descascar batatas não é uma tarefa do dia a dia, mas um trabalho de precisão. Quando lê, ele fica com uma ruga profunda na testa. Mas, quando está ajudando a preparar batatas, feijões ou legumes, parece totalmente distraído na tarefa. Ele coloca sua "cara de descascar batatas" e, quando fica nesse modo peculiar, é impossível para ele produzir algo menos do que uma batata perfeitamente descascada.

Eu continuo trabalhando. Levanto os olhos por um segundo, mas esse é todo o tempo de que eu preciso. A sra. van Daan está tentando atrair a atenção de Dussel. Ela começa olhando na direção dele, mas ele finge não notar. Eu pisca, mas ele continua descascando. Ela ri, mas Dussel não ergue os olhos. Então a mamãe ri também, e ele continua inabalável. Não conseguindo atingir seu objetivo, a sra. van Daan é obrigada a mudar de tática. Há um breve silêncio. Então ela diz: "Putti, por que você não coloca um avental? Senão eu vou ter que passar o dia todo amanhã tentando tirar as manchas do seu terno!".

"Eu não estou sujando o terno."

Outro breve silêncio. "Putti, por que você não se senta?"

"Eu estou bem assim. Eu prefiro ficar em pé!"

Silêncio.

"Putti, cuidado, agora você está esparramando água!"

"Eu sei, mamãe, mas estou tendo cuidado."

A madame procura outro assunto. "Me diz uma coisa, Putti, por que não temos visto mais bombardeios dos ingleses?"

"Porque o tempo está ruim, Kerli!"

"Mas ontem o dia estava muito bom, e eles também não voaram."

"Vamos mudar de assunto."

"Por quê? Será que uma pessoa não pode falar sobre isso ou dar uma opinião?"

"Não."

"Bem, por que raios não?"

"Ah, fica quieta, Mammichen!"

"O sr. Frank sempre responde às perguntas da esposa dele."

O sr. van Daan está tentando se controlar. Essa observação sempre o incomoda, mas a sra. van Daan não é de desistir: "Ah, a invasão nunca virá!".

O sr. van Daan fica branco e, quando percebe que ele ficou assim, a sra. van Daan fica vermelha, mas não se deixa intimidar: "Os ingleses não estão fazendo nada!".

A bomba explode. "Agora cale a boca, pelo amor de Deus!"

A mamãe mal consegue esconder uma risada, e eu olho direto para a frente.

Cenas como essas se repetem quase diariamente, a menos que eles tenham acabado de ter uma briga terrível. Nesse caso, nem o sr. nem a sra. van Daan dizem uma palavra.

É hora de eu pegar mais algumas batatas. Vou até o sótão, onde o Peter está ocupado catando pulgas na gata.

Ele olha para cima, a gata percebe, e — vuuuupt [...] some. Sai pela janela e desce pela calha.

O Peter solta um palavrão. Eu dou uma risada e saio do quarto.

Liberdade no Anexo

Exatamente às cinco e meia, os empregados do depósito vão para casa, então temos um pouco de liberdade.

Cinco e meia. A chegada da Bep é o sinal do início de nossa liberdade noturna. Imediatamente, as coisas começam. Subo as escadas com a Bep, que geralmente come a sobremesa antes de todos nós. Mal ela se senta e a sra. van Daan começa a anunciar seus desejos. Sua lista geralmente começa com "Ah, a propósito, outra coisa que eu gostaria...". A Bep pisca para mim. A sra. van Daan não perde a chance de dizer seus desejos a qualquer pessoa que esteja subindo. Deve ser uma das razões pelas quais nenhum deles gosta de subir até aqui.

Cinco e quarenta e cinco. A Bep vai embora. Desço dois andares para dar uma olhada geral: primeiro na cozinha, depois no escritório particular e depois no depósito de carvão para abrir a portinha de gatos para a Mouschi.

Depois de uma longa inspeção, eu acabo no escritório do sr. Kugler. O sr. van Daan está revirando todas as gavetas e arquivos em busca da correspondência de hoje. O Peter pega a Boche e a chave do armazém; o Pim carrega as máquinas de escrever escada acima; a Margot procura um lugar tranquilo para fazer seu trabalho de escritório; a sra. van Daan coloca uma chaleira de água no fogão; a mãe desce as escadas com uma panela de batatas; todos nós conhecemos nossas tarefas.

Logo o Peter volta do armazém e imediatamente pergunta onde está o pão. As senhoras sempre o colocam no armário da cozinha, mas não está lá. Será que esqueceram? Ele quer dar uma olhada no escritório que dá para a rua da frente. Ele, então, se agacha diante da porta do escritório e engatinha de quatro até o armário de aço, pega o pão e sai dali o mais rápido possível. Ou pelo menos é o que ele gostaria de fazer, mas, antes que ele saiba o que aconteceu, a Mouschi pula sobre ele e vai se sentar embaixo da mesa.

O Peter olha ao redor. Aha, lá está a gata! Ele engatinha de volta para o escritório e agarra a gata pelo rabo. A Mouschi sibila, e Peter suspira. O que ele conseguiu com isso? A Mouschi agora está sentada perto da janela se lambendo, muito satisfeita por ter escapado das garras dele. Ele não tem escolha a não ser atraí-la com um pedaço de pão. A Mouschi morde a isca, segue-o para fora e a porta se fecha. Eu assisto à cena inteira por uma fresta na porta.

O sr. van Daan está zangado e bate a porta. A Margot e eu trocamos olhares e pensamos a mesma coisa: ele deve ter se enfurecido novamente por causa de algum erro do sr. Kugler, e se esqueceu da existência da Companhia Keg no prédio ao lado. Outro passo é ouvido no corredor. Dussel entra, vai até a janela com ar de decoro, funga [...] tosse, espirra e pigarreia. Ele está sem sorte — era pimenta. Ele continua para o escritório da frente. As cortinas estão abertas, o que significa que ele não consegue pegar seu papel de carta. E desaparece com uma carranca.

A Margot e eu trocamos outro olhar. "Uma página a menos para sua namorada amanhã", eu a ouço dizer. Eu aceno com a cabeça concordando.

Ouvem-se passos de elefante na escada. É Dussel, buscando conforto em seu lugar favorito.

Continuamos trabalhando. Toc, toc, toc... Três batidas significam que é hora do jantar!

Sua Anne

SEGUNDA-FEIRA, 23 DE AGOSTO DE 1943.

Querida Kitty,

Continuação do horário do anexo secreto.

Quando o relógio bate oito e meia, a Margot e a mamãe estão nervosas. "Shh... papai. Fique quieto, Otto. Shh... Pim! São oito e meia. Venha aqui, você não pode mais continuar com a torneira aberta. Caminhe sem fazer barulho!"

Essa é uma amostra do que se diz ao papai quando ele está no banheiro. Às oito e meia, ele já tem que estar na sala. Nada de água corrente, nada de descarga do vaso sanitário, nada de caminhar, nada de barulho, seja o que for. Enquanto o pessoal do escritório não chega, você pode ouvir tudo no armazém. A porta se abre no andar de cima às oito e vinte, seguem-se três batidas suaves no chão... O mingau de Anne. Eu subo as escadas para pegar meu pratinho de cachorro. De volta ao andar de baixo, tudo tem que ser feito bem rápido: penteio meu cabelo, guardo o penico, empurro a cama de volta no lugar. Silêncio! O relógio bate oito e meia! A sra. van Daan muda sapatos e se arrasta pela sala, agora com os chinelos; o sr. van Daan também já trocou os sapatos pelos chinelos. Tudo fica silencio.

A cena familiar ideal atingiu o seu ponto alto. Eu quero ler ou estudar, e a Margot também. O papai e a mamãe também. O papai senta-se (com Dickens e o dicionário, é claro) na beirada da cama frouxa e barulhenta, que não tem sequer um colchão decente. Dois travesseiros podem ser colocados um sobre o outro. "Eu não preciso disso", ele pensa. "Eu posso me virar sem eles!"

Depois que começa a ler, ele não levanta mais os olhos. Ele ri de vez em quando e tenta fazer com que a mamãe leia uma história.

"Agora eu não tenho tempo!"

Ele parece ficar desapontado, mas continua a ler.

Pouco depois, ao se deparar com outra boa passagem, ele tenta novamente: "Você tem que ler isso, mãe!".

A mamãe senta-se na cama dobrável, ela lê, costura, tricota ou estuda, ou faz seja lá o que esteja na sua lista de tarefas. De repente ocorre-lhe uma ideia, e ela diz rapidamente, para não esquecer: "Anne, você sabe que... Margot, anote isso...".

Depois de um tempo fica silencioso de novo. A Margot fecha o livro com força; o papai franze a testa, aperta as sobrancelhas que formam uma curva engraçada e sua ruga de concentração reaparece, e ele se enterra em seu livro mais uma vez; a mamãe começa a conversar com a Margot; e eu fico curiosa e escuto também. O Pim entra na conversa...

Nove horas. Café da manhã!

Sua Anne

SEXTA-FEIRA, 10 DE SETEMBRO DE 1943.

Querida Kitty,

Toda vez que escrevo para você é porque algo aconteceu, geralmente mais desagradável do que agradável. Desta vez, porém, está acontecendo uma coisa maravilhosa.

Na quarta-feira, 8 de setembro, estávamos ouvindo o noticiário das sete horas quando ouvimos um anúncio: "Aqui estão algumas das melhores notícias da guerra até agora: a Itália capitulou". A Itália rendeu-se incondicionalmente! O boletim holandês, transmitido da Inglaterra começou às oito e quinze com a notícia: "Ouvintes, há uma hora e quinze minutos, eu mal havia terminado de escrever meu relatório diário, recebemos a maravilhosa notícia da capitulação da Itália. Vou dizer, eu nunca joguei minhas anotações no cesto de lixo com mais prazer do que hoje!".

Depois, "God Save the King", o hino nacional americano e o hino soviético foram tocados. Como sempre, o programa holandês era animador sem ser muito otimista. Os ingleses desembarcaram em Nápoles. O norte da Itália está ocupado pelos alemães. A trégua foi assinada na sexta-feira, 3 de setembro, dia em que os ingleses desembarcaram na Itália. Os alemães estão reclamando em todos os jornais sobre a traição de Badoglio e do rei da Itália.

Mesmo assim, há também más notícias. É sobre o sr. Kleiman. Como você sabe, todos nós gostamos muito dele. Ele está sempre alegre e é incrivelmente corajoso, apesar de estar doente e sempre com dor, e de não poder comer nem andar muito. "Quando o sr. Kleiman entra em uma sala, o sol começa a brilhar", a mamãe disse há pouco tempo, e ela está absolutamente certa.

Agora parece que ele precisa ser hospitalizado para uma operação muito difícil no estômago, e terá que ficar lá por pelo menos quatro semanas. Você deveria tê-lo visto quando ele se despediu de nós. Ele agiu normalmente, como se estivesse apenas indo resolver algumas coisas na rua.

Sua Anne

QUINTA-FEIRA, 16 DE SETEMBRO DE 1943.

Querida Kitty,

As relações aqui no anexo estão cada vez piores. Não ousamos abrir a boca na hora das refeições (a não ser para colocar a comida) porque, não importa o que digamos, alguém vai se ressentir ou entender errado. De vez em quando, o sr. Voskuijl vem nos visitar. Infelizmente, ele não está muito bem. E não está facilitando as coisas para sua família, porque sua atitude parece ser: "O que me importa, eu vou morrer de qualquer maneira!". Quando penso em como todos andam sensíveis aqui, posso imaginar como deve estar na casa dos Voskuijl.

Estou tomando valeriana todos os dias para combater a ansiedade e a depressão, mas isso não me impede de ficar ainda mais infeliz no dia seguinte. Uma boa gargalhada ajudaria mais do que dez gotas de valeriana, mas quase esquecemos como se ri. Às vezes, tenho medo de que meu rosto fique flácido com toda essa tristeza e que minha boca fique caída nos cantos para sempre. Os outros não estão em uma situação melhor. Todos aqui temem o grande terror conhecido como inverno.

Outro fato que não alegra nossos dias é que o sr. van Maaren, o homem que trabalha no armazém, está desconfiando da existência do anexo. Qualquer pessoa com cérebro já deve ter notado que a Miep, às vezes, diz que vai para o laboratório, a Bep para a sala de arquivos e o sr. Kleiman para o depósito da Opekta, enquanto o sr. Kugler afirma que o anexo não pertence a este prédio, mas ao do vizinho.

Nós não nos importaríamos com o que o sr. van Maaren pensasse da situação, se ele não fosse conhecido por não ser uma pessoa confiável e extremamente curioso. Ele não é alguém que pode ser despistado com uma desculpa esfarrapada.

Um dia, o sr. Kugler quis ser mais cauteloso, então, ao meio-dia e vinte, vestiu o casaco e foi até a farmácia da esquina. Menos de cinco minutos depois ele estava de volta, e subiu as escadas de mansinho, como um ladrão, para nos visitar. À uma e quinze, ele estava pronto para sair, mas a Bep o encontrou no patamar e o avisou que van Maaren estava no escritório. O sr. Kugler deu meia-volta e ficou conosco até a uma e meia. Depois tirou os sapatos e foi, apenas com as meias nos pés (apesar do frio) até o sótão da frente e desceu a outra escada, dando um passo de cada vez para evitar os rangidos. Levou quinze minutos lutando com as escadas, mas acabou em segurança, no escritório, depois de ter entrado pelo lado da Prinsen.

Enquanto isso, a Bep havia conseguido se livrar de van Maaren e veio buscar o sr. Kugler no anexo. Mas ele já havia saído e, naquele momento, ainda estava descendo as escadas na ponta dos pés. O que será que as pessoas da rua devem ter pensado quando viram o gerente calçando os sapatos do lado de fora? Seria chocante, o gerente só de meias!

Sua Anne

QUARTA-FEIRA, 29 DE SETEMBRO DE 1943.

Querida Kitty,
É o aniversário da sra. van Daan. Além de cupons de racionamento para queijo, carne e pão, ela só ganhou de nós um pote de geleia. Seu marido, Dussel e os funcionários do escritório só lhe deram flores e comida. Assim são os tempos em que vivemos! A Bep teve um ataque de nervos na semana passada, porque tinha muitas coisas para fazer. Dez vezes por dia alguém a mandava fazer alguma coisa, sempre insistindo que ela fosse imediatamente ou de novo ou que ela tinha feito tudo errado. E quando você pensa que ela tem seu trabalho regular de escritório para fazer, que o sr. Kleiman está doente, que a Miep está gripada em casa, e que a própria Bep está com um tornozelo torcido, problemas com namorado e um pai rabugento, não é de admirar que ela esteja no seu limite. Nós a confortamos e lhe dissemos que, se ela batesse o pé uma ou duas vezes e dissesse que não tinha tempo, as listas de compras encolheriam por conta própria.

Sábado houve um grande drama, do tipo que nunca tínhamos visto aqui antes. Começou com uma discussão sobre van Maaren e terminou com uma discussão geral e lágrimas. Dussel reclamou com a mamãe que estava sendo tratado como um leproso, que ninguém era amigo dele e que não havia feito nada para merecer aquilo. Então, muita conversa mole se seguiu e, felizmente, a mamãe não caiu desta vez. Ela lhe disse que estávamos desapontados, já que em mais de uma ocasião, ele havia sido uma fonte de grande aborrecimento. Dussel prometeu a lua, mas, como sempre, não vimos nem um raio de luar.

Há problemas se formando com os van Daan, dá para ver! Papai está furioso porque eles estão nos enganando: eles vêm escondendo carne e outras coisas. Ah, que tipo de bomba está prestes a explodir agora? Se, ao menos, eu não estivesse tão envolvida em todas essas brigas! Se, ao menos, eu pudesse sair daqui! Eles estão nos deixando loucos!

Sua Anne

DOMINGO, 17 DE OUTUBRO DE 1943.

Querida Kitty,
O sr. Kleiman está de volta, felizmente! Ele ainda parece um pouco pálido, mas, mesmo assim, saiu de boa vontade para vender algumas roupas para o sr. van Daan. O fato desagradável é que o sr. van Daan ficou sem todo o seu dinheiro. Ele perdeu seus últimos cem florins no armazém, o que ainda está criando problemas para nós: os homens estão se perguntando como cem florins podem aparecer no armazém em uma manhã de segunda-feira. A suspeita está grande. Enquanto isso, os cem florins foram roubados. Quem é o ladrão?

Mas eu estava falando sobre a falta de dinheiro. A sra. van Daan tem um monte de vestidos, casacos e sapatos, nenhum dos quais ela acha que pode ficar sem. O terno do sr. van Daan é difícil de vender, e a bicicleta do Peter foi colocada à venda, mas está de volta, já que ninguém quis comprá-la. Mas a história não termina aí. Você vê, a sra. van Daan vai ter que se separar de seu casaco de pele. Na opinião dela, a empresa deveria pagar pelo nosso sustento, mas isso é ridículo. Eles acabaram de ter uma briga inflamada sobre isso e entraram no estágio de reconciliação com "ah, meu querido Putti" e "adorada Kerli".

Fico pasma com as grosserias que esta honrada casa teve que suportar no mês passado. O papai anda com os lábios apertados e, sempre que ouve seu nome, ergue os olhos alarmado, como se temesse ser chamado para resolver outro problema delicado. A mamãe está tão cansada que está com manchas vermelhas no rosto, a Margot reclama de dores de cabeça, Dussel não consegue dormir, a sra. van Daan fica irritada o dia todo, e eu estou completamente perdida. Para falar a verdade, às vezes, eu esqueço com quem estamos de bem e com quem estamos de mal. A única maneira para tirar isso tudo da minha cabeça é estudar e, ultimamente, tenho estudado muito.

Sua Anne

SEXTA-FEIRA, 29 DE OUTUBRO DE 1943.

Querida Kitty,
O sr. Kleiman se afastou novamente; seu estômago não lhe dá um momento de paz. Ele nem sabe se parou de sangrar. Ele veio nos dizer que não se sentia bem e estava indo para casa e, pela primeira vez, ele parecia realmente deprimido.

O sr. e a sra. van Daan tiveram mais brigas violentas. Foi isto o que aconteceu: já mencionei que o dinheiro dos van Daan acabou. Eles queriam vender um sobretudo e um terno do sr. van Daan, mas não conseguiram encontrar compradores, o valor pedido estava muito alto.

Algum tempo atrás, o sr. Kleiman falou sobre um peleteiro amigo dele. Isso deu ao sr. van Daan a ideia de vender o casaco de pele da esposa. É feito de pele de coelho, e ela o tem há dezessete anos. O homem pagou 325 florins pelo casaco, uma quantia enorme. A madame, contudo, queria ficar com o dinheiro para comprar roupas novas depois da guerra, e foi uma luta até que o sr. van Daan conseguisse fazê-la entender que o dinheiro era desesperadamente necessário na casa.

Você não pode imaginar os gritos, berros, batidas de pés e xingamentos que se seguiram. Foi terrível. Minha família ficou ao pé da escada, tensa e pronta para o caso de ser necessário separá-los. Todas as brigas, lágrimas e nervosismo transformaram-se em tamanho estresse e tensão que eu caí na minha cama à noite chorando e agradecendo aos céus por ter meia hora para mim.

No geral, comigo está tudo indo bem, só não tenho a menor fome. Eu continuo ouvindo: "Meu Deus, você está com um aspecto horrível!". Devo admitir que estão fazendo todo o possível para me manter em forma: estão me enchendo de dextrose*, óleo de fígado de bacalhau, levedura de cerveja e cálcio. Mas meus nervos, muitas vezes, levam a melhor, especialmente aos domingos; é quando eu realmente me sinto péssima. A atmosfera fica opressiva, lenta, pesada como chumbo. Lá fora, você não ouve um único pássaro, e um silêncio mortal e angustiante paira sobre a casa e se agarra a mim como se fosse me arrastar para um submundo profundo. Em momentos como esses, o papai, a mamãe e a Margot não me importam nem um pouco. Vagueio de quarto em quarto, subo e desço as escadas e me sinto como um pássaro cujas asas foram arrancadas e que

---
* A dextrose é uma espécie de açúcar produzido em laboratório a partir do amido de milho, eleva a glicemia mais rapidamente e pode ser usada como um suplemento alimentar.

continua se arremessando contra as barras de sua gaiola escura. "Vá para fora onde há ar puro, respire e ria!", grita uma voz dentro de mim. Eu nem me dou ao trabalho de responder mais, só fico deitada no divã. O sono faz o silêncio e o medo terrível irem embora mais rápido, ajuda a passar o tempo, já que é impossível matá-los.

Sua Anne

QUARTA-FEIRA, 3 DE NOVEMBRO DE 1943.

Querida Kitty,
Para tirar os problemas da nossa cabeça e, ao mesmo tempo, fazer algo educativo, o papai solicitou um prospecto do Instituto de Ensino Leiden. A Margot mergulhou no grosso folheto três vezes sem encontrar nada que fosse do seu agrado e que estivesse dentro do seu orçamento. O papai era mais fácil de satisfazer, decidiu escrever pedindo uma aula experimental de "latim elementar". Dito e feito. A lição chegou, e Margot começou a trabalhar com entusiasmo e decidiu fazer o curso, apesar do custo. É difícil demais para mim, embora eu realmente gostaria muito de aprender latim.

Para me dar também um novo projeto, o papai pediu ao sr. Kleiman uma Bíblia infantil para que eu pudesse finalmente aprender algo sobre o Novo Testamento.

"Você está planejando dar para a Anne uma Bíblia como presente de Hanukkah?", a Margot perguntou, um pouco perturbada.

"Sim... Bem, talvez o Dia de São Nicolau seja uma data melhor", respondeu o papai. Jesus e Hanukkah não combinam exatamente.

Como o aspirador está quebrado, eu agora tenho que passar uma escova velha no tapete todas as noites. A janela está fechada, a luz acesa, o fogão aceso, e lá estou eu escovando o tapete. "Com certeza, isso vai ser um problema", pensei comigo mesma pela primeira vez. "Vão reclamar". Eu estava certa: mamãe ficou com dor de cabeça por causa da nuvem espessa de poeira girando pelo quarto, o novo dicionário de latim da Margot ficou coberto de poeira e o Pim resmungou que, de qualquer maneira, o chão não parecia nada diferente. Pequeno agradecimento pelas minhas dores.

A partir de agora, decidimos que o fogão será aceso nas manhãs de domingo, às sete e meia, em vez das cinco e meia. Eu acho arriscado. O que os vizinhos vão pensar da fumaça saindo da nossa chaminé?

É a mesma coisa com as cortinas. Desde o primeiro momento em que viemos nos esconder, elas foram firmemente presas às janelas. Às vezes, uma das damas ou cavalheiros não consegue resistir à vontade de dar uma espiadinha lá fora. O resultado: uma tempestade de críticas. A resposta: "Ah, ninguém vai notar". É assim que todo ato de descuido começa e termina. Ninguém vai notar, ninguém vai ouvir, ninguém vai prestar a mínima atenção. Fácil de dizer, mas será verdade?

No momento, as brigas mais furiosas diminuíram; apenas Dussel e os van Daan ainda estão em desacordo. Quando Dussel está falando sobre a sra. van Daan, ele invariavelmente a chama de "aquela morcega velha" ou "aquela bruxa estúpida", e, inversamente, a sra. van Daan refere-se ao nosso sempre tão instruído cavalheiro como uma "encalhada" ou uma "solteirona melindrosa e neurótica sensível" etc.

É o que tem telhado de vidro falando do que joga pedras.

Sua Anne

NOITE DE SEGUNDA-FEIRA, 8 DE NOVEMBRO DE 1943.

Querida Kitty,
Se você lesse minha pilha de cartas, uma depois da outra, com certeza, perceberia os diferentes estados de ânimo em que elas foram escritas. Pessoalmente, acho irritante depender tanto dos ânimos aqui no anexo secreto, mas não sou a única: todos estamos sujeitos a eles. Quando leio um livro que me envolve, tenho que completamente reorganizar meus pensamentos antes de poder me juntar às outras pessoas, caso contrário, pensariam que não bato bem da cabeça. Como você pode ver, estou em meio a uma depressão. Na verdade, eu não saberia dizer o que a provocou, mas acho que tem a ver com a minha covardia, que me afronta a todo momento. Esta noite, quando a Bep ainda estava aqui, a campainha tocou, um toque longo e alto. Na hora, fiquei branca, meu estômago revirou e meu coração começou a bater descontroladamente — e tudo porque eu estava com medo. À noite, na cama, eu me vejo sozinha numa masmorra, sem o papai e sem a mamãe. Ou vagando pelas ruas; ou o anexo secreto está pegando fogo; ou eles chegam, no meio da noite, para nos levar embora e eu me enfio debaixo da minha cama, em desespero. Vejo tudo como se estivesse vivenciando no meu próprio corpo. E tenho a sensação de que tudo isso logo vai acontecer comigo!

A Miep costuma dizer que nos inveja, porque temos paz e sossego aqui. Isso pode ser verdade, mas ela obviamente não está lembrando do nosso medo.

Eu simplesmente não consigo imaginar o mundo voltando a ser normal para nós. Eu falo de "depois da guerra", mas é como se eu estivesse falando de um castelo no ar, algo que nunca vai se tornar realidade.

Vejo nós oito no anexo secreto, como se fôssemos um pedaço de céu azul cercado por nuvens negras ameaçadoras. O ponto perfeitamente redondo em que estamos ainda é seguro, mas as nuvens estão se aproximando de nós, e o anel entre nós e o perigo que se aproxima está ficando cada vez mais apertado. Estamos cercados pela escuridão e pelo perigo e, em nossa busca desesperada por uma saída, continuamos esbarrando uns nos outros. Nós olhamos para baixo, onde as pessoas lutam entre si, e olhamos para cima, onde tudo está calmo e bonito. Enquanto isso, somos isolados pela massa escura de nuvens que não nos deixa subir, mas que está diante de nós como uma parede impenetrável que quer nos esmagar, mas ainda não pode. Só me resta chorar e implorar: "Ah, círculo, círculo, abra-se e deixe-nos sair!".

Sua Anne

QUINTA-FEIRA, 11 DE NOVEMBRO DE 1943.

Querida Kitty,
Eu tenho um bom título para este capítulo:
Ode à minha caneta-tinteiro:
In Memoriam

Minha caneta-tinteiro sempre foi um dos meus bens mais preciosos. Seu grande valor vinha, especialmente, do fato de ela ter uma ponta grande, porque só consigo escrever bem se a ponta da caneta-tinteiro tiver uma ponta grossa. Ela teve uma longa e interessante vida de caneta-tinteiro, que vou resumir abaixo. Quando eu tinha nove anos, a minha caneta-tinteiro (embalada em algodão) chegou, como "amostra grátis", de Aachen, onde minha avó (a gentil doadora) morava. Eu estava gripada e de cama, enquanto os ventos de fevereiro uivavam ao redor da casa. Essa esplêndida caneta-tinteiro veio em um estojo de couro vermelho, e eu a mostrei às minhas amigas na primeira chance que tive. Eu, Anne Frank, a orgulhosa proprietária de uma caneta-tinteiro.

Quando eu tinha dez anos, pude levar a caneta para a escola, e, para minha surpresa, a professora até me deixou escrever com ela. Quando eu tinha onze anos, porém, meu tesouro teve de ser guardado de novo, porque minha professora da sexta série só permitia usar penas e tinteiros da escola para escrever. Quando eu tinha doze anos, comecei no Liceu Judaico, e minha caneta--tinteiro ganhou um novo estojo em homenagem à ocasião. Ele não só tinha espaço para um lápis, como também fechava com um zíper, o que era muito mais impressionante. Quando eu tinha treze anos, a caneta-tinteiro veio comigo para o anexo secreto, e juntas percorremos inúmeros diários e redações. Quando eu fiz quatorze anos, a minha caneta-tinteiro estava aproveitando o seu último ano de vida comigo e agora...

Já passava das cinco da tarde de uma sexta-feira. Saí do meu quarto e estava prestes a me sentar à mesa para escrever quando fui praticamente empurrada para o lado para dar lugar à Margot e ao papai, que queriam praticar seu "latim". A caneta-tinteiro ficou lá, sem uso sobre a mesa, enquanto sua dona, suspirando, foi obrigada a se contentar com um canto muito pequeno da mesa, onde começou a "esfregar feijões". É assim que tiramos o mofo dos grãos e os restauramos ao estado original. Às quinze para as seis, varri o chão, coloquei a sujeira em um jornal junto com os feijões podres, e joguei tudo no fogo. Uma chama gigante subiu, e eu achei maravilhoso que o fogo, que estava dando seu último suspiro, tivesse se recuperado de uma forma tão milagrosa. Tudo ficou quieto novamente. Os estudantes de latim tinham saído, e me sentei à mesa para continuar de onde tinha parado. Mas, por mais que eu procurasse, não conseguia achar a minha caneta-tinteiro. Procurei de novo. A Margot procurou, a mamãe procurou, o papai procurou, Dussel procurou.

Mas ela havia desaparecido.

"Talvez tenha caído no fogo, junto com o feijão!", sugeriu a Margot. "Não, não poderia!", eu respondi.

Mas, naquela noite, quando minha caneta-tinteiro ainda não tinha aparecido, todos presumimos que ela havia sido queimada, especialmente porque a celulóide é altamente inflamável. Nossos piores medos se confirmaram no dia seguinte, quando o papai foi limpar o fogão e achou, entre as cinzas, o clipe usado para prendê-la no bolso. Da ponta de ouro, nenhum vestígio.

"Deve ter derretido e se fundido com a pedra", supôs o papai.

Pelo menos tive um consolo, por menor que seja: minha caneta-tinteiro foi cremada, como eu gostaria de ser, no devido tempo.

Sua Anne

QUARTA-FEIRA, 17 DE NOVEMBRO DE 1943.

Querida Kitty,

Eventos alarmantes estão em curso. Devido a um surto de difteria na casa da Bep, ela não pode entrar em contato conosco por seis semanas. Sem ela, cozinhar e fazer compras será muito difícil, sem falar no quanto sentiremos falta da sua companhia. O sr. Kleiman ainda está de cama, e não comeu nada além de mingau por três semanas. O sr. Kugler está com trabalho até o pescoço.

A Margot manda suas lições de latim para um professor, que as corrige e depois as devolve. Ela está matriculada com o nome da Bep. O professor é muito bom, e divertido também. Aposto que ele está feliz por ter uma aluna tão inteligente.

Dussel está em crise e não sabemos por quê. Tudo começou quando ele se fechou e não trocou sequer uma palavra com o sr. ou com a sra. van Daan. Isso chamou a atenção de todos e continuou por alguns dias. A mamãe, então, aproveitou a oportunidade para avisá-lo sobre a madame, que poderia tornar a vida dele miserável. Dussel disse que o sr. van Daan havia começado o tratamento de silêncio e não tinha intenção de ceder. Eu preciso explicar que ontem foi 16 de novembro, dia que marca o seu primeiro ano como residente no anexo. A mamãe ganhou uma planta para celebrar a ocasião, mas a sra. van Daan, que fazia alusão à data há semanas, e não escondia o fato de achar que Dussel deveria nos oferecer um presente, não ganhou nada. Em vez de aproveitar a oportunidade para nos agradecer — pela primeira vez — por generosamente tê-lo acolhido, ele não disse uma palavra. E, na manhã do dia 16, quando lhe perguntei se deveria dar-lhe meus parabéns ou pêsames, ele respondeu que qualquer um serviria. A mamãe, tendo se colocado no papel de pacificadora, não fez nenhum progresso, e a situação finalmente terminou em empate.

Posso dizer, sem exagero, que Dussel definitivamente tem um parafuso solto. Muitas vezes, rimos entre nós, porque ele não tem memória, não tem opiniões fixas e não tem bom senso. Ele, mais de uma vez, nos divertiu ao tentar nos passar a notícia que tinha acabado de ouvir, já que a mensagem invariavelmente fica difícil de compreender na transmissão. Além disso, ele responde a todas as reprovações ou acusações com um monte de promessas excelentes, que ele nunca consegue cumprir.

"O homem é grade em espírito,
E tão pequeno em ações."

Sua Anne

SÁBADO, 27 DE NOVEMBRO DE 1943.

Querida Kitty,

Ontem à noite, quando eu estava quase adormecendo, Hanneli, apareceu de repente na minha frente. Eu a vi ali, vestida em trapos, com o rosto magro e emaciado. Ela me olhou com uma grande tristeza e com uma reprovação em seus enormes olhos que consegui ler neles a mensagem: "Ah, Anne, por que você me abandonou? Me ajude, me ajude, me salve deste inferno!". Mas eu não posso ajudá-la. Só posso ficar parada, olhando enquanto outras pessoas sofrem e morrem. Tudo o que posso fazer é orar a Deus para trazê-la de volta para nós. Eu vi Hanneli apenas, ninguém mais, e entendi o porquê. Eu a julguei mal, eu era criança demais para entender suas dificuldades. Ela havia se apegado a uma nova amiga, e eu devo ter dado a impressão de que estivesse tentando levá-la embora. Pobrezinha, ela deve ter se sentido muito mal! Eu sei, porque reconheço o sentimento em mim! Às vezes, algo sobre a vida dela passava diante de mim, mas depois, como uma boa egoísta, eu me envolvia de novo com meus próprios prazeres e dificuldades.

Foi maldade minha tratá-la daquela forma, e agora ela estava olhando para mim tão impotente, com o rosto pálido e olhos suplicantes, ah, tão impotentes. Se, ao menos, eu pudesse ajudá--la! Querido Deus, eu tenho tudo o que poderia desejar, enquanto o destino a tem em suas garras mortais. Ela era tão piedosa quanto eu, talvez até mais, e ela também queria fazer o que era certo. Mas, então, por que eu fui escolhida para viver, enquanto ela provavelmente vai morrer? Qual é a diferença entre nós? Por que agora estamos tão distantes?

Para ser sincera, há meses que eu não pensava nela — não, já fazia um ano. Não que eu a tivesse esquecido completamente, mas, ainda assim, foi só quando a vi diante de mim que pensei em todo o seu sofrimento.

Ah, Hanneli, espero que, se você viver até o fim da guerra e voltar para nós, eu possa te acolher e compensar o mal que causei a você.

Mas, mesmo se eu estivesse em condições de ajudar, ela não precisaria mais do que precisa agora. Eu me pergunto se ela alguma vez pensa em mim. E, se pensa, o que ela está sentindo?

Bom Deus, apoie-a, para que ela não esteja sozinha, pelo menos. Ah, se o Senhor pudesse dizer a ela que estou pensando nela com compaixão e amor, isso poderia ajudá-la a continuar. Eu tenho que parar de pensar nisso. Não vai me levar a lugar nenhum. Eu continuo vendo seus olhos enormes, e eles me assombram. Será que Hanneli realmente acredita em Deus, ou será que a religião simplesmente foi imposta a ela? Eu não sei nem isso. Eu nunca me dei ao trabalho de perguntar. Hanneli, Hanneli, se ao menos eu pudesse te levar embora, se ao menos eu pudesse compartilhar tudo o que tenho com você. É tarde demais. Não posso ajudar ou desfazer o mal que fiz. Mas nunca mais vou esquecê-la e vou sempre orar por ela!

Sua Anne

SEGUNDA-FEIRA, 6 DE DEZEMBRO DE 1943.

Querida Kitty,

Quanto mais se aproximava do dia de São Nicolau, mais todos pensávamos na cesta lindamente decorada do ano passado.

E eu, mais do que ninguém, teria achado terrível não celebrar este ano. Depois de pensar muito sobre o assunto, finalmente tive uma ideia muito engraçada. Consultei o Pim e, há uma semana, começamos a trabalhar em um verso para cada um.

Domingo à noite, às quinze para as oito, subimos as escadas carregando o grande cesto de roupa suja, que havia sido decorado com recortes e laços feitos de papel-carbono rosa e azul. Nele, havia um grande pedaço de papel de embrulho com um bilhete preso.

Todos ficaram muito surpresos com o tamanho do presente. Eu tirei o bilhete e li em voz alta:

*"Mais uma vez o Dia de São Nicolau
chegou ao nosso esconderijo;
Não será tão parecido com junho,
Como o dia feliz que tivemos no ano passado.
Então estávamos esperançosos, não há razão para
 duvidar
Esse otimismo venceria a luta,
E quando este ano chegou,
Seríamos todos livres.
Ainda assim, não vamos esquecer que é dia de São
 Nicolau,
Embora não tenhamos mais nada para dar.
Teremos que encontrar outra coisa para fazer:
Então, todos, por favor, olhem em seus sapatos!"*

Quando cada um tirou seu próprio sapato da cesta, caíram numa gargalhada geral. Dentro de cada calçado, havia um pequeno pacote embrulhado endereçado ao seu dono.

Sua Anne

QUARTA-FEIRA, 22 DE DEZEMBRO DE 1943.

Querida Kitty,

Uma gripe muito forte não me deixou escrever para você até hoje. É terrível ficar doente aqui. Quando sentia vontade de tossir, eu tinha que me esconder debaixo do cobertor — uma, duas, três vezes — e tentar abafar o barulho.

Na maioria das vezes, a irritação na garganta se recusava a ir embora, então eu tinha que beber leite com mel e açúcar ou usar pastilhas para tosse. Fico tonta só de pensar em todos os tratamentos aos quais fui submetida: suar bastante para baixar a febre, tratamento com vapor, compressas úmidas, compressas secas, bebidas quentes, gargarejos, limpar diretamente a garganta, repouso absoluto, almofada térmica, bolsas de água quente, limonada e, a cada duas horas, o termômetro. Será que esses tratamentos realmente ajudam uma pessoa a melhorar? A pior parte foi quando o sr. Dussel decidia bancar o médico e colocava a cabeça cheia de brilhantina no meu peito nu para ouvir os sons. Não só o cabelo dele me pinicava, mas eu ficava com vergonha, mesmo que ele tenha se formado há trinta anos e tenha o título de doutor. Vir e encostar a cabeça no meu coração, o que esse sujeito está pensando? Ele não é meu namorado nem nada parecido! Aliás, ele não seria capaz de distinguir um som saudável de um não saudável.

Primeiro, ele teria que limpar os ouvidos, já que está tendo cada vez mais dificuldade para ouvir. Mas chega da minha doença. Estou novinha em folha de novo. Cresci quase um centímetro e meio e engordei um quilo. Estou pálida, mas doida para voltar aos meus livros. Excepcionalmente, estamos todos nos dando bem juntos. Sem brigas, embora isso provavelmente não vá durar muito. Não há tanta paz e tranquilidade nesta casa há pelo menos seis meses. A Bep ainda está em isolamento.

Para o Natal, receberemos óleo de cozinha extra, doces e melado. Para o Hanukkah, o sr. Dussel deu à sra. van Daan e à mamãe um lindo bolo, que ele pediu para a Miep fazer. Além de todo o trabalho que ela já tem para fazer! A Margot e eu recebemos um broche feito de uma moeda de um *penny*, todo brilhante e reluzente. Eu realmente não posso descrevê-lo, mas é lindo. Eu também tenho um presente de Natal para a Miep e a Bep. Durante um mês inteiro, economizei o açúcar que coloco no meu mingau, e o sr. Kleiman o usou para fazer *fondants*. O tempo está chuvoso e nublado, o fogão está com um cheiro muito ruim e a comida pesa no estômago de todos nós, produzindo uma variedade de ruídos estranhos.

A guerra está em um impasse; nosso ânimo, para baixo.

Sua Anne

SEXTA-FEIRA, 24 DE DEZEMBRO DE 1943.

Querida Kitty,

Como já lhe escrevi, os humores variam muito por aqui, o clima da casa tende a nos afetar por demais. E, no meu caso, tem ficado pior ultimamente. "Regozijando-se nas alturas e entristecido até a morte*" certamente se aplica a mim. Estou "regozijando-me nas alturas" quando penso em como somos afortunados aqui e me comparo com outras crianças judias, e "entristecida até a morte" quando, por exemplo, a sra. Kleiman vem e nos fala sobre o clube de hóquei de Jopie, os passeios de barco, as peças de teatro e os amigos.

---
* "Himmelhoch jauchzend und zum Tode betrübt" é um famoso verso de Goethe.

Eu não acho que esteja com ciúmes de Jopie, mas eu quero tanto realmente me divertir uma vez mais e rir tanto até doer a barriga.

Especialmente agora, durante o inverno, com todos aqueles dias livres do Natal e o Ano-Novo, ficamos aqui sentados como párias. Na verdade, eu nem deveria estar escrevendo isso, parece até ingratidão, sempre exagero. Mas, independentemente do que você pense a meu respeito, não consigo guardar tudo para mim, então vou repetir o que disse no início: "O papel é mais paciente do que as pessoas".

Sempre que alguém vem de fora, com as roupas batidas pelo vento e o frio no rosto, tenho vontade de enfiar a cabeça debaixo dos cobertores para não pensar: "Quando vamos respirar ar puro de novo?". Eu não posso esconder minha cabeça nas cobertas — muito pelo contrário, tenho que manter minha cabeça erguida e encarar as coisas, mas os pensamentos continuam voltando mesmo assim. E não apenas uma vez, mas de novo e de novo. Acredite, se você ficasse trancada por um ano e meio, alguns dias podem ser demais para você. Apesar de toda a justiça e gratidão que devemos sentir, os sentimentos não podem ser reprimidos. Andar de bicicleta, dançar, assobiar, olhar para o mundo, sentir-me jovem e saber que sou livre — é isso o que mais desejo, mas não posso deixar transparecer. Imagine só o que aconteceria se todos nós oito sentíssemos pena de nós mesmos ou andássemos por aí com o descontentamento visível no rosto. Aonde isso nos levaria? Às vezes, me pergunto se não há ninguém que possa entender que, judia ou não judia, sou apenas uma menina com uma grande necessidade de me divertir e ser feliz? Não sei, e não poderia falar sobre isso com ninguém, pois tenho certeza de que eu começaria a chorar. Chorar pode trazer alívio, desde que você não chore sozinho. Apesar de todas as minhas teorias e esforços, eu sinto falta — todos os dias e todas as horas — de ter uma mãe que me entenda. Por isso, tudo o que eu faço e escrevo é pensando na *mumsie** que quero ser para meus filhos quando eu crescer. Uma *mumsie* que não leva muito a sério tudo o que as pessoas dizem, mas que me leva a sério. Acho difícil descrever o que quero dizer, mas a palavra *mumsie* diz tudo. Você sabe o que eu inventei? Para me dar a sensação de chamar minha mãe de algo que soe como *mumsie*, muitas vezes, eu a chamo de "*mums*". Às vezes eu encurto para *mum*; que é *mumsie* incompleta. Ainda bem que ela não percebe isso, já que isso só a deixaria infeliz. Bem, já chega disso. Escrever me tirou do estado de "entristecida até a morte".

Sua Anne

É o dia seguinte ao Natal, e não posso deixar de pensar no Pim e na história que ele me contou nessa época, no ano passado. Não entendia o significado de suas palavras naquele momento tão bem quanto agora. Se ao menos ele voltasse a falar nisso, eu poderia mostrar a ele que entendi o que ele quis dizer!

Acho que o Pim me contou por que ele, que conhece os "segredos íntimos" de tantos outros, precisava expressar seus próprios sentimentos pelo menos uma vez. Ele nunca fala sobre si mesmo, e não acho que a Margot tenha a menor ideia do que ele passou. Pobre Pim, não pode me enganar pensando que esqueceu aquela moça. Ele nunca vai. Isso o tornou muito complacente, já que ele não é cego para as falhas da mamãe. Espero ser um pouco parecida com ele, sem ter que passar pelo que ele passou!

Anne

---
* Mãezinha.

SEGUNDA-FEIRA, 27 DE DEZEMBRO DE 1943.

Querida Kitty,

Sexta-feira à noite, pela primeira vez na minha vida, recebi um presente de Natal. O sr. Kleiman, o sr. Kugler e as meninas prepararam uma surpresa maravilhosa para nós. A Miep fez um delicioso bolo de Natal e escreveu em cima "Paz, 1944", e a Bep nos deu uma fornada de biscoitos amanteigados da mesma qualidade de antes da guerra.

O Peter, a Margot e eu ganhamos, cada um, uma garrafa de iogurte; e os adultos, uma garrafa de cerveja. Mais uma vez, tudo estava muito bem embrulhado, com lindas figuras coladas nos pacotes. De resto, os feriados passaram depressa para nós.

Sua Anne

QUARTA-FEIRA, 29 DE DEZEMBRO DE 1943.

Querida Kitty,

Fiquei novamente triste ontem à noite. Voltei a me lembrar da vovó e da Hanneli. Vovó, ah, minha querida vovó. Quão pouco entendíamos o que ela sofria, quão gentil ela sempre foi. O quanto ela se interessava por tudo o que nos dizia respeito. E pensar que todo esse tempo ela guardava e carregava consigo cuidadosamente seu terrível segredo. A vovó sempre foi leal e boa. Ela nunca decepcionou nenhum de nós. Mesmo quando eu me comportava mal, sempre me defendia. Vovó, você me amava ou será que também não me entendia? Não sei. Ninguém falava sobre si mesmo com ela. Como a vovó deve ter se sentido solitária, apesar de nós estarmos presentes. Você pode se sentir solitário mesmo quando é amado por muitas pessoas, já que não é o "primeiro e único" de ninguém. E a Hanneli? Será que ainda está viva? O que estaria fazendo? Meu Deus, cuide dela e traga-a de volta para nós. Hanneli, você é um lembrete de qual poderia ter sido meu destino. Continuo me vendo no seu lugar. Então, por que eu me sinto infeliz com o que acontece aqui? Eu não deveria estar feliz, contente e alegre, exceto quando estou pensando na Hanneli e naqueles que sofrem junto com ela? Sou egoísta e covarde. Por que sempre penso e sonho as coisas mais horríveis e quero gritar de terror? Porque, apesar de tudo, ainda não tenho fé suficiente em Deus. Ele me deu tanto, que eu não mereço, e ainda assim eu cometo tantos erros todos os dias!

Só pensar no sofrimento daqueles que ama pode reduzir você às lágrimas; na verdade, você poderia passar o dia inteiro chorando. O máximo que se pode fazer é orar para que Deus realize um milagre e salve pelo menos alguns deles. E espero estar orando o suficiente!

Sua Anne

QUINTA-FEIRA, 30 DE DEZEMBRO DE 1943.

Querida Kitty,

Desde as últimas brigas cheias de fúria, as coisas se acalmaram por aqui, não apenas entre nós, Dussel e o "andar de cima", mas também entre o sr. e a sra. van Daan. Mesmo assim, algumas nuvens escuras estão vindo nessa direção, e tudo por causa de... comida. A sra. van Daan teve a ridícula ideia de fritar menos batatas pela manhã e guardá-las para o final do dia. Mamãe, Dussel e o restante de nós não concordamos com ela, então agora estamos dividindo as batatas também. Parece que a gordura e o óleo não estão sendo distribuídos de forma justa, e a mamãe vai ter que acabar com isso. Eu te conto se acontecer alguma coisa interessante. Nos últimos meses, temos separado a carne (a deles com gordura, a nossa sem), a sopa (eles tomam, nós não), as batatas (as deles descascadas, as nossas não), os extras e agora as batatas fritas também. Se ao menos pudéssemos nos separar completamente!

Sua Anne

P.S.: A Bep mandou fazer uma cópia de um cartão postal de toda a Família Real para mim. A Juliana parece muito jovem, e a rainha também. As três garotinhas são adoráveis. Foi muito gentil da parte da Bep, não acha?

DOMINGO, 2 DE JANEIRO DE 1944.

Querida Kitty,

Esta manhã, quando não tinha nada para fazer, folheei as páginas do meu diário e me deparei, repetidamente, com muitas cartas tratando do assunto "mamãe" em termos tão fortes que fiquei chocada, tanto que me perguntei: "Anne, é mesmo você que está falando de ódio? Ah, Anne, como você pôde?".

Continuei sentada, com a página do diário aberta na minha frente e me perguntando por que estava cheia de tanta raiva e ódio a ponto de eu precisar contar tudo a você. Tentei entender a Anne do ano passado e pedir desculpas por ela, porque, enquanto eu deixar você com essas acusações, sem tentar explicar o que as motivou, minha consciência não ficará tranquila. Naquela época, eu estava sofrendo (e ainda sofro) com estados de ânimo que mantinham minha cabeça debaixo d'água (figurativamente falando) e me permitiam ver as coisas apenas de minha própria perspectiva, sem refletir, com calma, sobre o que os outros — aqueles a quem eu tinha ferido ou ofendido com meu temperamento inconstante — tinham dito, e depois agir como eles teriam agido.

Eu me escondi dentro de mim, não pensei em ninguém, além de mim mesma e, tranquilamente, registrava toda a minha alegria, sarcasmo e tristeza no meu diário. Este diário tem um imenso valor para mim. Em muitos trechos, ele é uma espécie de livro de memórias; em outras páginas, porém, eu facilmente poderia escrever "assunto encerrado".

Eu estava furiosa com a mamãe (e ainda estou na maior parte do tempo). É verdade, ela não me entendia, mas eu também não a entendia. Porque ela me amava, ela era terna e afetuosa, mas, por causa das situações difíceis em que ela me colocava, e das circunstâncias tristes nas quais ela se encontrava, ela estava nervosa e irritada, então eu consigo entender por que ela era muitas vezes dura comigo.

Eu ofendia, levava tudo a sério demais e era insolente e bruta com ela, o que a deixava infeliz. Estávamos em um círculo vicioso de ofensas e tristeza. Não foi um período muito feliz para nenhuma de nós, mas pelo menos está chegando ao fim. Também é compreensível que eu não quisesse ver o que estava acontecendo e que sentisse muita pena de mim mesma.

Aquelas explosões violentas no papel são simples expressões de raiva que, em uma vida normal, eu poderia ter resolvido me trancando no quarto e batendo o pé algumas vezes ou xingando a mamãe pelas costas.

O período de lágrimas e de julgamento contra a mamãe acabou. Estou mais crescida e fiquei mais consciente, e os nervos da mamãe estão um pouco mais estáveis. Na maioria das vezes, eu consigo segurar minha língua quando estou irritada, e ela também; assim, por fora, parece que estamos nos dando melhor. Mas tem uma coisa que não consigo fazer, que é amar a minha mãe com a devoção de uma filha.

Eu alivio minha consciência com o pensamento de que é melhor que palavras cruéis fiquem no papel do que mamãe ter que carregá-las no coração.

Sua Anne

QUINTA-FEIRA, 6 DE JANEIRO DE 1944.

Querida Kitty,

Hoje eu tenho duas coisas para confessar. Vai levar muito tempo, mas tenho que contar a alguém, e você é a candidata mais provável, pois eu sei que vai guardar segredo, aconteça o que acontecer.

A primeira é sobre a mamãe. Como você sabe, eu sempre reclamei dela e depois tentava ao máximo ser gentil. De repente, eu me dei conta do que há de errado com ela. A própria mamãe disse que nos vê mais como amigas do que como filhas. Isso é muito bom, claro, só que uma amiga não pode substituir uma mãe. Eu preciso que a minha mãe dê um bom exemplo e seja uma pessoa que eu possa respeitar, mas, na maioria das coisas, ela é um exemplo do que não fazer. Eu tenho a sensação de que a Margot pensa de outra maneira sobre essas coisas e que nunca seria capaz de entender o que acabei de contar. E o papai evita todas as conversas que tenham a ver com a mamãe.

Imagino uma mãe como uma mulher que, antes de tudo, possui muito tato, especialmente com seus filhos, quando eles chegam à minha idade, e não uma que zomba de mim quando eu choro — não porque estou com dor, mas por outras coisas —, como *mums* costuma fazer.

Aconteceu uma coisa, que pode parecer bobagem, mas pela qual nunca a perdoei. Aconteceu num dia quando tive que ir ao dentista. A mamãe e a Margot planejaram ir comigo e deixaram que eu fosse de bicicleta. Quando o dentista terminou, e estávamos de volta lá fora, a Margot e a mamãe me informaram muito delicadamente que iam ao centro comprar ou ver alguma coisa, não me lembro o quê, e é claro que eu queria ir junto. Mas eles disseram que eu não poderia ir, porque estava com minha bicicleta. Lágrimas de raiva encheram meus olhos, e a Margot e a mamãe começaram a rir de mim. Fiquei tão furiosa que mostrei a língua para elas, ali mesmo na rua. Uma velhinha que estava passando parecia ter ficado terrivelmente chocada. Voltei de bicicleta para casa e devo ter chorado por horas. Por incrível que pareça, embora minha mãe tenha me ferido milhares de vezes, essa ferida em particular ainda dói sempre que eu me lembro da raiva que fiquei naquele dia.

Acho difícil confessar a segunda coisa, porque é sobre mim. Não sou puritana, Kitty, e ainda assim, toda vez que eles dão um relato passo a passo de suas idas ao banheiro, o que costumam fazer, todo o meu corpo se revolta.

Ontem li um artigo de Sis Heyster sobre pessoas que costumam ficar vermelhas. Era como se ela tivesse escrito diretamente para mim. Não que eu ruborize facilmente, mas o resto do artigo se aplica. O que ela basicamente diz é que, durante a puberdade, as meninas se recolhem e começam a pensar nas mudanças maravilhosas que estão ocorrendo em seus corpos. Também sinto isso, o que provavelmente explica meu recente embaraço com a Margot, a mamãe e o papai. Por outro lado, a Margot é muito mais tímida do que eu e, no entanto, não fica nem um pouco envergonhada.

Eu acho maravilhoso o que está acontecendo comigo, e não me refiro apenas às mudanças que acontecem no meu corpo, mas também as que ocorrem dentro de mim. Eu nunca falo sobre mim ou sobre qualquer uma dessas coisas com os outros, e é por isso que eu tenho que falar sobre isso comigo mesma. Sempre que fico menstruada (e isso aconteceu apenas três vezes), tenho a sensação de que, apesar de toda a dor, desconforto e bagunça, estou carregando um doce segredo. Então, mesmo que seja um incômodo, de certa forma, fico sempre ansiosa pelo momento em que sentirei esse segredo dentro de mim mais uma vez.

Sis Heyster também escreve que as meninas da minha idade se sentem muito inseguras consigo mesmas e estão apenas começando a descobrir que são indivíduos com suas próprias ideias, pensamentos e hábitos. Eu tinha acabado de fazer treze anos quando cheguei aqui, então comecei a pensar em mim mesma e percebi que me tornei uma "pessoa independente" mais cedo do que a maioria das garotas. Às vezes, quando me deito na cama à noite, sinto uma vontade terrível de tocar meus seios e ouvir as batidas calmas e constantes do meu coração.

Inconscientemente, eu tinha esses sentimentos antes mesmo de vir para cá. Uma vez, quando passei a noite na casa da Jacque, não pude mais conter minha curiosidade sobre seu corpo, que ela sempre escondia de mim e que eu nunca tinha visto. Perguntei para ela se, como prova de nossa amizade, podíamos tocar os seios uma da outra. Jaque se recusou. Eu também tive um desejo terrível de beijá-la, e beijei. Toda vez que vejo um nu feminino, como a Vênus em meu livro de história da arte, entro em êxtase. Às vezes, as acho tão requintadas que tenho que lutar para segurar minhas lágrimas. Se ao menos eu tivesse uma amiga!

Sua Anne

QUINTA-FEIRA, 6 DE JANEIRO DE 1944.

Querida Kitty,

Meu desejo por ter alguém com quem conversar tornou-se tão intenso que, de alguma forma, enfiei na cabeça que escolheria o Peter para esse papel. Nas poucas ocasiões em que fui ao quarto dele durante o dia, sempre achei que era um lugar agradável e aconchegante. Mas o Peter é muito educado para mandar alguém embora mesmo quando o está incomodando, então nunca me atrevi a ficar muito tempo. Sempre tive medo que me achasse uma chata. Eu estava procurando uma desculpa para ficar no quarto dele e fazê-lo falar sem que ele percebesse, e ontem eu tive minha chance. O Peter está atualmente com mania de fazer palavras cruzadas, e não faz mais nada o dia todo. Eu o ajudei, e logo acabamos sentados um diante do outro à pequena mesa dele, o Peter na cadeira e eu no divã. Tive uma sensação maravilhosa cada vez que eu olhava em seus olhos azuis-escuros, e ele ficava lá com aquele sorriso misterioso. Eu podia ler seus pensamentos mais íntimos, e em seu rosto vi uma expressão de impotência e incerteza sobre como se comportar e, ao mesmo tempo, um lampejo de consciência de sua masculinidade. Eu vi sua timidez e me derreti. Eu queria dizer: "Fale-me sobre você. Veja além do meu exterior tagarela".

Mas a noite chegou ao fim e nada aconteceu, exceto que eu contei para ele sobre o artigo sobre ficar vermelho. Não as coisas que eu escrevi para você, é claro, apenas disse que ele se sentiria mais seguro à medida que ficasse mais velho.

À noite, na cama, pensei melhor, e achei toda a situação desalentadora, e a ideia de implorar favores ao Peter era simplesmente revoltante. Mas as pessoas fazem quase qualquer coisa para satisfazer seus anseios; olha para mim, por exemplo, eu decidi visitar o Peter com mais frequência e, de alguma forma, fazer com que ele fale comigo. Você não deve pensar que estou apaixonada por ele, porque não estou. Se os van Daan tivessem uma filha em vez de um filho, eu teria tentado fazer amizade com ela.

Esta manhã acordei pouco antes das sete e, imediatamente, me lembrei do que estava sonhando. Estava sentada em uma cadeira e, na minha frente, estava o Peter... o Peter Schiff. Nós estávamos olhando para um livro de desenhos da Mary Bos. O sonho foi tão vívido que até me lembro de alguns dos desenhos. Mas isso não foi tudo — o sonho continuou. Os olhos do Peter, de repente, encontraram os meus, e eu encarei por um longo tempo aqueles olhos castanhos aveludados. Então ele disse bem baixinho: "Se eu soubesse, teria vindo até você há muito tempo!". E me virei bruscamente, dominada pela emoção. Depois disso, eu senti um rosto macio, tão calmo e gentil contra o meu, e foi tão bom, tão bom...

Nesse momento eu acordei, ainda sentindo o rosto dele encostado no meu e os seus olhos castanhos olhando no fundo do meu coração, tão profundo que ele podia ler o quanto eu o amava e o quanto ainda o amo. De novo, meus olhos se encheram de lágrimas, e eu fiquei triste, porque eu o perdi mais uma vez, e ao mesmo tempo feliz, porque eu sabia com certeza que o Peter ainda é o único para mim.

É engraçado, mas muitas vezes tenho imagens muito vívidas nos meus sonhos. A primeira que vi foi a vovó*. Eu a vi tão claramente que cheguei até a sentir a sua pele de veludo macia e enrugada. Outra vez, minha outra vovó** apareceu para mim como um anjo da guarda. Depois foi a Hanneli, que simboliza o sofrimento de todos os meus amigos e dos judeus em geral, de tal modo que, quando estou orando por ela, também estou orando por todos os judeus e todos os necessitados. E agora, o meu querido Peter. Eu nunca tinha tido uma imagem tão clara dele. Não preciso de uma fotografia, eu posso vê-lo diante dos meus olhos, e muito bem!

SEXTA-FEIRA, 7 DE JANEIRO DE 1944.

Querida Kitty,

Como eu sou idiota! Esqueci que ainda não contei a história de todos os meus adoradores. Quando eu era muito pequena, no jardim de infância, eu gostei do Sally Kimmel. O seu pai havia morrido, e ele e a sua mãe moravam com uma tia. Um dos primos do Sally era um garoto bonito, esbelto e de cabelos escuros chamado Appy, que mais tarde ficou parecido com um astro do cinema e atraía mais atenção do que o pequeno, baixinho, cômico e gordinho Sally. Por muito tempo, Sally e eu íamos a todos os lugares juntos, mas, fora isso, meu amor não foi correspondido, até que o Peter cruzou meu caminho, e eu tive aquela verdadeira paixonite de infância. Ele também gostava de mim, e não nos separamos por um verão inteiro. Ainda consigo nos ver andando de mãos dadas pelo bairro, o Peter com um terno branco de algodão e eu com um vestido curto de verão. No final das férias de verão, ele foi para o primeiro ano do ensino médio, enquanto eu estava no último ano do ensino fundamental. Ele me encontrava no caminho de casa, ou eu o encontrava. O Peter era o garoto ideal: alto, bonito e esbelto, com um rosto sério, tranquilo e inteligente. Tinha cabelos escuros, lindos olhos castanhos, bochechas coradas e um nariz elegantemente pontudo. Eu era maluca pelo seu sorriso, o que lhe dava um ar infantil e malandro.

....
* Aqui, ela se refere à avó por parte de pai.
** Aqui, ela se refere à avó por parte de mãe.

Fui passar as férias no campo e, quando voltei, o Peter não estava mais em seu antigo endereço; ele havia se mudado e estava morando com um garoto muito mais velho, que aparentemente disse a ele que eu era apenas uma criança, porque o Peter me deixou. Eu o amava tanto que me recusei a encarar a verdade. Tentei segurá-lo como pude, até o dia em que finalmente percebi que, se continuasse correndo atrás dele, as pessoas diriam que eu era oferecida.

Os anos passaram. O Peter andava com garotas de sua idade, e não se preocupava em sequer me cumprimentar. Comecei a estudar no Liceu Judaico, e vários meninos da minha turma se apaixonaram por mim. Eu gostava e me sentia envaidecida pela atenção, mas isso era tudo. Mais tarde, o Hello ficou totalmente caído por mim, mas, como eu já disse, nunca me apaixonei de novo.

Tem um ditado que diz: "O tempo cura todas as feridas". Foi assim comigo. Disse a mim mesma que tinha esquecido o Peter e que não gostava mais dele nem um pouco. Mas minhas lembranças dele eram tão fortes que tive que admitir que a única razão pela qual eu não gostava mais dele era porque eu estava com ciúmes das outras garotas. Esta manhã percebi que nada mudou; pelo contrário, à medida que fiquei mais velha e amadureci, meu amor cresceu comigo. Agora eu consigo entender por que o Peter me achava infantil, mas ainda dói pensar que ele me esqueceu completamente. Eu vi seu rosto tão claramente; eu sabia com certeza que ninguém, além do Peter, poderia ter ficado na minha mente dessa forma.

Depois do sonho, fiquei em estado de confusão. Quando o papai me beijou esta manhã, eu quis gritar: "Ah, se você fosse o Peter!". Tenho pensado nele constantemente, e durante todo o dia fiquei repetindo para mim mesma: "Ah, Petel, meu querido, querido Petel...".

Em quem posso encontrar ajuda? Eu simplesmente tenho que continuar vivendo e pedindo a Deus para que, se algum dia sairmos daqui, o caminho do Peter se cruze com o meu, e que ele olhe nos meus olhos, leia o amor que existe neles e diga: "Ah, Anne, se eu soubesse, teria vindo até você há muito tempo".

Certa vez, quando o papai e eu estávamos conversando sobre sexo, ele disse que eu era muito jovem para entender esse tipo de desejo. Mas eu achava que entendia, e agora tenho certeza que entendo. Nada é agora tão bom para mim quanto meu querido Petel!

Eu vi meu rosto no espelho, e achei tão diferente. Meus olhos parecem claros e profundos, minhas bochechas estão rosadas, o que não acontecia há semanas, minha boca está muito mais suave. Eu pareço feliz, mas há algo tão triste na minha expressão, meu sorriso desaparece dos meus lábios. Não sou feliz, pois sei que o Peter não está pensando em mim, e ainda posso sentir seus lindos olhos me observando e seu rosto suave e macio encostado no meu... Ah, Petel, Petel, como vou me libertar de sua imagem? Qualquer outro que tomasse o seu lugar não passaria de um péssimo substituto. Eu te amo, com um amor que simplesmente não podia mais continuar crescendo em meu coração, mas teve que saltar para fora e, de repente, se revelar em toda a sua magnitude.

Há uma semana, até mesmo há um dia, se me perguntasse: "Dos garotos que você conheceu, qual deles você escolheria para se casar?", eu teria respondido: "Não sei". Mas agora eu gritaria: "Com o Petel, porque eu o amo com todo meu coração e toda minha alma. Eu me rendo completamente!". Exceto por uma coisa: ele pode tocar meu rosto, mas é só isso.

Esta manhã, eu imaginei que estava no sótão da frente com o Petel, sentada no chão perto das janelas e que, depois de conversarmos um pouco, nós começamos a chorar. Momentos depois, senti sua boca e seu rosto maravilhoso! Ah, Petel, venha até mim. Pense em mim, meu querido Petel!

Sua Anne

QUARTA-FEIRA, 12 DE JANEIRO DE 1944.

Querida Kitty,

A Bep está de volta há duas semanas. A Miep e o Jan também ficaram fora por dois dias, com problemas de estômago.

No momento, estou com uma mania de dança e balé. Cuidadosamente, pratico meus passos de dança todas as noites. Fiz uma fantasia de bailarina ultramoderna usando uma anágua azul da *mums*. Em volta do decote, coloquei fita de viés com um lacinho no centro. Uma fita cor-de-rosa completa o conjunto. Tentei transformar meus tênis em sapatilhas de balé, mas não deu certo. Meu corpo está bem rígido, mas logo deve ficar flexível de novo. Um ótimo exercício é se sentar no chão, segurar um calcanhar em cada mão e, depois, levantar as duas pernas para o ar. Eu tenho que sentar em uma almofada, porque senão meu pobre traseiro realmente leva uma surra.

Todos aqui estão lendo um livro chamado *Cloudless Morning*. A mamãe achou muito bom, porque descreve uma série de problemas dos adolescentes. Ironicamente, pensei comigo mesma: "Por que você não se interessa primeiro por suas próprias adolescentes?".

Acho que a mamãe acredita que Margot e eu temos um relacionamento melhor com nossos pais do que qualquer outra pessoa em todo o mundo, e que nenhuma mãe está mais envolvida na vida de seus filhos do que ela. Tenho certeza de que ela deve ter minha irmã em mente, já que não acredito que Margot tenha os mesmos problemas e pensamentos que eu. Longe de mim dizer para a mamãe que uma de suas filhas não é nada do que ela imagina, pois isso a deixaria completamente perplexa. Por outro lado, eu jamais seria capaz de mudar; eu gostaria de poupá-la dessa dor, especialmente porque eu sei que tudo continuaria igual. A mamãe sente que a Margot a ama muito mais do que eu, mas ela acha que estou apenas passando por uma fase.

A Margot ficou mais doce, ela me parece bem diferente do que costumava ser; não está mais tão maldosa e, ultimamente, está se tornando uma amiga de verdade. Ela não pensa mais em mim como uma criança sem importância.

É estranho, às vezes, eu me vejo pelos olhos de outra pessoa. Olho, sem pressa, para a pessoa chamada "Anne Frank" e folheio as páginas de sua vida como se ela fosse uma estranha.

Antes de vir para cá, quando não pensava tanto sobre as coisas como penso agora, às vezes, tinha a sensação de que eu não pertencia à *mums*, ao Pim e à Margot e que sempre seria uma estranha. Algumas vezes, passava um tempo fingindo que era órfã. Então eu me repreendia por bancar a vítima, quando, na verdade, eu sempre fui uma menina sortuda. Depois disso, eu me forçava a ser amigável por um tempo. Todas as manhãs, quando eu ouvia passos na escada, esperava que fosse a mamãe vindo dar bom-dia. Eu a recebia de maneira calorosa, porque, de coração, eu ansiava por um olhar afetuoso dela. Mas então ela ralhava comigo por eu ter feito um comentário ou outro (e eu ia para a escola completamente desanimada). No caminho de volta para casa, eu inventava desculpas, dizendo a mim mesma que ela tinha tantas preocupações. Eu chegava em casa animada, falando pelos cotovelos, até que os acontecimentos da manhã se repetissem e eu saísse da sala com minha mochila na mão e um olhar pensativo no rosto. Outras vezes, eu decidia ficar com raiva, mas sempre tinha tanta coisa para falar depois da escola que esquecia minha resolução e queria que a mamãe parasse o que estava fazendo e me ouvisse. Então chegaria o momento em que eu não escutaria mais os passos na escada e, me sentindo sozinha, chorava no travesseiro todas as noites.

Aqui tudo ficou muito pior, você sabe disso. Agora Deus enviou alguém para me ajudar: o Peter. Seguro meu pingente, pressiono-o nos lábios e penso: "O que me importa! Petel é meu e ninguém sabe disso!". Com isso em mente, posso superar qualquer comentário desagradável. Quem aqui suspeitaria que tanta coisa está acontecendo na alma de uma adolescente?

Sua Anne

SÁBADO, 15 DE JANEIRO DE 1944.

Querida Kitty,

Não há razão para eu continuar descrevendo todas as nossas brigas e discussões nos mínimos detalhes. Basta dizer que dividimos muitas coisas, como carne, gordura e óleo, e que estamos fritando nossas próprias batatas. Recentemente, temos comido um pouco mais de pão de centeio, porque às quatro horas estamos com tanta fome para jantar que mal conseguimos controlar o ronco no estômago.

O aniversário da mamãe está se aproximando rapidamente. Ela ganhou um pouco de açúcar extra do sr. Kugler, o que provocou ciúmes nos van Daan, porque a sra. van Daan não ganhou no seu aniversário. Mas de que adianta nos aborrecermos ainda mais com as palavras agressivas, crises de choro e conversas maldosas? A mamãe expressou o inviável desejo de não ter que ver a cara dos van Daan por duas semanas inteiras. Eu fico pensando se todos que compartilham uma casa, mais cedo ou mais tarde, acabam se desentendendo com os outros moradores. Ou será que nós tivemos azar? Na hora das refeições, quando Dussel se serve de um quarto do molho e deixa o resto de nós praticamente sem, perco o apetite e tenho vontade de pular nele, derrubá-lo da cadeira e jogá-lo pela porta.

A maioria das pessoas é tão mesquinha e egoísta? Desde que cheguei aqui, aprendi algumas coisas sobre a natureza humana, o que é bom, mas, por ora, já é o suficiente. O Peter diz a mesma coisa.

A guerra vai continuar, ela não se importa com as nossas brigas e o nosso desejo de liberdade e ar puro, então devemos tentar fazer a nossa estadia aqui a melhor possível.

Estou dando um sermão, mas também acredito que, se eu morar aqui por muito mais tempo, vou me transformar num pé de feijão velho e seco. E tudo o que eu realmente quero é só ser uma adolescente de verdade!

Sua Anne

NOITE DE QUARTA-FEIRA, 19 DE JANEIRO DE 1944.

Querida Kitty,

Lá vou eu de novo! Não sei o que aconteceu, mas, desde o meu sonho, continuo percebendo como mudei. A propósito, ontem à noite, sonhei de novo com o Peter, e mais uma vez senti seus olhos penetrarem nos meus, mas esse sonho foi menos vívido, e não tão bonito quanto o anterior.

Você sabe que eu sempre tive ciúmes do relacionamento da Margot com o papai.

Não sobrou mais nenhum vestígio do meu ciúme agora; ainda me magoo quando os nervos de papai fazem com que ele seja injusto comigo, mas daí eu penso: "Não posso culpar alguém por ser do jeito que é. Vocês falam tanto sobre a mente das crianças e dos adolescentes, mas não sabem o mínimo sobre eles!". Eu anseio por mais do que carinho do papai, mais do que os abraços e beijos dele. Não é horrível da minha parte estar tão preocupada comigo mesma? Será que eu, que quero ser boa e gentil, não deveria primeiro perdoá-los? Eu perdoo a mamãe, mas toda vez que ela faz um comentário sarcástico ou ri de mim, isso é tudo o que posso fazer para me controlar. Eu sei que estou longe de ser o que deveria; será que algum dia serei?

Sua Anne

P.S.: O papai perguntou se eu contei a você sobre o bolo. No aniversário da mamãe, ela recebeu um bolo mocha de verdade do escritório, com qualidade pré-guerra. Foi um dia muito bom! Mas, no momento, não há espaço na minha cabeça para coisas desse tipo.

SÁBADO, 22 DE JANEIRO DE 1944.

Querida Kitty,

Você pode me dizer por que as pessoas se esforçam tanto para esconder seu verdadeiro eu? Por que sempre me comporto de uma maneira tão diferente quando estou na companhia de outras pessoas? Por que as pessoas confiam tão pouco umas nas outras? Eu sei que deve haver uma razão, mas, às vezes, acho horrível que você não possa confiar em ninguém, nem mesmo naqueles mais próximos. Parece que eu cresci desde a noite em que tive aquele sonho, como se eu tivesse me tornado mais independente. Você vai ficar surpresa quando eu contar que até minha atitude em relação aos van Daan mudou. Eu parei de olhar para todas as discussões e argumentos do ponto de vista tendencioso da minha família. O que trouxe uma mudança tão radical? Bem, olha só, de repente eu percebi que, se a mamãe fosse diferente, como uma mãe de verdade, o nosso relacionamento teria sido muito, muito diferente. A sra. van Daan não é de forma alguma uma pessoa maravilhosa, mas metade das discussões poderia ter sido evitada se a mamãe não tivesse sido tão difícil toda vez que eles entravam em um assunto complicado. A sra. van Daan tem uma coisa boa: dá para falar com ela. Ela pode ser egoísta, mesquinha e dissimulada, mas, desde que você não a provoque nem a deixe irracional, ela cede prontamente. Essa tática nem sempre funciona, mas, se você for paciente, pode continuar tentando e ver até onde chega.

Todos os conflitos sobre nossa criação, sobre não mimar as crianças, sobre a comida — sobre tudo, absolutamente tudo — poderiam ter tomado um rumo diferente se tivéssemos permanecido abertos e AMIGÁVEIS, em vez de sempre ver o pior lado. Eu sei exatamente o que você vai dizer, Kitty.

"Mas, Anne, essas palavras estão realmente saindo da sua boca? De você, que teve que aguentar tantas palavras desagradáveis do pessoal do andar de cima? De você, que passou por tantas injustiças?"

E, no entanto, elas estão vindo de mim. Quero ver as coisas com novos olhos e formar minha própria opinião, não apenas imitar meus pais, como no provérbio "A maçã nunca cai longe da árvore". Quero reexaminar os van Daan e decidir por mim mesma o que é verdade e o que foi exagerado. Se eu acabar me decepcionando com eles, sempre posso ficar do lado do papai e da mamãe. Mas, se não, eu posso tentar mudar a atitude deles. E, se isso não funcionar, vou ter que ficar com minhas próprias opiniões e julgamentos. E aproveitar todas as oportunidades para falar abertamente com a sra. van Daan sobre nossas diferenças, e não ter medo — apesar da minha reputação de sabichona — de apresentar minha opinião imparcial. Não irei contra a minha família, mas, a partir de hoje, minhas fofocas são coisa do passado.

Até agora eu estava absolutamente convencida de que os van Daan eram inteiramente culpados pelas brigas, mas agora tenho certeza de que parte dela era nossa. Estávamos certos sobre os assuntos, mas pessoas inteligentes (como nós!) deveriam ter mais discernimento sobre como lidar com os outros.

Espero ter adquirido, pelo menos, um pouco desse discernimento, e espero encontrar a oportunidade para colocá-lo em bom uso.

Sua Anne

SEGUNDA-FEIRA, 24 DE JANEIRO DE 1944.

Querida Kitty,

Aconteceu uma coisa muito estranha comigo. (Na verdade, "aconteceu" não é bem a palavra certa.). Algo que eu mesma acho uma maluquice.

Antes de vir para cá, sempre que alguém em casa ou na escola falava sobre sexo, eles falavam em segredo ou com nojo. Qualquer palavra que tivesse a ver com sexo era dita em meio a sussurros e, com frequência, quem não sabia de nada era ridicularizado. Isso me parecia estranho e, muitas vezes, eu me perguntei por que as pessoas eram tão misteriosas ou detestáveis quando falavam sobre esse assunto. Mas, como eu não podia mudar as coisas, eu falava o mínimo possível ou pedia informações às minhas amigas.

Depois que aprendi bastante, a mamãe uma vez me disse: "Anne, me deixa te dar um conselho. Nunca fale sobre isso com os meninos e, se eles puxarem esse assunto, não responda". Eu ainda me recordo da minha resposta exata. "Não, claro que não", exclamei. "Imagine!" E o assunto ficou por aí.

Assim que passamos a viver escondidos, o papai costumava me contar coisas que, muitas vezes, eu preferia ter ouvido da mamãe, e o resto eu aprendi em livros ou nas coisas que eu percebia em conversas aqui ou ali.

O Peter van Daan nunca foi inconveniente a esse respeito como eram os garotos da escola. No começo, ele tocou uma ou duas vezes no assunto, mas jamais me forçou a falar sobre isso. A sra. van Daan, uma vez, nos contou que jamais havia discutido essas coisas com o Peter e, até onde ela sabia, seu marido também não. Ao que parece, ela sequer tinha ideia do quanto o Peter sabia sobre o assunto.

Ontem, quando a Margot, o Peter e eu estávamos descascando batatas, Boche acabou virando o tema da conversa. "Ainda não sabemos qual o sexo de Boche, não é?", perguntei.

"Claro que sabemos", ele respondeu. "É um gato".

Eu comecei a rir. "Um belo macho grávido".

O Peter e a Margot começaram a rir também. Pensa bem, um ou dois meses atrás, o Peter nos disse que Boche logo ia ter gatinhos, porque a barriga estava crescendo a olhos vistos. No entanto, acabou que a barriga gorda de Boche tinha a ver com um monte de ossos roubados. Nenhum gatinho estava crescendo lá dentro, muito menos prestes a nascer.

O Peter se viu obrigado a se defender da minha acusação. "Venha comigo. Você pode ver por si mesma. Eu estava brincando com ele um dia desses, e definitivamente podia ver que é 'ele'".

Sem ter como segurar a minha curiosidade, desci com ele ao armazém. Boche, no entanto, não estava recebendo visitas e não estava à vista. Esperamos um pouco, mas quando ficou frio, voltamos para cima.

No final daquela tarde, ouvi o Peter descer pela segunda vez. Reuni coragem para caminhar sozinha pela casa silenciosa e cheguei ao armazém. Boche estava na mesa de empacotamento, brincando com o Peter, que se preparava para colocá-la na balança e pesá-la.

"Oi, você quer dar uma olhada?" Sem nenhuma preliminar, ele pegou o gato, virou-o de costas, segurou habilmente sua cabeça e patas e começou a aula. "Este é o órgão masculino, estes são alguns pelos perdidos, e esse é o traseiro dele".

O gato se virou e ficou novamente sobre as suas patinhas brancas.

Se qualquer outro garoto tivesse apontado o "órgão masculino" do gato para mim, eu nunca mais teria olhado para esse garoto de novo. Mas o Peter continuou falando, em uma voz normal sobre o que, de outra forma, é um assunto bastante constrangedor. E ele também não tinha segundas intenções. Quando terminou, eu me senti tão à vontade que comecei a agir normalmente também. Brincamos com Boche, nos divertimos, conversamos um pouco e, finalmente, passeamos pelo longo armazém até a porta. "Você estava lá quando a Mouschi foi castrada?"

"Estava sim. Não demora muito. Eles dão anestesia na gata, claro."

"Eles tiram alguma coisa?"

"Não, o veterinário apenas faz um cortezinho nas trompas. Não se vê nada do lado de fora."

Eu tive que tomar coragem para fazer uma pergunta, já que não era tão "normal" quanto eu pensava.

"Peter, a palavra alemã *Geschlechtsteil* significa 'órgão sexual', não é? Mas então o masculino e o feminino têm nomes diferentes."

"Eu sei que têm."

"O feminino é vagina, isso eu sei, mas não sei como se chama o masculino." "Bem", eu disse. "Como vamos saber essas palavras? Na maioria das vezes você as encontra por acaso."

"Por que esperar? Vou perguntar aos meus pais. Eles sabem mais do que eu e têm mais experiência."

Já estávamos na escada, então não se disse mais nada.

Sim, isso realmente aconteceu. Eu nunca teria falado com uma garota sobre isso em um tom de voz tão normal. Também tenho certeza de que não foi isso que mamãe quis dizer quando me alertou sobre os garotos.

Mesmo assim, eu me senti diferente pelo resto do dia. Quando me lembrei de nossa conversa, ela me pareceu estranha. Mas aprendi pelo menos uma coisa: há jovens, mesmo do sexo oposto, que podem discutir essas coisas com naturalidade, sem ficar fazendo piadinhas.

Será que o Peter realmente vai fazer as perguntas a seus pais? Ele é realmente do jeito que parecia ontem?

Ah, o que eu sei sobre isso?!!

Sua Anne

SEXTA-FEIRA, 28 DE JANEIRO DE 1944.

Querida Kitty,

Ultimamente, estou apaixonada por árvores genealógicas e pelas linhagens das famílias reais. Cheguei à conclusão de que uma vez que você começa sua busca, tem que continuar cavando cada vez mais fundo no passado, o que nos leva a descobertas ainda mais interessantes.

Embora eu seja extremamente diligente quando se trata das minhas tarefas escolares e consiga acompanhar muito bem a rádio inglesa, eu ainda passo vários dos meus domingos separando e examinando minha coleção de estrelas de cinema, que atingiu uma dimensão bastante respeitável. O sr. Kugler me deixa feliz da vida toda segunda-feira quando me traz um exemplar da revista *Cinema & Theater*. Os membros menos fúteis da nossa casa costumam se referir a essa pequena indulgência como um desperdício de dinheiro, mas nunca deixam de se surpreender com a precisão com que consigo listar os atores em um determinado filme, mesmo depois de um ano. A Bep, no dia de folga, geralmente vai ao cinema com o namorado. Ela me diz o nome do filme que eles assistirão no sábado, e eu começo a matraquear os nomes dos atores e atrizes principais e o que dizem as críticas. Recentemente, a *mum* comentou que não preciso mais ir ao cinema, porque eu sei de cor todos os roteiros, os nomes dos artistas e as críticas.

Sempre que apareço com um novo penteado, já posso ver a desaprovação no rosto deles, e posso ter certeza de que alguém vai perguntar qual estrela de cinema estou tentando imitar. Quando respondo que é invenção minha, eles não acreditam muito. Quanto ao penteado, ele não fica no lugar por mais de meia hora. A essa altura, já estou tão cheia e cansada de comentários que corro para o banheiro e deixo o meu cabelo com o meu penteado comum.

Sua Anne

SEXTA-FEIRA, 28 DE JANEIRO DE 1944.

Querida Kitty,
Esta manhã eu estava me perguntando se você já se sentiu como uma vaca, tendo que mastigar minhas notícias velhas repetidamente até estar tão farta desse prato monótono que você boceja e, lá no fundo, deseja que a Anne desenterrasse alguma coisa nova.

Eu sei bem que você acha isso chato como água parada, mas imagine como é para mim, como estou cansada de ouvir as mesmas coisas. Se a conversa na hora das refeições não é sobre política ou boa comida, então a mamãe ou a madame começam a contar histórias sobre sua infância, que já ouvimos milhares de vezes, ou Dussel fala sobre o extenso guarda-roupa da esposa, belos cavalos de corrida, barcos a remo furados, meninos que sabem nadar aos quatro anos, dores musculares e pacientes ansiosos. No final, tudo se resume a isto: sempre que um de nós oito abre a boca, os outros sete podem terminar a história para ele. Conhecemos o final de cada piada antes que ela seja contada, de modo que quem está contando acaba rindo sozinho. Os vários leiteiros, donos de mercearia e açougueiros das duas ex-donas de casa, que já imaginamos com barba, foram elogiados aos céus ou jogados ao chão inúmeras vezes; enfim, não há absolutamente nenhuma chance de qualquer coisa nova ou recente ser trazida para discussão no anexo secreto.

Ainda assim, tudo isso poderia ser suportável se apenas os adultos não tivessem o hábito de repetir as histórias que ouvimos do sr. Kleiman, do Jan ou da Miep. Além de repetirem mais de dez vezes, eles também as enfeitam com alguns detalhes próprios, de modo que, muitas vezes, tenho que beliscar o meu braço por baixo da mesa para não colocar no caminho correto o entusiasmado contador de histórias. As criancinhas, como a Anne, não devem nunca, sob nenhuma circunstância, corrigir os mais velhos, não importa quantos erros cometam ou com que frequência se deixem levar pela imaginação.

O Jan e o sr. Kleiman adoram falar sobre as pessoas que foram para a clandestinidade ou se esconderam. Eles sabem muito bem que tudo o que se relaciona com pessoas em nossa situação nos interessa e que realmente nos solidarizamos com a tristeza daqueles que foram presos, bem como com a alegria dos prisioneiros que foram libertados.

Ir para a clandestinidade ou se esconder tornou-se algo tão comum quanto o famoso cachimbo e chinelos que costumavam esperar o homem da casa depois de um longo dia de trabalho. Instituições como "Vrij Nederland" [Holanda Livre], que falsificam carteiras de identidade, fornecem apoio financeiro a quem está escondido, organizam esconderijos gratuitos e encontram trabalho para jovens cristãos que vivem na clandestinidade. É incrível o quanto essas pessoas generosas e altruístas fazem, arriscando suas próprias vidas para ajudar e salvar os outros.

O melhor exemplo disso são as próprias pessoas que estão nos ajudando, os quais nos trouxeram até aqui e esperamos que nos levarão em segurança até a terra firme, porque, caso contrário, eles mesmos acabarão compartilhando o destino daqueles que estão tentando proteger. Eles nunca proferiram uma única palavra sobre o fardo que devemos ser, nunca se queixaram de que somos muito problemáticos. Eles sobem todos os dias e conversam com os homens sobre negócios e política, com as mulheres sobre comida e dificuldades de guerra e com as crianças sobre livros e jornais. Eles colocam suas expressões mais alegres, trazem flores e presentes de aniversários e feriados. Estão sempre prontos para fazer o que podem. Isso é algo que nunca deveremos esquecer; enquanto outros mostram seu heroísmo na batalha ou contra os alemães, nossos benfeitores provam o seu todos os dias em sua alegria e amor.

Os rumores mais estranhos estão circulando, e a maioria deles é verdadeira. Por exemplo, o sr. Kleiman contou esta semana que uma partida de futebol foi realizada na província de Gelderland; um time foi formado inteiramente por homens que haviam passado para a clandestinidade e o outro por onze policiais militares. Em Hilversum, novos cartões de racionamento estão sendo distribuídos. Para que as muitas pessoas escondidas possam receber suas cotas de racionamento, os funcionários da distribuição pediram a todos os que estão escondidos naquele distrito que fossem buscar seus cartões em uma determinada hora, quando os documentos poderiam ser apanhados em uma mesa separada. Mesmo assim, é preciso ter cuidado para que manobras como essas não cheguem aos ouvidos dos alemães.

Sua Anne

DOMINGO, 30 DE JANEIRO DE 1944.

Querida Kitty,
Outro domingo veio e se foi; eu não me importo com eles tanto quanto no começo, mas eles são muito chatos.

Eu ainda não fui ao armazém, mas talvez vá em breve. Ontem à noite desci as escadas no escuro, sozinha, depois de ter estado lá com o papai algumas noites antes. Eu fiquei no topo da escada enquanto os aviões alemães voavam de um lado para o outro, e eu sabia que estava sozinha, que não podia contar com a ajuda dos outros. Meu medo desapareceu. Olhei para o céu e confiei em Deus.

Eu tenho uma enorme necessidade de ficar sozinha. O papai percebeu que não estou como sempre, mas não posso dizer para ele o que está me incomodando. A única coisa que eu quero fazer é gritar: "Me deixem sozinha, me deixem sozinha!".

Quem sabe, talvez chegue o dia em que eu seja deixada mais sozinha do que gostaria!

Sua Anne

QUINTA-FEIRA, 3 DE FEVEREIRO DE 1944.

Querida Kitty,
O clima febril de invasão está crescendo em todo o país diariamente. Se você estivesse aqui, por um lado, com certeza, ficaria impressionada, como eu, com todos os preparativos; por outro lado, você riria de todo o barulho que estamos fazendo, talvez por nada!

Os jornais estão cheios de notícias sobre a invasão e estão enlouquecendo todo mundo com declarações do tipo: "No caso de um desembarque britânico na Holanda, os alemães farão o que puderem para defender o país; até inundando-o, se for necessário". Foram publicados mapas da Holanda com as áreas potenciais de inundação marcadas. Como grande parte de Amsterdã pertence à área sombreada, nossa primeira pergunta foi o que fazer se a água nas ruas subisse a um metro. Essa difícil pergunta gerou as mais variadas respostas de todos os lados:

"Vai ser impossível caminhar ou andar de bicicleta, então teremos que atravessar a água parada."

"Não. Devemos tentar nadar. Vamos todos colocar nossas roupas de banho e toucas e nadar o máximo que pudermos debaixo d'água, para que ninguém possa ver que somos judeus."

"Bobagem! Eu já posso imaginar as senhoras nadando e os ratos mordendo suas pernas!" (Aquele era um homem, é claro; vamos ver quem grita mais alto!)

"Não vamos sequer conseguir sair de casa. O armazém é tão instável que vai desmoronar se houver uma enchente."

"Olhe aqui, pessoal, brincadeiras à parte, nós realmente deveríamos tentar conseguir um barco."

"De que adianta? Eu tenho uma ideia melhor. Cada um de nós pode pegar um caixote do sótão e remar com uma colher de pau."

"Eu vou andar com pernas de pau. Eu era excelente nisso quando era jovem."

"O Jan Gies não precisará. Ele certamente carregará sua esposa nas costas, é a Miep que ficará com as pernas de pau."

Agora você já pode ter uma ideia aproximada do que está acontecendo, não é, Kit? Essa brincadeira alegre é muito divertida, mas a realidade se provará o contrário. A segunda pergunta sobre a invasão estava prestes a surgir: o que fazer se os alemães evacuarem Amsterdã?

"Deixar a cidade junto com os outros. Nós nos disfarçamos o melhor que pudermos."

"Aconteça o que acontecer, não devemos sair! O melhor a fazer é ficar aqui! Os alemães são capazes de arrebanhar toda a população da Holanda para a Alemanha, onde todos morrerão."

"Sim, claro que ficaremos aqui. Este é o lugar mais seguro. Tentaremos persuadir Kleiman e sua família a virem morar aqui conosco. Vamos conseguir alguns sacos de serragem e dormiremos no chão. Pediremos para a Miep e Kleiman trazerem alguns cobertores. E vamos encomendar mais grãos para complementar os 30 quilos que já temos. Vamos ver se o Jan consegue mais feijão e ervilhas. Por ora, temos cerca de 30 quilos de feijão e 5 quilos de ervilhas. E não se esqueça das 50 latas de legumes.

"E o resto, mamãe? Como está o estoque no momento?"

"Dez latas de peixe, 40 latas de leite, 10 quilos de leite em pó, 3 garrafas de óleo, 4 potes de manteiga, 4 potes de carne, 2 vidros grandes de morangos, 2 potes de framboesas, 20 vidros de tomates, 5 quilos de aveia, 4,5 quilos de arroz. É isso."

Não estamos ruim. Mas, quando você considera que temos eventuais visitantes, isso significa mexer no nosso estoque toda semana, então não temos tanto quanto parece. Temos bastante carvão e lenha na casa, e velas também.

"Todos nós vamos costurar bolsos em nossas roupas para esconder e levar nosso dinheiro conosco se precisarmos sair daqui."

"Faremos listas do que pegar primeiro, caso tenhamos que fugir, e deixaremos as mochilas arrumadas."

"Quando chegar a hora, colocaremos duas pessoas de vigia, uma no sótão da frente da casa e outra no dos fundos."

"Mas de que adianta tanta comida se não tivermos água, gás ou eletricidade?"

"Nesse caso, vamos ter que cozinhar no fogão a lenha. Filtrar ou ferver a água. Vamos limpar alguns jarros grandes e enchê-los com água."

É só o que eu ouço o dia inteiro. Invasão, invasão, nada além de invasão. Debates sobre fome, morte, bombas, extintores de incêndio, sacos de dormir, carteiras de identidade, gás venenoso etc., etc. Não exatamente alegres.

Um bom exemplo das advertências explícitas dos cavalheiros do anexo secreto é a seguinte conversa com o Jan:

Anexo: "Se os alemães se retirarem, temos medo de que levem toda a população com eles."

Jan: "Isso é impossível. Eles não têm trens suficientes."

Anexo: "Trens? Você realmente acha que eles colocariam civis em trens? Claro que não. Todo mundo teria que andar a pé." (Ou, como Dussel sempre diz, *per pedes apostolorum*.)

Jan: "Eu não acredito nisso. Vocês só olham para o pior lado. Que motivo eles teriam para reunir todos os civis e levá-los com eles?".

Anexo: "Você não se lembra de Goebbels dizendo que, se os alemães tiverem que partir, eles vão fechar atrás de si as portas de todos os territórios ocupados?".

Jan: "Já disseram muitas coisas."

Anexo: "Você acha que os alemães são nobres demais ou humanos demais para fazerem isso? O raciocínio deles é: se afundarmos, vamos arrastar todos conosco."

Jan: "Vocês podem dizer o que quiserem, não acredito em nada."

Anexo: "É sempre a mesma velha história. Ninguém quer ver o perigo que o ameaça até que o tenha sentido no próprio corpo."

Jan: "Mas você não sabe de nada com certeza. São suposições apenas."

Anexo: "Todos nós já passamos por tudo isso, primeiro na Alemanha e, depois, aqui. O que você acha que está acontecendo na Rússia?".

Jan: "Desconsiderem os judeus por um momento. Acredito que ninguém sabe o que está acontecendo na Rússia. Os ingleses e os russos provavelmente estão exagerando para fins de propaganda, assim como os alemães."

Anexo: "De jeito nenhum, não. A rádio inglesa sempre disse a verdade. E mesmo que as notícias sejam um pouco exageradas, os fatos já são ruins tal como estão, porque você não pode negar que milhões de cidadãos pacíficos na Polônia e na Rússia foram assassinados ou asfixiados nas câmaras de gás."

Vou poupá-la do resto de nossas conversas. Estou muito calma e não ligo para toda a confusão. Cheguei ao ponto de não me importar muito se vivo ou se morro. O mundo vai continuar girando sem mim e, seja como for, não posso fazer nada para mudar os acontecimentos. Deixarei as coisas seguirem seu curso e me concentrar em estudar e esperar que tudo acabe bem.

Sua Anne

TERÇA-FEIRA, 8 DE FEVEREIRO DE 1944.

Querida Kitty,

Eu não posso te dizer como eu me sinto. Em um minuto estou ansiando por paz e sossego, no próximo, por um pouco de diversão. Nós esquecemos como se ri — falo de rir no sentido de rir tanto que você não consegue parar.

Esta manhã eu dei umas risadinhas; você sabe, aquelas do tipo que costumávamos dar na escola. A Margot e eu estávamos rindo como verdadeiras adolescentes.

Ontem à noite, teve outra cena com a mamãe. A Margot estava se enrolando no cobertor de lã quando, de repente, saltou da cama e examinou cuidadosamente o cobertor.

O que você acha que ela encontrou? Um alfinete! A mamãe tinha remendado o cobertor e esquecido de tirá-lo. O papai balançou a cabeça como se tivesse visto algo familiar e fez um comentário sobre como a mamãe é descuidada. Logo depois, a mamãe chegou do banheiro e só para provocá-la eu disse: "Ah, você é uma mãe cruel". Claro que ela me perguntou por que eu tinha dito isso, e nós contamos a ela sobre o alfinete que ela havia esquecido. Ela imediatamente assumiu sua expressão mais desdenhosa e disse: "Como se você pudesse falar. Quando você está costurando, o chão todo fica coberto de alfinetes. E veja, você deixou o conjunto de manicure largado por aí de novo. Você também nunca guarda isso!". Eu disse que não tinha usado, e a Margot ficou do meu lado, pois ela era a culpada. A mamãe continuou falando sobre como eu era bagunceira, até que me cansei e disse, um tanto secamente: "Nem fui eu que disse que você foi descuidada. Sempre sou eu a culpada pelos erros dos outros!".

A mamãe ficou quieta e, menos de um minuto depois, fui obrigada a dar-lhe um beijo de boa-noite. O incidente pode não ter sido muito importante, mas hoje em dia tudo está me dando nos nervos.

                                                    Sua Anne

SÁBADO, 12 DE FEVEREIRO DE 1944.

Querida Kitty,

O sol está brilhando, o céu é de um azul profundo, tem uma brisa maravilhosa soprando e anseio tanto, tanto por tudo... Por conversa, liberdade, amigos, estar sozinha. Anseio por... chorar! Sinto como se estivesse prestes a explodir. Sei que chorar ajudaria, mas não consigo chorar. Estou inquieta. Ando de um cômodo para o outro, respiro pela fresta de uma janela fechada, sinto meu coração bater como se dissesse: "Finalmente, satisfaça meu desejo...". Acho que a primavera está dentro de mim. Sinto a primavera despertando, sinto isso em todo meu corpo e na minha alma. Eu tenho que me conter para agir normalmente. Estou num estado de confusão total, não sei o que ler, o que escrever, o que fazer. Só sei que anseio por algo...

                                                    Sua Anne

SEGUNDA-FEIRA, 14 DE FEVEREIRO DE 1944.

Querida Kitty,

Muita coisa mudou para mim desde sábado. O que aconteceu é o seguinte: eu estava sentindo falta de algo (e ainda estou), mas... uma parte pequena, muito pequena, do problema foi resolvida.

No domingo de manhã, para minha grande alegria (vou ser honesta com você), notei que o Peter não parava de olhar para mim. Não do jeito que costumava olhar. Não sei, não posso explicar, mas, de repente, tive a sensação de que ele não estava tão apaixonado pela Margot como eu pensava. Durante todo o dia, eu tentei não olhar muito para ele, porque sempre que eu olhava, eu o pegava olhando para mim e então — bem, isso me deu uma sensação maravilhosa por dentro, e esse não é um sentimento que eu tenha com muita frequência.

Domingo à noite todos, exceto o Pim e eu, estavam reunidos ao redor do rádio, ouvindo o programa *Música Imortal dos Mestres Alemães*. Dussel continuou girando e girando os botões, o que incomodou o Peter e os outros. Depois de se conter por meia hora, um pouco irritado, Peter pediu que ele parasse de mexer no rádio. Dussel respondeu em seu tom mais arrogante: "Isso quem decide sou eu". Peter ficou bravo e fez um comentário insolente. O sr. van Daan ficou do lado dele, e Dussel teve que recuar. Foi isso.

O motivo em si não era importante, mas o Peter aparentemente levou o assunto muito a sério porque, quando eu estava vasculhando o caixote de livros no sótão nesta manhã, ele começou a me contar o que tinha acontecido. Eu não sabia nada sobre o ocorrido, mas o Peter logo percebeu que havia encontrado uma ouvinte atenta e começou a contar tudo.

"Você vê", disse ele. "Eu não costumo falar muito, já que eu sei de antemão que vou tropeçar na língua. Eu começo a gaguejar e a ficar vermelho e torço tanto minhas palavras que tenho que parar, porque não consigo encontrar as palavras certas. Foi o que aconteceu ontem. Eu queria dizer algo completamente diferente, mas quando comecei, me confundi todo. É horrível. Eu tinha um péssimo hábito e, às vezes, gostaria de ainda ter: sempre que eu ficava bravo com alguém, eu batia em vez de discutir com a pessoa. Eu sei que esse método não vai me levar a lugar nenhum e é por isso que eu admiro você. Você nunca fica sem palavras: você diz exatamente o que você quer dizer e não se intimida nem um pouco".

"Ah, você está errado", eu respondi. "A maior parte das coisas que eu digo sai muito diferente do que eu planejei. Além disso, eu falo demais e por muito tempo, e isso é ruim também".

"Talvez, mas você tem a vantagem de que ninguém pode ver que você está envergonhada. Você não fica vermelha nem se perde."

No fundo, eu não pude deixar de achar engraçado o que ele havia dito. No entanto, como eu queria que ele continuasse falando tranquilamente de si mesmo, escondi o riso, sentei-me em uma almofada no chão, passei os braços em volta dos joelhos e fiquei olhado fixamente para ele.

Fico feliz de ver que mais alguém nesta casa possa ter acessos de raiva como eu.

O Peter parecia aliviado por poder criticar Dussel sem ter medo que eu o entregasse. Quanto a mim, também fiquei satisfeita, pois senti uma forte sensação de companheirismo, que só me lembro de ter sentido com minhas amigas.

                                                    Sua Anne

TERÇA-FEIRA, 15 DE FEVEREIRO DE 1944.

Querida Kitty,

O pequeno desentendimento com Dussel teve várias repercussões pelas quais ele é o único culpado. Na segunda-feira à noite, ele veio ver a mamãe e disse com ar triunfante que o Peter havia perguntado naquela manhã se ele havia dormido bem.

Depois, acrescentou que sentia muito pelo que havia acontecido no domingo à noite — ele realmente não quis dizer o que disse. Dussel assegurou-lhe que não havia levado aquilo a sério. Então tudo estava certo novamente. A mamãe me contou essa história e, no fundo, eu fiquei surpresa em ver que o Peter, que estava tão zangado com Dussel, tenha se humilhado, apesar de todas as suas garantias em contrário.

Não pude deixar de sondar o Peter sobre o assunto e, na hora, ele respondeu que Dussel estava mentindo. Você deveria ter visto o rosto dele. Eu queria ter uma câmera. Indignação, raiva, indecisão, inquietação e muitas outras coisas cruzaram seu rosto em rápida sucessão.

Naquela noite, o sr. van Daan e o Peter realmente descascaram Dussel, mas não deve ter sido tão ruim assim, já que o Peter tinha outra consulta no dentista hoje.

Na verdade, eles não queriam falar um com o outro nunca mais.

Sua Anne

QUARTA-FEIRA, 16 DE FEVEREIRO DE 1944.

Querida Kitty,

O Peter e eu não conversamos o dia todo, exceto por algumas palavras sem importância. Estava frio demais para subir ao sótão e, de qualquer forma, era o aniversário da Margot. Ao meio-dia e meia, ele veio ver os presentes e ficou conversando mais tempo do que o necessário, algo que ele nunca teria feito de outra forma. Mas tive minha chance à tarde. Como estava com vontade de mimar a Margot no aniversário dela, fui buscar o café e depois as batatas. Quando cheguei ao quarto do Peter, ele imediatamente tirou seus papéis da escada e eu perguntei se deveria fechar o alçapão do sótão.

"Claro", disse ele, "pode fechar". "Quando você estiver pronta para voltar, é só bater e eu abro para você."

Agradeci, subi e passei pelo menos dez minutos procurando as batatas menores no barril. Minhas costas começaram a doer e o sótão estava frio.

Naturalmente, eu não me incomodei em bater, mas abri o alçapão sozinha. E ele, muito gentilmente, se levantou e tirou a panela das minhas mãos.

"Eu fiz o melhor que pude, mas não consegui encontrar batatas menores do que estas."

"Você olhou no barril grande?"

"Sim, olhei em todos."

A essa altura, eu estava no pé da escada e ele examinou a panela de batatas que ainda segurava.

"Ah, mas estas estão boas", ele disse e acrescentou, enquanto eu pegava a panela de volta: "Meus parabéns!".

Quando disse isso, ele me deu um olhar tão acolhedor e terno que comecei a brilhar por dentro. Dava para ver que queria me agradar, mas como não conseguia fazer um longo discurso de elogio, ele disse tudo com os olhos. Eu o entendi tão bem e fiquei muito agradecida. Ainda fico feliz quando penso naquelas palavras e naquele olhar! Quando desci, a mamãe disse que precisava de mais batatas, desta vez para o jantar, então me ofereci para subir de novo. Quando entrei no quarto do Peter, pedi desculpas por incomodá-lo novamente. Enquanto eu subia as escadas, ele se levantou, ficou entre a escada e a parede, segurou meu braço e tentou me impedir.

"Deixe que eu vou", disse ele. "Eu preciso subir de qualquer maneira."

Eu respondi que não era realmente necessário, pois não precisava pegar só as pequenas desta vez. Então, ele se convenceu e soltou o meu braço. No caminho de volta, ele abriu o alçapão e pegou a panela de mim mais uma vez. Parada na porta, perguntei: "O que você está estudando?".

"Francês", ele respondeu.

Perguntei se eu poderia dar uma olhada em suas lições. Depois, fui lavar as mãos e me sentei em frente a ele, no divã.

Depois que expliquei um pouco de francês, começamos a conversar. Ele me disse que queria ir para as Índias Orientais Holandesas ao fim da guerra e viver em uma plantação de borracha. Falou sobre sua vida em casa, o mercado negro e como se sentia um inútil. Eu disse que ele tinha um grande complexo de inferioridade. Ele falou sobre a guerra, dizendo que a Rússia e a Inglaterra estavam destinadas a guerrear uma contra a outra, e sobre os judeus. Disse que a vida teria sido muito mais fácil se ele fosse cristão ou pudesse se tornar um depois da guerra. Perguntei se ele queria ser batizado, mas também não foi isso que quis dizer. Ele disse que nunca seria capaz de se sentir como um cristão, mas que ninguém saberia se ele era cristão ou judeu depois da guerra. Senti uma dor momentânea. É uma pena que ele ainda tenha esse toque de desonestidade nele.

O Peter acrescentou: "Os judeus foram e sempre serão o povo escolhido!".

Eu respondi: "Pelo menos, desta vez, espero que sejam escolhidos para algo bom!".

Mas continuamos conversando muito agradavelmente sobre o papai, sobre julgar o caráter humano e todo tipo de coisa, tantas que nem consigo me lembrar de todas elas.

Fui embora às cinco e quinze, porque a Bep havia chegado.

Naquela noite, ele disse outra coisa que eu achei legal. Estávamos falando sobre a foto de uma estrela de cinema que dei a ele certa vez e que está pendurada em seu quarto há pelo menos um ano e meio. Ele gostou tanto que me ofereci para lhe dar mais algumas.

"Não", ele respondeu, "prefiro ficar com a que eu tenho. Eu olho para ela todos os dias, e as pessoas da foto se tornaram minhas amigas."

Agora entendo melhor por que ele sempre abraça a Mouschi com tanta força. Ele obviamente precisa de carinho também. Esqueci de mencionar mais uma coisa que ele estava falando.

Ele disse: "Não tenho medo, exceto quando se trata de coisas sobre mim, mas estou trabalhando nisso".

Peter tem um enorme complexo de inferioridade. Por exemplo, ele sempre pensa que é muito burro e que nós somos muito inteligentes. Quando o ajudo com o francês, ele me agradece mil vezes. Um dia desses, eu vou dizer: "Ah, pare com isso! Você sabe muito melhor inglês e geografia!".

Sua Anne

QUINTA-FEIRA, 17 DE FEVEREIRO DE 1944.

Querida Kitty,

Eu estava lá em cima esta manhã, já que prometi à sra. van Daan que leria algumas de minhas histórias a ela. Comecei com *O Sonho de Eva*, que ela gostou muito, depois, li alguns trechos de *O Anexo Secreto*, que a fez gargalhar. O Peter também ouviu por um tempo (apenas a última parte) e perguntou se eu iria ao seu quarto dia desses para ler mais. Decidi aproveitar a chance ali mesmo, então peguei meu caderno e deixei que ele lesse aquela parte em que Cady e Hans falam sobre Deus. Eu realmente não consigo dizer que tipo de impressão isso causou nele.

Ele disse algo que não me lembro bem, não sobre se era bom, mas sobre a ideia que estava por trás. Eu lhe disse que só queria que ele visse que eu não escrevia apenas coisas divertidas. Ele concordou e eu saí do quarto. Veremos se vou ficar sabendo de mais alguma coisa!

Sua Anne

SEXTA-FEIRA, 18 DE FEVEREIRO DE 1944.

Querida Kitty,
Sempre que subo, é para poder vê-lo. Agora que tenho algo pelo que esperar, minha vida aqui melhorou muito.

Pelo menos o objeto da minha amizade está aqui e não preciso ter medo de rivais (exceto a Margot). Não pense que estou apaixonada, porque não estou, mas tenho a sensação de que algo lindo vai se desenvolver entre Peter e eu, uma espécie de amizade e um sentimento de confiança. Vou vê-lo sempre que tenho chance, e não é como costumava ser, quando ele não sabia o que fazer comigo. Pelo contrário, ele continua falando mesmo quando já estou saindo pela porta. A mamãe não gosta que eu suba. Ela sempre diz que estou incomodando o Peter e que devo deixá-lo em paz. Francamente, será que ela não consegue reconhecer que tenho alguma intuição? Ela sempre me olha de um jeito estranho quando vou ao quarto do Peter. Quando eu desço de novo, ela me pergunta onde estive. É horrível, estou começando a odiá-la!

Sua Anne

SÁBADO, 19 DE FEVEREIRO DE 1944.

Querida Kitty,
É sábado de novo e isso já diz tudo. Esta manhã estava muito quieta. Ajudei um pouco no andar de cima, mas falei com "ele" apenas de passagem. Quando todo mundo subiu às duas e meia para ler ou tirar um cochilo, eu desci com cobertor e tudo até o escritório particular para me sentar à escrivaninha e ler ou escrever. Não demorou muito, apoiei minha cabeça nos braços e chorei até a exaustão. As lágrimas escorriam pelo meu rosto e me senti profundamente infeliz. Ah, se ao menos "ele" tivesse vindo me confortar.

Já eram quatro horas quando voltei para o andar de cima. Fui pegar algumas batatas, esperando por um encontro, mas, enquanto eu ainda estava no banheiro arrumando meu cabelo, "ele" desceu ao armazém para procurar Boche.

De repente, senti as lágrimas voltando. Desci as escadas correndo para o banheiro, e, no caminho, peguei o espelho de mão. Lá estava eu sentada, completamente vestida, minhas lágrimas deixando manchas escuras no vermelho do meu avental e eu me sentia profundamente triste.

Na minha cabeça, eu pensava: "Ah, eu nunca vou conseguir me aproximar do Peter dessa maneira. Quem sabe, talvez ele nem goste de mim e não precise de uma confidente. Talvez ele nunca pense em mim sem ser de forma superficial. Vou ter que seguir sozinha, sem ninguém com quem me abrir e sem o Peter. De novo, sem esperança, conforto ou qualquer coisa pelo que esperar. Ah, se eu pudesse deitar minha cabeça em seu ombro e não me sentir tão desesperadamente sozinha e abandonada! Quem sabe, talvez ele não se importe comigo e olhe para os outros da mesma forma carinhosa. Será que eu imaginei que isso era só para mim? Ah, Peter, se você pudesse me ouvir ou me ver. Se a verdade for decepcionante, não vou conseguir suportar".

Um pouco mais tarde, me enchi de esperança e de expectativas novamente, apesar de as minhas lágrimas ainda estarem rolando pelo meu rosto.

Sua Anne

DOMINGO, 20 DE FEVEREIRO DE 1944.

Querida Kitty,
O que acontece em outras casas durante o resto da semana acontece aqui no anexo secreto aos domingos. Enquanto outras pessoas vestem suas melhores roupas e vão passear ao sol, aqui nós esfregamos, varremos e lavamos a roupa.

Oito horas. Embora o resto de nós prefira dormir, Dussel se levanta às oito. Ele vai ao banheiro, depois desce, sobe novamente e vai para o banheiro, onde dedica uma hora inteira para se lavar.

Nove e meia. Os fogões estão acesos, a tela de blecaute é retirada e o sr. van Daan dirige-se ao banheiro. Uma das minhas provações de domingo de manhã é ter que me deitar na cama e olhar para as costas de Dussel quando ele está orando. Eu sei que parece estranho, mas é uma visão horrorosa. Não é que ele chore ou fique sentimental, de jeito nenhum, mas ele passa quinze minutos inteiros balançando dos dedos dos pés aos calcanhares. Para trás e para a frente, para trás e para a frente. Isso dura para sempre, e se eu não fechar bem os olhos, minha cabeça começa a girar.

Dez e quinze. Os van Daan assobiam; o banheiro está livre. Nos aposentos da família Frank, os primeiros rostos sonolentos começam a emergir dos travesseiros. Então tudo acontece rápido, rápido, rápido. A Margot e eu nos revezamos lavando a roupa. Como é muito frio lá embaixo, colocamos calças e lenços na cabeça. Enquanto isso, o papai está usando o banheiro. Ou a Margot ou eu entra no banheiro às onze, e então estamos todos limpos.

Onze e meia. Café da manhã. Não vou me alongar sobre isso, porque já se fala o suficiente sobre comida sem que eu traga o assunto.

Meio-dia e quinze. Cada um de nós segue seu rumo. O papai, de macacão, ajoelha-se e esfrega o tapete com tanta força que o cômodo fica tomado por uma nuvem de poeira. O sr. Dussel arruma as camas (tudo errado, é claro), sempre assobiando o mesmo concerto de violino de Beethoven enquanto trabalha. Pode-se ouvir a mamãe arrastando os pés pelo sótão enquanto ela estende as roupas. O sr. van Daan coloca o chapéu e desaparece nas regiões inferiores, geralmente seguido pelo Peter e pela Mouschi. A sra. van Daan veste um avental comprido, um casaco preto de lã e galochas, enrola um cachecol vermelho de lã na cabeça, pega uma trouxa de roupa suja e, com um aceno bem ensaiado de lavadeira, vai para baixo. A Margot e eu lavamos a louça e arrumamos o quarto.

Sua Anne

QUARTA-FEIRA, 23 DE FEVEREIRO DE 1944.

Querida Kitty,
Desde ontem, o tempo está maravilhoso lá fora e eu estou bem mais animada. Meus escritos, a melhor coisa que tenho, estão indo bem. Vou ao sótão onde o Peter trabalha quase todas as manhãs para tirar o ar viciado dos meus pulmões. Esta manhã quando eu fui lá, ele estava ocupado fazendo a limpeza. Terminou rapidamente e veio até onde eu estava, sentada no meu lugarzinho favorito no chão. Nós dois olhamos para o céu azul,

para o castanheiro nu com os galhos brilhantes devido às gotas de orvalho, para as gaivotas e outros pássaros que parecem prateados ao voarem alto. Estávamos tão emocionados e fascinados que não conseguíamos falar. Ele ficou com a cabeça encostada em uma viga grossa, enquanto eu permaneci sentada. Respiramos profundamente o ar, olhamos para fora e sentimos que o encanto não deveria ser quebrado com palavras. Ficamos assim por muito tempo e, quando ele teve que ir ao sótão para cortar lenha, eu tive a certeza de que era um rapaz bom e decente. Ele subiu a escada para lá e eu o segui; durante os quinze minutos em que cortou lenha, também não dissemos uma palavra. Eu o observei de onde eu estava e pude ver que ele estava obviamente fazendo o seu melhor para cortar de modo certo e mostrar sua força. Mas também olhei pela janela aberta, deixando meus olhos vagarem por grande parte de Amsterdã, pelos telhados e pelo horizonte, que era de um azul tão claro que a linha divisória era quase invisível.

"Enquanto isto ainda existir", pensei, "como posso ficar triste enquanto posso apreciar esse sol e esse céu sem nuvens?"

Certamente, o melhor remédio para quem está com medo, solitário ou infeliz é sair de casa, ir a algum lugar onde possa ficar sozinho com o céu, a natureza e Deus. Só então você pode sentir que tudo está como deveria ser, que Deus quer ver as pessoas felizes na beleza simples da natureza.

Enquanto isso existir, e deve ser para sempre, sei que haverá um consolo para cada tristeza, sejam quais forem as circunstâncias. Acredito firmemente que a natureza traz grande alívio para todos que sofrem.

Ah, quem sabe, talvez não demore muito para que eu possa compartilhar esse sentimento avassalador de felicidade com alguém que o sente tanto quanto eu.

Sua Anne

P.S.: Pensamento: para Peter
Sentimos falta de tantas coisas aqui! Eu sinto falta tanto quanto você. Não estou falando das coisas externas; nós as temos aqui. Não, eu me refiro às coisas internas. Como você, anseio por liberdade e ar puro, mas acho que recebemos amplas compensações pelo que nos falta. Quero dizer, compensação interior.
Quando olhei para fora, mergulhando nas profundezas de Deus e da natureza, me senti feliz, absolutamente feliz. Peter, enquanto houver essa felicidade interior, essa alegria da natureza, saúde e tantas outras coisas, contanto que carregue isso tudo, você sempre poderá voltar a ser feliz.
Riquezas, prestígio, tudo pode ser perdido. Mas a felicidade em seu próprio coração só pode ser esmaecida; contudo ela sempre estará lá enquanto você viver, para fazê-lo feliz novamente. Enquanto você puder olhar sem medo para o céu, enquanto souber que é puro em seu coração, você encontrará mais uma vez a felicidade.

DOMINGO, 27 DE FEVEREIRO DE 1944.

Querida Kitty,
Desde o início da manhã até tarde da noite, só consigo pensar no Peter. Adormeço com a imagem dele diante dos meus olhos, sonho com ele e, ao acordar, ele ainda está olhando para mim.

Tenho a forte sensação de que o Peter e eu não somos tão diferentes quanto podemos parecer na superfície e vou explicar o porquê: tanto o Peter quanto eu sentimos falta de uma mãe. A dele é muito superficial, gosta de flertar e não se preocupa muito com os pensamentos dele. A minha se interessa por mim, mas falta a ela a sensibilidade e a compreensão de uma mãe.

Tanto o Peter quanto eu estamos lutando com nossos sentimentos mais íntimos. Ainda somos inseguros e vulneráveis demais por dentro para sermos tratados com severidade. Se alguém me trata assim, a minha reação é querer fugir. Mas já que isso é impossível, eu escondo meu íntimo, quebro os pratos com todos, falo alto e sobra para todos os que estão perto, assim todos querem me ver longe. Ele, por outro lado, fecha-se em si mesmo, mal diz uma palavra ou senta-se em silêncio e sonha acordado, escondendo ansiosamente seu verdadeiro eu.

Mas como e quando finalmente nos encontraremos?

Não sei por quanto tempo mais posso continuar a manter esse desejo sob controle dentro de mim.

Sua Anne

SEGUNDA-FEIRA, 28 DE FEVEREIRO DE 1944.

Querida Kitty,
Já está se tornando um pesadelo, eu o vejo dia e noite, quase todas as horas do dia, e não posso estar com ele. Não posso deixar que os outros percebam, tenho que fingir estar alegre, embora dentro de mim tudo é desesperador.

O Peter Schiff e o Peter van Daan se fundiram em um só Peter, que é bom e gentil e por quem anseio desesperadamente. A mamãe é difícil, o papai é bom, o que o torna mais irritante, e a Margot é pior, já que ela exige que eu esteja sempre sorridente, quando tudo o que eu quero é que me deixem em paz.

O Peter não veio me encontrar no sótão, mas subiu para fazer alguns trabalhos de carpintaria.

A cada rangido e a cada martelada, mais um pedaço da minha coragem se desfazia e eu ficava mais triste. Ao longe, um sino tocava: pura no coração, pura na alma! Sou sentimental, eu sei. Estou desencorajada e sou boba, sei disso também.

Ah, me ajude!

Sua Anne

QUARTA-FEIRA, 1º DE MARÇO DE 1944.

Querida Kitty,
Meus próprios problemas foram empurrados para segundo plano por causa de um arrombamento. Estou aborrecendo você com todos os arrombamentos dos quais eu falo, mas o que posso fazer quando os ladrões têm tanto prazer em honrar a Gies & Co. com suas visitas? Esse incidente é muito mais complicado do que o último, em julho de 1943.

Ontem à noite, às sete e meia, o sr. van Daan estava indo, como de costume, para o escritório do sr. Kugler quando viu que tanto a porta de vidro quanto a porta do escritório estavam abertas. Ele ficou surpreso, mas foi em frente, e ficou ainda mais surpreso ao ver que as portas da saleta também estavam abertas e que havia uma bagunça terrível no escritório da frente. "Entraram aqui" foi a primeira coisa que pensou. Mas, só para se certificar, ele desceu até a porta da frente, verificou a fechadura e encontrou tudo trancado. "A Bep e o Peter, com certeza, descuidaram-se quando saíram do escritório", concluiu o sr. van Daan. Ele permaneceu por um tempo no escritório do sr. Kugler, apagou a lâmpada e subiu sem se preocupar muito com as portas abertas ou com o escritório bagunçado.

Esta manhã, Peter bateu à nossa porta para nos dizer que a porta da frente estava escancarada e que o projetor e a pasta nova do sr. Kugler haviam desaparecido do armário. O Peter foi orientado a trancar a porta e o sr. van Daan nos contou sobre o que descobriu na noite anterior. Ficamos extremamente preocupados.

A única explicação para tudo é que o ladrão devia ter uma chave duplicada, pois a fechadura não havia sido danificada. Ele deve ter entrado de fininho e fechado a porta. Ao ouvir o sr. van Daan, se escondeu e, depois que o sr. van Daan subiu as escadas, ele fugiu com o seu saque. Na pressa, não se preocupou em fechar a porta. Quem poderia ter a nossa chave? Por que o ladrão não foi ao armazém? Teria sido um dos nossos próprios funcionários do armazém? Será que ele vai nos entregar, agora que ouviu van Daan e talvez até o tenha visto?

É tudo muito assustador, já que não sabemos se o ladrão vai resolver tentar novamente. Ou ele teria ficado assustado quando ouviu alguém no prédio?

Sua Anne

P.S.: Adoraríamos que você pudesse procurar um bom detetive para nós. Obviamente, há uma condição: ele deve ser confiável para não delatar pessoas escondidas.

QUINTA-FEIRA, 2 DE MARÇO DE 1944.

Querida Kitty,

A Margot e eu estávamos no sótão hoje. Embora eu não goste de estar lá com ela do jeito que eu imagino que gostaria de estar com o Peter (ou outra pessoa). Eu sei que ela sente o mesmo que eu sobre a maioria das coisas!

Enquanto lavava a louça, a Bep começou a conversar com a mamãe e com a sra. van Daan sobre como tem se sentido desanimada. E qual ajuda aquelas duas ofereceram a ela? A minha mãe, que não tem o mínimo tato, só fez as coisas piorarem. Quer saber qual foi o conselho? Que ela deveria pensar em todas as outras pessoas no mundo que estão sofrendo! Como pensar na miséria dos outros pode ajudar se você também está infeliz? Foi o que eu disse. A resposta delas, é claro, foi que eu não deveria me meter em conversas desse tipo.

Como os adultos são idiotas e estúpidos! Como se o Peter, a Margot, a Bep e eu não sentíssemos a mesma coisa. Só o amor de uma mãe ou de um amigo muito, muito próximo pode ajudar. Mas essas duas não entendem nada sobre nós! Talvez a sra. van Daan entenda um pouquinho mais do que a mamãe. Ah, eu gostaria tanto de ter dito algo à pobre Bep, algo que teria ajudado por experiência própria. Mas o papai apareceu e me puxou para o lado. São todos tão imbecis!

Eu também conversei com a Margot sobre o papai e a mamãe, sobre como poderia ser bom se eles não fossem tão irritantes. Seria possível organizar noites em que todos pudessem se revezar discutindo um determinado assunto. Mas já falamos sobre tudo isso. Para mim, é impossível abrir a boca aqui! O sr. van Daan parte para a ofensiva. A mamãe fica sarcástica e não consegue dizer nada com um tom de voz normal. O papai nem o sr. Dussel não têm a menor vontade de participar e a sra. van Daan é atacada com tanta frequência que fica sentada num canto, com o rosto vermelho, praticamente sem condições de brigar mais. E quanto a nós? Não podemos ter opinião! Meu Deus, como eles são modernos! Nada de opinião! As pessoas podem mandar você calar a boca, mas não têm como impedir que você tenha uma opinião. Ninguém pode proibir o outro, por mais jovem que seja, de ter uma opinião. A única coisa que ajudaria a Bep, a Margot, o Peter e eu seria um grande amor e dedicação, algo que não temos aqui. E ninguém, especialmente os sábios idiotas daqui, é capaz de nos entender, pois somos mais sensíveis e temos pensamentos muito mais evoluídos do que qualquer um deles jamais suspeitará!

Amor, o que é amor? Eu acredito que seja realmente possível colocá-lo em palavras. Amor é compreender alguém, cuidar dessa pessoa, compartilhar suas alegrias e tristezas. Isso pode incluir o amor físico. Você compartilhou algo, deu algo e recebeu algo em troca, seja ou não casado, tenha ou não um bebê. Perder a virtude não importa, desde que você saiba que, enquanto viver, você terá ao seu lado alguém que te entende e que não precisa ser dividido com mais ninguém!

Sua Anne

A mamãe está rabugenta de novo comigo. Ela está visivelmente com ciúmes porque eu falo mais com a sra. van Daan do que com ela.

Esta tarde, consegui falar com o Peter. Conversamos por pelo menos quarenta e cinco minutos. Ele queria me contar algo a seu respeito, mas estava com dificuldade para se abrir. Demorou, mas finalmente conseguiu. Ele me disse que seus pais brigam constantemente por causa de política, de cigarros e por todo tipo de outras coisas. Como eu já disse antes, Peter é muito tímido, mas não tão tímido para admitir que ficaria perfeitamente feliz em não ver seus pais por um ou dois anos. "Meu pai não é tão legal quanto parece", ele disse. "Mas, quanto aos cigarros, a mamãe está absolutamente certa."

Então eu falei a ele sobre meus pais. Mas ele saiu em defesa do papai. Ele o achava um "cara muito legal".

Hoje à noite, quando eu estava pendurando meu avental depois de lavar a louça, ele me chamou e me pediu para não dizer nada no andar de baixo sobre seus pais terem brigado de novo e não estarem se falando. Eu prometi, embora já tivesse contado para a Margot. Mas tenho certeza de que ela não vai passar adiante.

"Ah, não, Peter", eu disse, "você não precisa se preocupar comigo. Aprendi a não sair falando sobre tudo o que ouço. Eu nunca repito as coisas que você me conta".

Ele ficou feliz em ouvir isso. Eu também comentei com ele que nós éramos fofoqueiros terríveis, e disse: "A Margot está certa, é claro, quando ela diz que eu não estou sendo honesta, por mais que eu queira parar de fofocar, não há nada que eu goste mais do que falar do sr. Dussel".

"É bom que você reconheça isso", disse ele. Ele ficou vermelho e seu elogio sincero quase me envergonhou também.

Em seguida, conversamos um pouco mais sobre "o andar de cima" e "o andar de baixo". O Peter ficou realmente surpreso ao ouvir que não gostamos de seus pais. Eu disse: "Você sabe que eu sou sempre honesta, então por que eu não te contaria isso também? Nós também vemos os defeitos deles".

E acrescentei: "Peter, eu realmente gostaria de ajudá-lo. Você me deixa? Você está preso em uma situação delicada e, mesmo que você não diga nada, eu sei que isso aborrece você".

"Ah, eu gostaria da sua ajuda!"

"Talvez seja melhor você falar com o papai. Você pode dizer qualquer coisa a ele, ele não vai passar adiante."

"Eu sei, ele é um verdadeiro amigo."

"Você gosta muito dele, não é?"

O Peter disse que sim e eu continuei: "Bem, ele gosta de você também, você sabe!".

Ele olhou para cima rapidamente e ficou vermelho. Foi muito comovente ver como essas poucas palavras o deixaram feliz.

"Você acha mesmo?", ele perguntou.

"Sim", eu disse. "Dá para ver nas pequenas coisas que ele deixa escapar de vez em quando."
O Peter é um "cara legal", assim como o papai!

Sua Anne

SEXTA-FEIRA, 3 DE MARÇO DE 1944.

Querida Kitty,

Quando olhei para a vela esta noite, eu me senti calma e feliz de novo. A vovó está naquela vela, e é ela que cuida de mim, me protege e me faz sentir feliz novamente. Mas há outra pessoa que governa o meu humor e essa pessoa é o Peter. Hoje eu fui pegar as batatas e, eu ainda estava na escada, com a panela cheia, quando ele perguntou: "O que você fez na pausa para o almoço?".

Sentei-me na escada e começamos a conversar. As batatas só chegaram à cozinha às cinco e quinze (uma hora depois de eu ter ido buscá-las). O Peter não falou mais sobre os seus pais; acabamos conversando sobre livros e sobre o passado. Ah, ele me olha com tanta ternura nos olhos. Não acho que vai demorar muito para eu me apaixonar por ele.

À noite, ele puxou o assunto. Eu fui ao quarto dele depois de descascar as batatas e disse que eu estava com muito calor. "Dá para saber como está a temperatura, é só olhar para a Margot e para mim, porque ficamos brancas quando está frio e vermelhas quando está quente", eu disse.

"De paixão?", ele perguntou.

"Por que eu deveria estar apaixonada?" Foi uma resposta (ou melhor, uma pergunta) bem boba.

"Por que não?", ele disse. Mas aí nos chamaram para jantar.

O que ele quis dizer? Hoje finalmente consegui perguntar se a minha conversa o incomodava. Tudo o que ele disse foi: "Ah, por mim, tudo bem!". Eu não sei dizer até que ponto a resposta dele tem a ver com sua timidez. Kitty, eu pareço uma pessoa que está apaixonada e que não sabe falar de mais nada além do seu querido amor. E o Peter é um amor. Será que algum dia vou poder dizer isso a ele? Só se ele pensar o mesmo de mim. Mas eu sei muito bem que sou do tipo de pessoa que precisa ser tratada com muita delicadeza.

Ele gosta de ficar sozinho, então não sei o quanto gosta de mim. De qualquer forma, estamos nos conhecendo um pouco melhor. Eu gostaria que tivéssemos coragem para falar sobre muito mais coisas. Mas, quem sabe, talvez esse tempo chegue mais depressa do que eu penso!

Algumas vezes por dia ele me olha com cumplicidade, eu pisco de volta e nós dois ficamos felizes. Pareço maluca em dizer que ele fica feliz e, ainda assim, tenho a sensação avassaladora de que ele pensa da mesma forma que eu.

Sua Anne

SÁBADO, 4 DE MARÇO DE 1944.

Querida Kitty,

Em muitos meses, este é o primeiro sábado que não foi cansativo, monótono e chato. O motivo é o Peter. Esta manhã, enquanto eu estava a caminho do sótão para pendurar meu avental, o papai perguntou se eu queria ficar e praticar meu francês. Respondi que sim. Nós falamos francês por um tempo e eu expliquei algumas coisas para o Peter. Depois, estudamos inglês. O papai leu Dickens em voz alta e eu estava no sétimo céu, já que estava sentada na cadeira do papai, perto do Peter.

Desci às onze. Quando voltei às onze e meia, ele já estava me esperando na escada. Conversamos até quinze para uma. Sempre que saio da sala, por exemplo, depois de uma refeição, e o Peter tem uma chance sem ninguém ouvir, ele diz: "Tchau, Anne, vejo você mais tarde".

Ah, estou tão feliz! Será que ele vai se apaixonar por mim? De qualquer forma, ele é um bom garoto e você não tem ideia de como é bom conversar com ele!

A sra. van Daan não vê problemas em eu conversar com o Peter, mas hoje ela me perguntou em tom de provocação: "Posso confiar em vocês dois aí em cima?".

"Claro", eu protestei. "Assim a senhora está me ofendendo!" De manhã, de tarde e de noite, estou sempre ansiosa para ver o Peter.

Sua Anne

P.S.: Antes que eu me esqueça, ontem à noite tudo estava coberto de neve. Agora derreteu e não sobrou quase nada.

SEGUNDA-FEIRA, 6 DE MARÇO DE 1944.

Querida Kitty,

Desde que o Peter me falou sobre seus pais, senti um certo senso de responsabilidade em relação a ele — não é estranho? É como se as brigas deles fossem tanto da minha conta quanto da dele. Mas, ainda assim, não me atrevo mais a tocar no assunto porque tenho medo de que isso o incomode. Eu não quero me intrometer nem por todo o dinheiro do mundo.

Pelo rosto do Peter, posso ver que ele pensa nas coisas de forma tão profunda quanto eu. Ontem à noite, fiquei irritada quando a sra. van Daan zombou dele: "Olha o pensador!". O Peter ficou vermelho e parecia envergonhado. E eu quase explodi.

Por que essa gente não fica de boca fechada?

Você não pode imaginar como é ter que ficar calada e ver como ele é solitário, sem poder fazer nada. Posso imaginar, como se eu estivesse no lugar dele, como ele deve se sentir desanimado às vezes com as brigas. E sobre amor, pobre Peter, ele precisa tanto ser amado!

Ele pareceu tão frio quando disse que não precisava de amigos. Ah, como ele está tão errado! Eu não acho que ele pense assim de fato. Ele se agarra à sua solidão, à sua indiferença fingida e ao seu jeito de adulto a fim de conseguir manter o papel que representa, para que jamais tenha que mostrar como se sente.

Pobre Peter, por quanto tempo ele aguenta? Será que ele não vai acabar explodindo com esse esforço sobre-humano? Ah, se eu pudesse ajudá-lo. Se ao menos você me deixasse! Juntos poderíamos acabar com nossa solidão, a sua e a minha!

Eu penso muito, mas não falo muito. Fico feliz quando o vejo e mais feliz ainda se o sol brilha quando estamos juntos. Ontem, ao lavar o meu cabelo, fiz uma baderna porque eu sabia que ele estava no cômodo ao lado. Não pude evitar. Quanto mais quieta e séria eu estou por dentro, mais barulhenta eu fico por fora! Quem será o primeiro a descobrir a brecha na minha armadura?

Ainda bem que os van Daan não têm uma filha. Minha conquista jamais poderia ser tão difícil, tão bonita e tão boa se fosse com alguém do mesmo sexo!

Sua Anne

P.S.: Você sabe que sou sempre honesta com você. É por isso que tenho que confessar que vivo de um encontro para o outro.

Continuo sempre querendo descobrir se ele fica esperando para me ver e fico encantada quando percebo as pequenas tentativas tímidas dele. Acho que ele adoraria poder se expressar tão facilmente quanto eu. Mal sabe ele que é justamente a sua falta de jeito que me impressiona.

TERÇA-FEIRA, 7 DE MARÇO DE 1944.

Querida Kitty,

Quando penso na minha vida em 1942, tudo parece tão irreal. A Anne Frank que desfrutou daquela existência celestial era completamente diferente daquela que se tornou sábia aqui. Sim, uma vida dos deuses: admiradores em cada esquina, uns vinte amigos e conhecidos, a favorita da maioria dos professores, mimada da cabeça aos pés pelo pai e pela mãe, doces sempre que quisesse e dinheiro suficiente para gastar. O que mais alguém poderia querer?

Você provavelmente está se perguntando como eu conquistei todas aquelas pessoas. O Peter usa a palavra "atratividade", mas não é totalmente precisa. Não havia professor que não achasse graça nas minhas respostas perspicazes, meus comentários espirituosos, meu rosto sorridente e meus olhares críticos. Eu era tudo isto: uma paqueradora formidável, charmosa e divertida. Eu tinha alguns pontos positivos, que me mantinham nas boas graças de todos: eu era diligente, honesta e generosa. Eu jamais impediria que um colega copiasse meu dever de casa, dividia meus doces e não era esnobe.

Será que toda aquela admiração acabou me deixando confiante demais? Foi muito bom que eu tive um encontro com a realidade de repente, no meu ponto máximo. Levei mais de um ano para me acostumar a viver sem admiração.

Como me viam na escola? Como a líder das piadas e brincadeiras, sempre em primeiro lugar, nunca de mau humor, nunca chorosa. Será que é de admirar que todos quisessem ir comigo de bicicleta para a escola ou me enchessem de mimos?

Eu olho para aquela Anne Frank como uma garota legal, divertida, mas superficial, que não tem mais nada a ver comigo. O que o Peter disse a meu respeito? "Sempre que eu te via, você estava cercada por um bando de garotas e por, pelo menos, dois garotos. Você estava sempre rindo e era sempre o centro das atenções!"

O que resta daquela garota? Ah, eu não desaprendi a rir ou a dar uma resposta rápida. Ainda sei criticar as pessoas tão bem ou melhor até e ainda sei flertar, se eu quiser. Aí que está o problema. Eu gostaria de ter aquela vida aparentemente despreocupada e feliz por uma tarde, alguns dias, uma semana. Mas, no final dessa semana, eu estaria exausta e ficaria grata à primeira pessoa que falasse comigo sobre algum assunto mais sério. Não quero admiradores, mas amigos. Pessoas que me respeitem pelo meu caráter e pelas minhas ações, não por um sorriso encantador. Eu sei bem que o círculo ao meu redor seria muito menor. Desde que sejam sinceros, o que isso importa?

Apesar de tudo, eu não estava totalmente feliz em 1942. Muitas vezes, eu me sentia como se tivesse sido abandonada, mas, como estava ocupada de manhã a noite, não pensava nisso. Eu me divertia o máximo, tentando, consciente ou inconscientemente, preencher o vazio com piadas.

Olhando para trás, percebo que esse período da minha vida chegou ao fim de forma irrevogável. Meus dias de escola felizes e despreocupados se foram para sempre. Eu nem sinto falta deles. Eu os superei. Não posso mais apenas me divertir, pois meu lado sério está agora sempre presente. Olho para a minha vida até o Ano-Novo de 1944 como se estivesse olhando por uma poderosa lente de aumento. Minha vida em casa era cheia de sol. Então, em meados de 1942, tudo mudou da noite para o dia com a vinda para cá. As brigas, as acusações — eu não consegui assimilar tudo. Fui pega de surpresa e a única maneira que conhecia para manter minha individualidade foi sendo atrevida.

A primeira metade de 1943 trouxe crises de choro, solidão e a percepção gradual das minhas falhas e defeitos, que eram numerosos e pareciam muito mais. Durante o dia, eu falava sobre tudo, tentava atrair o Pim para mais perto, mas não conseguia. Eu me vi sozinha com a difícil tarefa de mudar para não ter que ouvir mais as críticas, porque elas pesavam, me deixando muito desanimada.

Na segunda metade do ano, as coisas ficaram um pouco melhor. Fiquei mocinha e passei a ser tratada mais como uma adulta. Comecei a pensar, a escrever histórias e cheguei à conclusão de que os outros já não tinham mais o direito de me empurrar de um lado para o outro como se eu fosse um pêndulo. Eu queria mudar a mim mesma de acordo com o meu jeito. Mas uma coisa que me afetou ainda mais foi perceber que meu pai jamais se tornaria meu confidente em tudo. Eu não queria confiar em ninguém mais do que em mim mesma.

Depois do Ano-Novo, ocorreu a segunda grande mudança: meu sonho, com o qual eu descobri meu desejo por um menino. Não por uma namorada, mas por um namorado. Eu também descobri uma felicidade interior por baixo da minha armadura de superficialidade e de alegria. Fui, aos poucos, me aquietando e descobri um desejo sem limites por tudo o que é belo e bom.

À noite, eu me deito na cama depois de terminar minhas orações com as palavras "Obrigada, Deus, por tudo de bom, doce e belo" e, então, fico cheia de alegria. Daí penso: bom é a segurança de estar escondida, a minha saúde e toda a minha existência. O amor de Peter, que ainda é tão pequeno e frágil e sobre o qual nenhum de nós ousa ainda dizer em voz alta. O amor, o futuro, a felicidade; encantador é o mundo, a natureza e a tremenda beleza de todas as coisas, todo aquele esplendor tão bom.

Eu não penso em toda a miséria, mas na beleza que ainda resta. É aqui que reside uma grande parte da diferença entre a minha mãe e eu. O conselho dela diante da melancolia é: "Pense em todo o sofrimento do mundo e seja grato por não fazer parte dele". O meu conselho é: "Vá para fora, para os campos, para a natureza e para o sol, vá para fora e tente redescobrir a felicidade em você mesmo e em Deus. Pense em todas as coisas bonitas que permanecem em você e ao seu redor, e seja feliz".

Eu não acho que o conselho da mamãe esteja certo, o que você deve fazer quando experimenta a desgraça? Você estaria completamente perdido. Por outro lado, acho que ainda resta algo belo na natureza, no sol, na liberdade, em você mesmo, algo que não se perde. Olhe para isso, e você encontrará a si mesmo e a Deus, e recuperará seu equilíbrio. Quem é feliz fará ou outros felizes também; quem tem coragem e confiança nunca cairá na desgraça!

Sua Anne

QUARTA-FEIRA, 8 DE MARÇO DE 1944.

Querida Kitty,

A Margot e eu estamos escrevendo bilhetes uma para a outra, só por diversão, é claro.

Anne: É estranho, mas eu só consigo me lembrar no dia seguinte do que aconteceu na noite anterior. Por exemplo, de repente, eu me lembrei que o sr. Dussel estava roncando alto ontem à noite. (Agora são quinze para as três da tarde de quarta-feira, e o sr. Dussel está roncando de novo, e é por esse motivo que isso passou pela minha cabeça, é claro.) Quando eu tive que usar o penico, de propósito, eu fiz mais barulho ainda só para fazer o ronco parar.

Margot: O que é melhor, o ronco ou os engasgos por falta de ar?

Anne: O ronco é melhor, porque para quando eu faço barulho, sem acordar a pessoa em questão.

O que não escrevi para a Margot, mas vou confessar a você, querida Kitty, é que tenho sonhado muito com o Peter. Anteontem à noite, sonhei que estava patinando bem aqui na nossa sala com aquele garotinho da pista de patinação no gelo, o Apollo. Ele estava com a irmã, a garota de pernas finas que sempre usa o mesmo vestido azul. Eu me apresentei, exagerando um pouco, e perguntei o nome dele. Era Peter. No meu sonho, eu me perguntava quantos Peters eu realmente conhecia!

Então eu sonhei que estávamos no quarto do Peter, um de frente para o outro, ao lado da escada. Eu disse algo a ele; ele me deu um beijo, mas disse que não me amava tanto assim e que eu não deveria ficar paquerando. Numa voz desesperada e suplicante, eu disse: "Eu não estou paquerando, Peter!". Quando eu acordei, fiquei feliz porque, afinal de contas, o Peter não tinha dito aquilo. Ontem à noite, eu sonhei que estávamos nos beijando, mas o rosto do Peter me frustrou: não era tão macio quanto parecia. Era mais como o do papai — o rosto de um homem que já se barbeia.

SEXTA-FEIRA, 10 DE MARÇO DE 1944.

Querida Kitty,

O provérbio "A desgraça nunca vem sozinha" definitivamente se aplica hoje. O Peter acabou de dizer isso. Vou contar todas as coisas horríveis que aconteceram e que ainda estão pairando sobre nossas cabeças.

Primeiro, a Miep está doente por causa do casamento de Henk e Aagje que aconteceu ontem. Ela pegou um resfriado em Westerkerk, onde a cerimônia foi realizada. Em segundo lugar, o sr. Kleiman não voltou ao trabalho desde a última vez que seu estômago começou a sangrar, então a Bep ficou sozinha para segurar as pontas. Terceiro, a polícia prendeu um homem (cujo nome não vou escrever). É terrível não só para ele, mas para nós também, já que ele é quem nos fornece batatas, manteiga e geleia. O sr. M., como vou chamá-lo, tem cinco filhos com menos de treze anos e mais um a caminho.

Ontem à noite, levamos outro pequeno susto: estávamos no meio do jantar quando, de repente, alguém bateu na parede ao lado. Pelo resto da noite, ficamos nervosos e desanimados.

Ultimamente, não tenho cabeça para escrever sobre o que acontece aqui. Eu ando mais calada. Não me entenda mal, é que estou terrivelmente chateada com o que aconteceu com o pobre e bondoso sr. M., mas não há muito espaço para ele no meu diário.

Terça, quarta e quinta-feira estive no quarto do Peter das quatro e meia às cinco e quinze. Estudamos francês e conversamos sobre uma coisa e outra. Eu realmente fico ansiosa por essa hora da tarde, mas o melhor de tudo é que eu acho que o Peter também fica feliz em me ver.

Sua Anne

SÁBADO, 11 DE MARÇO DE 1944.

Querida Kitty,

Ultimamente, não tenho conseguido ficar parada. Subo e desço as escadas o tempo todo. Eu gosto de conversar com o Peter, mas sempre tenho medo de parecer uma boba. Ele me contou um pouco sobre o passado dele, sobre seus pais e sobre si mesmo, mas não é suficiente, e a cada cinco minutos eu me pergunto por que me vejo desejando mais. Ele me achava uma verdadeira chata, e o sentimento era mútuo. Eu mudei de ideia, mas como eu sei se ele mudou a dele? Eu acho que sim, mas isso não significa necessariamente que tenhamos que nos tornar melhores amigos, embora, no que me diz respeito, isso tornaria nosso tempo aqui mais suportável. Mas não vou deixar isso me enlouquecer. Eu passo bastante tempo pensando nele e não tenho que deixar você toda nervosa também simplesmente porque eu estou infeliz!

Sua Anne

DOMINGO, 12 DE MARÇO DE 1944.

Querida Kitty,

Ultimamente, não consigo sossegar.

O Peter não olha para mim desde ontem. Ele está agindo como se estivesse bravo comigo. Estou fazendo o possível para não correr atrás dele e falar com ele o mínimo possível, mas não é fácil! O que está acontecendo? O que o faz manter a distância em um minuto e correr para o meu lado no próximo? Talvez eu esteja imaginando ser pior do que realmente é. Talvez ele esteja apenas mal-humorado como eu e, amanhã, tudo ficará bem de novo! Tenho dificuldade em manter uma fachada normal quando estou me sentindo tão miserável e triste. Tenho que conversar, ajudar na casa, sentar-me com os outros e, acima de tudo, agir com alegria! Sinto falta do ar livre e de ter um lugar onde posso ficar sozinha o tempo que quiser! Acho que estou confundindo tudo, Kitty, estou numa confusão total. Por um lado, estou meio louca de desejo por ele, dificilmente posso estar no mesmo quarto sem ficar olhando para ele, por outro lado, me pergunto por que ele seria tão importante para mim e por que não consigo ficar tranquila de novo! Dia e noite, a cada hora que estou acordada, não faço nada além de me perguntar: "Você deu a ele chance suficiente de ficar sozinho? Você tem passado muito tempo no andar de cima? Você fala demais sobre assuntos sérios que ele ainda não está pronto para discutir? Talvez ele nem goste de você. Foi tudo sua imaginação? Mas então por que ele falou tanto sobre si mesmo? Ele está arrependido de ter falado? E muito mais.

Sábado à tarde, depois de uma série de notícias tristes vindas do mundo lá de fora, fiquei tão exausta que fui me deitar no divã para tirar uma soneca. Era tudo o que eu queria para não ter que pensar. Dormi até as quatro horas, depois voltei para sala de jantar. Foi muito difícil responder a todas as perguntas da mamãe e arranjar uma desculpa que explicasse o meu sono para o papai. Achei a desculpa da dor de cabeça, o que não era mentira, porque eu estava mesmo com dor... só que doía lá dentro!

Pessoas comuns, garotas comuns, adolescentes como eu, pensariam que sou um pouco maluca com toda essa minha autopiedade. Mas é só isso. Eu abro o meu coração para você, e o resto do tempo eu sou tão insolente, alegre e autoconfiante quanto possível para evitar perguntas e não me irritar.

A Margot é muito querida e gostaria de ser minha amiga de confiança, mas não posso contar tudo a ela. Ela é doce, boa e bonita, mas falta a ela aquilo que é necessário para falar de coisas profundas. Margot me leva muito a sério, a sério demais, e passa muito tempo pensando na sua irmã maluca, me olhando atentamente sempre que eu abro a boca e se perguntando: "Ela está representando ou realmente falando sério?".

Quando vou conseguir desembaraçar meus pensamentos confusos? Quando vou encontrar paz e tranquilidade dentro de mim de novo?

Sua Anne

TERÇA-FEIRA, 14 DE MARÇO DE 1944.

Querida Kitty,

Talvez seja divertido para você (mas não para mim) saber o que vamos comer hoje. A faxineira está trabalhando no andar de baixo, por isso, no momento, estou sentada à mesa forrada de oleado dos van Daan, estou segurando um lenço enxarcado de um bom perfume (de um tempo anterior à guerra), tapando o nariz e a boca. Você provavelmente não tem a menor ideia do que estou falando, então vou "começar do começo".

As pessoas que nos forneciam os cupons de racionamento foram presas, então temos apenas cinco cupons para usar no mercado negro — sem eles, não temos como conseguir gordura e óleo. Como a Miep e o sr. Kleiman estão doentes de novo, a Bep não tem conseguido fazer as compras. A comida está lamentável, e nós também. A partir de amanhã, não teremos um pingo de gordura, manteiga ou margarina. Não podemos comer batatas fritas no café da manhã (o que vínhamos fazendo para economizar pão), por causa disso estamos tendo que comer mingau, e como a sra. van Daan acha que estamos passando fome, compramos leite integral no mercado negro. Nosso almoço hoje será um ensopado de uma couve que temos em conserva no barril. Daí o lenço como precaução. Você não acreditaria como a couve fede depois de um ano! O cheiro que se espalhou é de uma mistura de ameixas estragadas, conservante forte e ovo podre. Ugh! Só de pensar em ter que comer aquela porcaria me revira o estômago! Além disso, nossas batatas contraíram doenças tão estranhas que, de cada dois baldes, um acaba tendo que ser queimado. Nós nos divertimos tentando descobrir qual doença elas têm, e chegamos à conclusão de que se alternam entre câncer, varíola e sarampo. Honestamente, estar escondido pelo quarto ano de guerra não é nada fácil. Se, ao menos, esse fedor tivesse acabado!

Para falar a verdade, a comida não me importaria tanto se a vida aqui fosse mais agradável de outras maneiras. Mas é só isto: o tédio está começando a nos tornar pessoas insuportáveis. Aqui está a opinião dos cinco adultos sobre a situação atual:

Sra. van Daan: "Há muito tempo, eu parei de querer ser a rainha da cozinha. Mas ficar sentada sem fazer nada era chato, então voltei a cozinhar. Mas eu preciso reclamar: é impossível cozinhar sem gordura, e todos esses maus cheiros me deixam de estômago embrulhado. Além disso, o que eu ganho em troca de meus esforços? Ingratidão e comentários grosseiros. Eu sou sempre a ovelha negra — a culpada por tudo. E mais, a minha opinião é de que a guerra não está avançando muito. No final, os alemães ainda vão acabar levando a vitória. Estou com muito medo de morrer de fome e, quando estou de mau humor, brigo com qualquer um que chegar perto".

Sr. van Daan: "Eu preciso fumar, fumar, fumar. Só assim a comida, a situação política e o humor da Kerli não são tão ruins. A Kerli é uma mulher adorável, mas se ela não tem mais cigarros, nada presta, daí ela começa: 'Estou ficando doente, a vida está insuportável, preciso comer carne'. Essa minha Kerli é uma idiota". Depois disso, pode-se esperar uma briga feia.

Sra. Frank: "A comida não é tão importante, mas agora eu adoraria uma fatia de pão de centeio, pois estou com muita fome. Se eu fosse a sra. van Daan, teria colocado um fim definitivo no hábito de fumar do sr. van Daan há muito tempo. Mas agora eu é que preciso desesperadamente de um cigarro, porque meus nervos estão tomando conta de mim. Os ingleses podem cometer muitos erros, mas a guerra está avançando. Sinto a necessidade de conversar, e estou feliz por não estar na Polônia".

Sr. Frank: "Está tudo bem, eu não preciso de nada. Calma, temos tempo. Basta me dar as minhas batatas, e eu fico quieto. Separem uma parte da minha ração para a Bep. A situação política está indo bem, estou muito otimista".

Sr. Dussel: "Preciso completar as atividades que estabeleci, tenho que concluí-las a tempo. A situação política está parecendo melhorar, é 'impossível' sermos pegos. Eu, eu, eu...".

Sua Anne

QUINTA-FEIRA, 16 DE MARÇO DE 1944.

Querida Kitty,

Uau! Finalmente, estou livre por alguns momentos das previsões sombrias deles! Hoje não ouço nada além de: "Se isso e aquilo acontecer, teremos sérios problemas; e se fulano de tal ficar doente, ficaremos sozinhos no mundo e, então...".

Bem, você conhece o resto ou pelo menos suponho que você esteja familiarizada o suficiente com os moradores do anexo secreto para adivinhar sobre o que eles estariam falando.

A razão para o "se, se" é que o sr. Kugler foi chamado para trabalhar na terra, a Bep está com um resfriado fortíssimo e, provavelmente, terá que ficar em casa amanhã, a Miep ainda não melhorou da gripe, e o estômago do sr. Kleiman sangrou tanto que ele perdeu os sentidos. Só tristeza!

Os funcionários do armazém terão folga amanhã, e a Bep talvez fique em casa. Se (mais um "se") a Bep precisar ficar em casa, a porta vai ficar trancada e nós teremos que ficar quietos como ratos para que os vizinhos não nos ouçam. À uma da tarde, o Jan virá para dar uma olhada nessas pobres almas abandonadas, por meia hora, como um bom tratador de jardim zoológico. Esta tarde, pela primeira vez em muito tempo, o Jan nos deu algumas notícias do mundo lá fora. Você deveria ter visto nós oito reunidos em torno dele; parecia exatamente o tipo de figura que aparece nos livros escolares: aquele do vovô contando histórias...

À agradecida plateia, obviamente, ele falou sobre comida. O que mais? Depois, sobre o médico da Miep, então, fizemos todos os tipos de perguntas.

"Médico?", disse Jan. "Nem me fale sobre esse médico. Liguei para ele esta manhã e um assistente atendeu. Pedi uma receita para gripe e disseram que eu poderia buscá-la amanhã, entre oito e nove horas da manhã. Se você estiver com um caso particularmente forte de gripe, o próprio médico vem ao telefone e diz: 'Ponha a língua para fora e diga 'aah''. É, posso ouvir, você está com a garganta vermelha. Vou lhe passar uma receita e você pode encomendar na farmácia. Bom dia, senhor'. E pronto. Trabalho fácil o dele, diagnóstico por telefone. Mas não devo culpar os médicos. Afinal, uma pessoa tem apenas duas mãos e, hoje em dia, há muitos pacientes e poucos médicos."

Ainda assim, todos nós demos boas risadas com a história do telefonema do Jan. Posso imaginar como é a sala de espera de um consultório atualmente. Os médicos não torcem mais o nariz para os pacientes comuns, mas para aqueles com doenças menores. "Ei, o que você está fazendo aqui? Vá para o fim da fila; os doentes graves têm prioridade!"

Sua Anne

QUINTA-FEIRA, 16 DE MARÇO DE 1944.

Querida Kitty,
O tempo está maravilhoso, indescritivelmente lindo. Daqui a pouco, eu vou subir para o sótão.
Agora sei por que sou muito mais inquieta do que o Peter. Ele tem seu próprio quarto, onde pode trabalhar, sonhar, pensar e dormir. Eu estou constantemente sendo empurrada de um canto a outro. Quase nunca fico sozinha no quarto que divido com Dussel, no entanto, anseio muito por isso. Essa é outra razão pela qual eu busco refúgio no sótão. Quando estou lá ou quando estou com você, posso ser eu mesma, pelo menos por um pouquinho. Ainda assim, não quero ficar reclamando. Pelo contrário, quero ser corajosa!
Felizmente, os outros não percebem nada sobre os meus sentimentos mais íntimos, só veem que a cada dia estou ficando mais fria e cada vez mais insolente com a mamãe, menos afetuosa com papai e não conto mais nada para a Margot. Eu me fechei. Acima de tudo, tenho que manter meu ar de confiança. Ninguém deve saber que meu coração e minha mente estão constantemente em guerra um com o outro. Até agora, a razão sempre venceu a batalha, mas será que minhas emoções não vão acabar sendo mais fortes? Algumas vezes, tenho medo que sim. Na maioria das vezes, espero que sim!
Ah, é terrivelmente difícil não poder falar com Peter sobre essas coisas, mas eu sei que ele tem que ser o primeiro a tocar no assunto. É tão difícil agir durante o dia como se tudo o que eu disse e fiz em meus sonhos nunca tivesse acontecido! Sim, Kitty, a Anne é uma criança maluca, mas esses são tempos loucos e as circunstâncias, mais loucas ainda.
Mesmo assim, o melhor de tudo é que eu posso escrever tudo o que penso e sinto; caso contrário, eu ficaria absolutamente sufocada. O que Peter pensa sobre todas essas coisas? Fico sempre esperando pelo dia em que vou poder falar com ele sobre isso. O Peter deve ter percebido algo sobre o meu eu interior, já que ele não poderia amar a Anne exterior que ele conheceu até agora! Como alguém como ele, que ama paz e sossego, poderia suportar minha agitação e barulho? Será ele o primeiro e único a ver o que está por baixo da minha máscara de concreto? Será que vai conseguir? Não existe um velho ditado que diz que o amor, muitas vezes, segue a piedade, ou que os dois andam de mãos dadas? Não será assim comigo também? Pois tenho pena dele tanto quanto, muitas vezes, tenho pena de mim!
Honestamente, não sei, realmente, não sei como encontrar as primeiras palavras. Então, como posso esperar que Peter saiba quando falar se é muito mais difícil para ele? Se eu pudesse escrever para ele, pelo menos eu teria certeza de que ele sabe o que eu quero dizer, já que é tão difícil dizer em voz alta!

Sua Anne

SEXTA-FEIRA, 17 DE MARÇO DE 1944.

Querida Kitty,
No final, tudo acabou bem. E o anexo deu um grande suspiro de alívio. A Bep só estava com dor de garganta, não gripe. O sr. Kugler conseguiu um atestado médico para dispensá-lo do trabalho. Está tudo bem por aqui de novo, a não ser comigo e com a Margot, que estamos cansadas de nossos pais.
Não me entenda mal. No momento, não estou me dando bem com a mamãe, você sabe disso, ainda amo muito o meu pai, como sempre; e a Margot ama tanto o papai quanto a mamãe, mas quando você tem a nossa idade, você quer tomar algumas decisões por si mesmo, sair debaixo da asa deles. Sempre que eu subo, eles perguntam o que vou fazer; não me deixam comer sal no jantar. Todas as noites, às oito e quinze, invariavelmente, a mamãe me pergunta se não é hora de eu colocar a camisola, todos os livros que eu leio passam por uma aprovação. Preciso admitir que a inspeção não é nada rígida e eles me deixam ler quase tudo, mas a Margot e eu estamos cansadas de ouvir seus comentários, advertências e perguntas o dia todo.
Há outra coisa que os desagrada, principalmente comigo: não tenho mais vontade de ficar dando beijinhos de manhã, à tarde e à noite, e acho ridículos aqueles apelidos afetados, além dos comentários nojentos do papai sobre peidar e ir ao banheiro. Em suma, eu gostaria de ficar um tempo sem a companhia deles, mas eles não entendem. Não que tenhamos dito isso. Afinal, eles não entenderiam de qualquer maneira.
Ontem à noite, a Margot disse: "O que eu acho muito chato é que, se por acaso você colocar a cabeça nas mãos e suspirar uma ou duas vezes, eles imediatamente perguntam se você está com dor de cabeça ou se não se sente bem".
Para nós duas, é um golpe e tanto perceber que muito pouco resta daquele lar familiar e harmonioso. Em grande parte, isso se deve ao fato de estarmos em uma situação anormal aqui. Com isso quero dizer que somos tratadas como crianças no que diz respeito a questões externas, enquanto somos muito mais maduras do que outras meninas da nossa idade. Apesar de ter apenas quatorze anos, sei muito bem o que quero, sei quem está certo e quem está errado, tenho minhas opiniões, ideias e princípios, e, embora possa parecer estranha tal afirmação para uma adolescente, eu me sinto mais adulta do que criança, e me sinto bastante independente de quem quer que seja.
Sei que sou melhor do que a mamãe para debater ou discutir, sei que sou mais objetiva, não sou tão exagerada, sou muito mais arrumada e habilidosa, por isso (você pode até rir) eu me sinto superior a ela em muitos aspectos. Para amar alguém, tenho que admirar e respeitar a pessoa.
Tudo ficaria bem se eu tivesse o Peter, já que o admiro de muitas maneiras. Ele é tão bom e tão bonito!

Sua Anne

SÁBADO, 18 DE MARÇO DE 1944.

Querida Kitty,
Eu contei a você mais sobre mim e sobre meus sentimentos do que jamais contei a uma alma viva, então por que isso não deveria incluir sexo?
Os pais e as pessoas em geral são muito estranhos quanto a esse assunto. Em vez de contar tudo aos filhos e filhas quando eles têm doze anos, eles mandam as crianças para fora da sala quando surge o tema e deixam que elas descubram tudo sozinhas. Mais tarde, quando percebem que seus filhos obtiveram informações, supõem que eles sabem mais (ou menos) do que realmente sabem. Então, por que não tentam consertar as coisas dizendo o que é o quê? Um grande obstáculo para os adultos — embora, na minha opinião, não seja mais do que um detalhe — é que eles temem que os filhos não vejam mais o casamento como sagrado e puro quando perceberem que, na maioria dos

casos, essa pureza é um total absurdo. No que me diz respeito, não é errado um homem trazer um pouco de experiência para um casamento. Afinal, não tem nada a ver com o casamento em si, não é?

Logo depois que completei onze anos, eles me falaram sobre a menstruação. Mas, mesmo naquele momento, eu não tinha ideia de onde vinha o sangue ou para que servia. Quando eu tinha doze anos e meio, aprendi um pouco mais com a Jacque, que não era tão ignorante quanto eu. A minha própria intuição me disse o que um homem e uma mulher fazem quando estão juntos; parecia uma ideia maluca no começo, mas, quando a Jacque confirmou, fiquei orgulhosa de mim mesma por ter decifrado sozinha!

Foi também ela quem me disse que as crianças não saíam da barriga da mãe. Nas palavras dela, "onde os ingredientes entram é o lugar pelo qual sai o produto acabado!". A Jacque e eu descobrimos sobre o hímen, e sobre muitos outros detalhes, em um livro sobre educação sexual. Eu também sabia que era possível evitar ter filhos, mas como isso funcionava permanecia um mistério. Quando cheguei aqui, o papai me falou sobre prostitutas etc., mas, no geral, ainda há perguntas sem resposta. Se as mães não contam tudo aos filhos, eles ouvem aos poucos, e isso não pode estar certo.

Mesmo sendo sábado, não estou entediada! Isso porque estive no sótão com o Peter. Fiquei sentada sonhando com os olhos fechados e foi maravilhoso.

DOMINGO, 19 DE MARÇO DE 1944.

Querida Kitty,

Ontem foi um dia muito importante para mim. Depois do almoço, tudo estava como de costume. Às cinco, coloquei as batatas no fogo, e a mamãe me deu um pouco de chouriço para levar para o Peter. No começo, eu não queria, mas acabei indo. Ele não aceitou o chouriço, e tive a terrível sensação de que ainda era por causa daquela discussão que tivemos sobre desconfiança. De repente, eu não consegui aguentar nem por mais um momento e meus olhos se encheram de lágrimas. Sem dizer mais nada, devolvi a travessa para a mamãe e fui ao banheiro ter uma boa crise de choro. Depois decidi resolver as coisas com o Peter. Antes do jantar, nós quatro o ajudamos com as palavras cruzadas, então não deu para dizer nada. Mas, quando estávamos nos sentando para comer, eu sussurrei para ele: "Você vai treinar taquigrafia hoje à noite, Peter?".

"Não", foi a resposta dele.

"Eu queria falar com você mais tarde." Ele concordou.

Depois de lavar os pratos, por uma questão de decência, primeiro fiquei um pouco no quarto dos van Daan antes de ir para o quarto do Peter. Ele estava à esquerda da janela aberta, então fui para o lado direito e começamos a conversar. É muito mais fácil falar ao lado de uma janela aberta, relativamente no escuro, do que em plena luz do dia e acho que o Peter pensava o mesmo. Nós conversamos tanto, mas tanto, que não tenho como repetir tudo. Mas foi bom. Foi a noite mais linda que eu já tive no anexo secreto. Mesmo assim, farei uma breve descrição dos vários assuntos sobre os quais conversamos.

Primeiro falamos sobre as brigas e sobre como eu as vejo de uma forma muito diferente hoje em dia, depois, sobre como nos alienamos de nossos pais. Contei a Peter sobre a mamãe, o papai, a Margot e eu. Em um determinado momento, ele perguntou: "Vocês sempre dizem boa-noite uns aos outros com um beijo, não é?".

"Um? Muitos. Vocês não?"

"Não, eu quase nunca beijei ninguém."

"Nem no seu aniversário?"

"Sim, daí sim."

Nós conversamos sobre confiança, sobre como nenhum de nós realmente confia em nossos pais. Como os pais dele gostariam de ganhar a sua confiança, mas que é algo que ele não quer. Sobre como eu choro minhas dores na cama, e ele diz palavrões no sótão. Como a Margot e eu começamos a nos conhecer só há pouco tempo e ainda nos falamos muito pouco, mesmo que estejamos sempre juntas. Conversamos sobre tudo o que se possa imaginar. Ah, Kitty, ele é exatamente como eu imaginei que seria.

Depois, conversamos sobre o ano de 1942 e como éramos diferentes naquela época. Não nos reconhecíamos mais como as mesmas pessoas daquela época. Como não nos suportávamos no começo. Ele me achava uma pestinha barulhenta, e eu rapidamente concluí que ele não era nada especial. Eu não entendia por que ele não me paquerava, mas agora fico feliz [por não tê-lo feito]. Ele também falou sobre gostar de ser tão isolado. Eu disse que não há muita diferença entre o meu barulho e o silêncio dele, e que eu também gostava de paz e sossego, mas que não tenho nada que seja só meu, a não ser meu diário, e que todos prefeririam me ver pelas costas, começando pelo sr. Dussel, e que nem sempre quero ficar com meus pais. Falamos sobre como ele está feliz por meus pais terem os filhos aqui e como eu estou feliz por ele estar aqui.

Também falei sobre como agora eu entendo a necessidade dele de se afastar e o seu relacionamento com os pais, e o quanto eu gostaria de ajudá-lo.

"Você sempre me ajuda!", ele disse.

"Como?", perguntei muito surpresa.

"Com a sua alegria."

Essa foi a coisa mais legal que ele disse. Foi lindo. Ele deve ter passado a me amar como uma amiga e, por enquanto, é o suficiente. Não tenho palavras para isso, de tão grata e feliz que estou. Devo pedir desculpas a você, Kitty, já que hoje o meu estilo está abaixo do normal. Acabei escrevendo o que veio à minha cabeça!

Sinto, agora, que o Peter e eu compartilhamos um segredo. Sempre que ele me olha com aqueles olhos, com aquele sorriso e quando pisca, uma luz se acende dentro de mim. Espero que as coisas continuem assim e que possamos passar juntos muitas, muitas horas agradáveis.

Sua agradecida e feliz Anne

SEGUNDA-FEIRA, 20 DE MARÇO DE 1944.

Querida Kitty,

Hoje de manhã, o Peter me perguntou se eu voltaria lá à noite. Ele disse que eu não o incomodei de forma alguma e que onde havia lugar para um, havia para dois. Eu disse que não poderia ir todas as noites, porque lá embaixo eles não aprovariam, mas Peter achava que isso não deveria me incomodar. Então eu disse que gostaria de ir no sábado à noite e pedi que ele me avisasse quando houvesse lua.

"Claro", ele disse, "então vamos descer e olhar a lua de lá."

Enquanto isso, uma sombra caiu sobre minha felicidade. Há muito tempo, venho desconfiando de que a Margot também gosta do Peter. Não sei o quanto, mas acho muito ruim. Agora, toda vez que encontro o Peter, devo machucá-la sem querer.

O engraçado é que ela mal deixa transparecer. Eu sei que ficaria desesperada de ciúmes, mas a Margot apenas diz que eu não deveria sentir pena dela.

"Acho tão triste que você seja a estranha no ninho", acrescentei.

"Estou acostumada", respondeu ela, um tanto amarga.

Não me atrevo ainda a dizer isso ao Peter. Talvez mais tarde; ele e eu precisamos conversar sobre muitas outras coisas primeiro.

A mamãe me deu um tapa ontem à noite, pois eu mereci. Não devo me permitir levar minha indiferença e desprezo por ela longe demais. Apesar de tudo, vou tentar mais uma vez ser agradável e guardar meus comentários para mim mesma.

Até o Pim não está mais tão legal. Ele está tentando me tratar menos como uma criança e, agora, está muito frio. Vamos ver no que vai dar! Ele me avisou que se eu não estudar álgebra, não vou ter aulas particulares depois da guerra. Eu poderia simplesmente esperar e ver o que acontece, mas gostaria de começar de novo, desde que eu consiga um novo livro.

É isso por agora. Não faço nada além de olhar para o Peter, e estou transbordando!

Sua Anne

Uma evidência da bondade da Margot. Recebi isto hoje, 20 de março de 1944:

Anne, quando eu disse ontem que não estava com ciúmes de você, eu estava sendo apenas 50% honesta. A questão é que não estou com ciúmes nem de você nem do Peter. Só sinto um pouco de pena de mim mesma por ainda não ter encontrado ninguém e, certamente, não encontrarei com quem eu possa falar sobre meus pensamentos e sentimentos por enquanto. Mas é por isso que desejo, do fundo do meu coração, que vocês dois possam confiar um no outro. Vocês já estão perdendo muito aqui, coisas que outras pessoas nem precisam pensar se vão ou não ter.

Por outro lado, eu tenho certeza de que nunca teria chegado tão longe com o Peter, porque sinto que eu deveria ter uma relação bastante íntima com a pessoa com quem eu gostaria de conversar. Eu deveria ter a sensação de que ele me entende por completo, mesmo sem eu falar muito. Por isso, teria que ser alguém que eu considerasse espiritualmente superior a mim, e não é o caso do Peter. Mas imagino que você se sinta muito próxima dele. Portanto, não há necessidade de se culpar porque acha que está tomando algo a que eu tinha direito. Nada poderia estar mais longe da verdade. Você e o Peter têm tudo a ganhar com seu namoro.

Minha resposta:

Querida Margot,

Achei sua carta extremamente doce, mas ainda não estou completamente confortável com isso tudo e não vou ficar.

No momento, não há aquela intimidade toda entre o Peter e eu como você imagina. É só que dizemos mais um ao outro perto de uma janela aberta no anoitecer do que sob a luz do sol. Também é mais fácil sussurrar os sentimentos do que trombeteá-los. Acho que você começou a sentir uma espécie de afeição fraternal pelo Peter e gostaria de ajudá-lo tanto quanto eu. Talvez você consiga fazer isso algum dia, embora esse não seja o tipo de confiança que temos em mente. Eu acredito que a confiança tem que vir de ambos os lados. Também acho que é por isso que o papai e eu nunca fomos tão próximos. Mas vamos parar agora e não falar mais sobre isso. Se você quiser saber mais, por favor, faça-o por escrito, porque assim posso expor o que quero muito melhor do que falando. Você não sabe o quanto eu admiro você e espero ter um pouco dessa bondade tão sua e do papai um dia, porque, nesse sentido, vocês dois são muito parecidos.

Sua Anne

QUARTA-FEIRA, 22 DE MARÇO DE 1944.

Querida Kitty,

Isto é o que recebi da Margot ontem à noite:

Querida Anne,

Depois de sua carta de ontem, tenho a desagradável sensação de que sua consciência a incomoda sempre que você vai estudar ou conversar com o Peter. Não há realmente nenhuma razão para isso. Em meu coração, sei que há alguém que mereça a minha confiança (como eu mereço a dele), mas eu não toleraria ter o Peter ocupando o lugar dessa pessoa.

No entanto, como você escreveu, penso no Peter como uma espécie de irmão mais novo. É como se tivéssemos nos avaliado, como se estivéssemos buscando um contato afetuoso e fraterno, que talvez se estabeleça mais tarde ou talvez nunca, mas, certamente, estamos muito longe disso. Portanto, você não precisa sentir pena de mim. Agora que você encontrou companhia, aproveite-a o máximo que puder.

As coisas estão ficando cada vez mais maravilhosas aqui. Acho, Kitty, que teremos um grande e verdadeiro amor aqui no anexo secreto. Não que eu esteja pensando em me casar com Peter. Eu nem sei como ele vai ser quando crescer. Não sei se algum dia nos amaremos a ponto de querermos nos casar.

Agora, tenho certeza de que o Peter também me ama, só não sei de que forma. Se ele só quer uma boa companhia ou se eu o atraio como garota ou como uma irmã. Isso eu não sei ainda.

Quando ele disse que eu sempre o ajudo nas brigas entre os seus pais, fiquei muito feliz e isso já foi um passo para me fazer acreditar em sua amizade. Ontem, perguntei o que ele faria se uma dúzia de Annes sempre aparecesse para vê-lo. Sua resposta foi: "Se todas fossem como você, não seria tão ruim". Ele é muito gentil ao me receber e, realmente, acho que gosta de me ver. Enquanto isso, ele está muito empenhado em seus estudos de francês, chega a estudar na cama até as dez e quinze.

Ah, quando penso na noite de sábado, em nossas palavras, em nosso estado de espírito, pela primeira vez fico satisfeita comigo mesma. O que quero dizer é que eu ainda diria as mesmas coisas que disse e não mudaria uma palavra, como geralmente acontece. Ele é tão bonito sorrindo ou apenas sentado, calmamente olhando para o nada. É tão doce e bom. Acho que o que mais o surpreendeu a meu respeito foi descobrir que eu não sou a Anne superficial e fútil que pareço ser, mas apenas uma sonhadora com tantas dificuldades quanto ele.

Ontem à noite, depois de lavar a louça do jantar, esperei que ele me convidasse para ficar lá em cima. Mas nada aconteceu, e fui embora. Ele desceu para dizer a Dussel que era hora de ouvir rádio e ficou esperando para ir ao banheiro por um tempo, mas, quando viu que Dussel estava demorando muito, voltou para cima. Andou de um lado para o outro no quarto e foi para a cama cedo.

A noite inteira eu estava tão inquieta que fiquei indo ao banheiro jogar água fria no meu rosto. Li um pouco, sonhei mais um pouco, olhei para o relógio e esperei, esperei, esperei, o tempo todo ouvindo seus passos. Fui dormir cedo, exausta.

Hoje à noite eu tenho que tomar banho e amanhã? O amanhã está tão longe!

Sua Anne

Minha resposta:

Querida Margot,
Acho melhor esperarmos para ver o que acontece. Não vai demorar muito para o Peter e eu tomarmos uma decisão: se ficamos como antes ou se seremos diferentes. Eu não sei como isso vai ser e não tento enxergar para além do meu próprio nariz.

Mas uma coisa vou fazer com certeza: se o Peter e eu, de fato, nos tornarmos amigos, vou dizer a ele que você também gosta muito dele e que irá ajudá-lo se ele precisar. Você certamente não vai querer que faça isso, mas não me importo. Não sei o que o Peter pensa sobre você, mas vou perguntar a ele. Certamente não é nada ruim, pelo contrário! Sinta-se à vontade para se juntar a nós no sótão ou onde quer que estejamos. Você não vai nos incomodar porque temos um acordo tácito de conversar apenas à noite, quando está escuro.

Mantenha o ânimo! Estou fazendo o meu melhor, embora nem sempre seja fácil. Sua hora pode chegar mais cedo do que você imagina.

Sua Anne

QUINTA-FEIRA, 23 DE MARÇO DE 1944.

Querida Kitty,

Aos poucos, as coisas estão de volta ao normal por aqui. Felizmente, os homens que nos forneciam os cupons foram libertados da prisão!

A Miep voltou ontem. A Bep está melhor, embora ainda esteja com tosse. O sr. Kleiman ainda terá que ficar em casa por muito tempo.

Ontem um avião caiu aqui perto. A tripulação conseguiu saltar de paraquedas a tempo. A aeronave caiu sobre uma escola, mas não havia crianças naquele momento. Acabou resultando em um pequeno incêndio e algumas mortes. Enquanto os aviadores estavam descendo, os alemães dispararam impiedosamente contra eles. Os habitantes de Amsterdã que presenciaram explodiram de raiva com o ato tão covarde. Nós, refiro-me às senhoras, ficamos apavoradas. Eu odeio o som de tiros.

Agora sobre mim.

Eu estive com Peter ontem e, honestamente, não sei bem como, mas acabamos falando sobre sexo. Há muito tempo, eu havia decidido perguntar a ele algumas coisas. Ele sabe tudo. E quando eu disse que a Margot e eu não sabíamos muito sobre isso, Peter ficou surpreso. Contei-lhe várias coisas sobre a Margot, eu, a mamãe e o papai, e disse que, ultimamente, eu não ousava perguntar nada a eles. Ele se ofereceu para conversar e eu aceitei com gratidão. Ele descreveu como os anticoncepcionais funcionam, e eu, com muita ousadia, perguntei como os meninos sabiam que eram adultos. Ele disse que tinha que pensar sobre e que me falaria esta noite. Contei a ele o que havia acontecido com a Jacque e disse que as meninas são indefesas contra os meninos fortes. "Bem, você não precisa ter medo de mim", disse ele. Quando voltei naquela noite, ele me contou como é com os meninos. Foi um pouco embaraçoso, mas, ainda assim, muito bom poder conversar sobre isso. Nem ele nem eu jamais havíamos imaginado que poderíamos falar tão abertamente com uma garota ou com um garoto, respectivamente, sobre assuntos tão íntimos. Acho que agora sei tudo. Ele me contou muito sobre o que chamou de profiláticos. Naquela noite, no banheiro, a Margot e eu estávamos conversando sobre a Bram e a Trees, duas amigas dela.

Esta manhã, eu tive uma surpresa desagradável: depois do café da manhã, o Peter me chamou lá em cima. "O que você fez comigo foi uma sujeira", disse ele. "Eu ouvi o que você e a Margot estavam conversando no banheiro ontem à noite. Acho que você só queria descobrir o quanto eu sabia para dar boas gargalhadas!"

Eu fiquei atordoada! Fiz tudo o que pude para tirar essa ideia absurda da cabeça dele. Eu podia entender como ele deve ter se sentido, mas não era verdade!

"Ah, não, Peter", eu disse. "Eu jamais seria tão má. Disse que não iria passar adiante nada do que você me contasse e não vou. Armar uma coisa dessas só para depois, deliberadamente, ser tão má. Não, Peter, isso não é o tipo de coisa que eu faça. Não seria justo. Eu não disse nada, de verdade. Você não vai acreditar em mim?"

Ele me garantiu que acreditava, mas acho que vamos ter que conversar de novo a esse respeito um dia desses. Naquele dia, a única coisa que eu fiz foi me preocupar com o que aconteceu. Felizmente, ele veio e disse o que estava passando pela sua cabeça. Imagine se andasse por aí pensando que eu poderia ser tão má. Ele é tão doce!

Agora vou ter que contar tudo para ele!

Sua Anne

SEXTA-FEIRA, 24 DE MARÇO DE 1944.

Querida Kitty,

Ultimamente, eu costumo subir ao quarto do Peter depois do jantar para respirar o ar fresco da noite. Dá para começar as conversas significativas mais rapidamente no escuro do que com o sol fazendo cócegas no rosto. É aconchegante e confortável sentar ao lado dele em uma cadeira e ficar olhando para fora. Os van Daan e Dussel fazem os comentários mais bobos quando eu desapareço para ir lá. "A segunda casa de Anne", eles dizem, ou "será que é apropriado um cavalheiro receber garotas em seu quarto à noite, com as luzes apagadas?". O Peter tem uma presença de espírito incrível diante dessas piadas. A minha mãe, aliás, também está explodindo de curiosidade e simplesmente morrendo de vontade de perguntar sobre o que conversamos, só que, no fundo, ela tem medo que eu me recuse a responder. O Peter diz que os adultos estão com inveja porque somos jovens e que não devemos levar a sério seus comentários desagradáveis.

Às vezes, ele desce para me buscar, mas isso também é estranho, porque, apesar de todas as suas precauções, seu rosto fica vermelho vivo e ele mal consegue dizer uma palavra. Fico feliz porque não fico vermelha. Deve ser muito desagradável.

Além do mais, me incomoda que a Margot tenha que ficar sozinha no andar de baixo, enquanto estou no andar de cima aproveitando a companhia do Peter. Mas o que posso fazer? Eu não me importaria se ela viesse, mas ela se sentiria um peixe fora d'água, sentada lá como um caroço em um tronco. Eu tive que ouvir muitos comentários sobre a nossa repentina amizade. Nem sei dizer quantas vezes a conversa nas refeições foi sobre um casamento no anexo secreto caso a guerra dure mais cinco anos. Será que devemos prestar atenção nessa conversa fiada dos nossos pais? Dificilmente, já que é ridícula demais. Será que meus pais esqueceram que já foram jovens? Parece que sim. De qualquer forma, eles riem de nós quando estamos falando sério e ficam sérios quando estamos brincando.

Não sei o que vai acontecer ou se vamos ficar sem assunto para conversar. Mas, se continuar assim, podemos acabar ficando juntos sem falar. Se, ao menos, os pais dele parassem de agir de modo tão estranho. Provavelmente, eles não gostam de me ver com tanta frequência. Peter e eu nunca contamos a eles sobre o que conversamos. Imagine se soubessem que estávamos falando de coisas tão íntimas.

Eu gostaria de perguntar ao Peter se ele sabe como são as garotas, lá na parte de baixo. Eu não acho que os garotos são tão complicados quanto as garotas. Você pode ver facilmente como eles são nas fotografias ou nas pinturas de nus masculinos, mas com as mulheres é diferente. Os genitais, ou seja lá como são chamados, ficam escondidos entre as pernas. O Peter provavelmente nunca viu uma garota tão de perto. Para dizer a verdade, eu também não. Os garotos são muito mais fáceis. Como é que eu iria descrever as partes de uma garota? Pelo que diz, dá para ver que ele não sabe exatamente como tudo se encaixa. Ele estava falando sobre o colo do útero, mas isso está no interior, onde você não pode vê-lo. Tudo está muito bem arranjado em nós, mulheres. Até os onze ou doze anos, eu não percebi que havia outros lábios mais para dentro, já que não dá para vê-los. O mais engraçado é que pensei que a urina saísse pelo clitóris. Uma vez, perguntei à mamãe o que era aquela protuberância e ela disse que não sabia. Ela sabe se fazer de boba quando quer!

Mas voltando ao assunto. Como é que você pode explicar como as coisas se parecem sem nenhum modelo?

Devo tentar mesmo assim? Ok, aqui vai!

Quando se está de pé, tudo o que você vê de frente são os pelos. Entre as pernas, há duas coisas macias e almofadadas também cobertas de pelos, que se pressionam quando se está de pé, então não dá para ver o que tem dentro. Elas se separam quando você se senta, são muito vermelhas e bem carnudas por dentro. Na parte de cima, entre os lábios externos, há uma dobra de pele que, pensando bem, parece uma espécie de bolha. Esse é o clitóris. Em seguida, vêm os lábios internos, que também são pressionados em uma espécie de fenda. Quando eles se abrem, você pode ver um montículo carnudo, não maior que a ponta do meu polegar. A parte de cima tem alguns pequenos orifícios, que é por onde a urina sai. A parte de baixo parece ser apenas pele, mas é onde fica a vagina. Você mal consegue achar, porque as dobras da pele escondem a entrada. O buraco é tão pequeno que mal posso imaginar como algo de um homem pode entrar lá, muito menos como um bebê pode sair. Já é difícil tentar colocar o dedo indicador dentro. Isso é tudo o que existe e, no entanto, desempenha um papel tão importante!

Sua Anne

SÁBADO, 25 DE MARÇO DE 1944.

Querida Kitty,

Você nunca percebe o quanto mudou até que a mudança tenha acontecido. Eu mudei de forma drástica, tudo em mim está diferente: minhas opiniões, ideias, visão crítica. Internamente, externamente, nada é o mesmo. E, posso afirmar com segurança, já que é verdade, que mudei para melhor. Uma vez eu disse que, depois de anos sendo adorada, era difícil me ajustar à dura realidade dos adultos e das repreensões. Mas o papai e a mamãe são os grandes culpados por eu ter que suportar tantas coisas. Em casa, eles queriam que eu aproveitasse a vida, o que era ótimo, mas aqui eles não deveriam ter me encorajado a concordar com eles, deveriam apenas ter me mostrado o lado "deles" de todas as brigas e fofocas. Demorou muito para eu descobrir que o placar era cinquenta e cinquenta. Agora sei que muitos dos erros cometidos aqui foram tanto pelos jovens quanto pelos velhos. O maior erro do papai e da mamãe ao lidarem com os van Daan é que eles nunca são sinceros e amigáveis (ao que tudo indica, a amizade pode ter que ser fingida). Acima de tudo, eu quero manter a paz e não brigar nem fazer fofoca. Com o papai e a Margot isso não é difícil, mas, com a mamãe é. Por isso que fico feliz que ela me dê uns puxões de orelha ocasionais. Você consegue ganhar o sr. van Daan para o seu lado concordando com ele, ouvindo em silêncio, sem falar muito e, acima de tudo, respondendo às provocações e piadas de mau gosto dele com outra piada. A sra. van Daan pode ser conquistada falando abertamente com ela e reconhecendo quando você estiver errada. Ela também admite francamente suas falhas, que são muitas. Eu sei muito bem que ela não pensa tão mal de mim quanto pensava no começo. E isso é simplesmente porque sou honesta e digo diretamente às pessoas o que penso, mesmo quando não é muito lisonjeiro. Eu quero ser honesta. Acho que isso leva a gente mais longe e também faz você se sentir melhor consigo mesmo.

Ontem a sra. van Daan estava falando sobre o arroz que demos ao sr. Kleiman. "Tudo o que fazemos é dar, dar, dar. Mas chega uma hora em que eu acho que é o suficiente. Se ao menos ele se desse ao trabalho, poderia conseguir seu próprio arroz. Por que devemos dar todos os nossos suprimentos? Nós também precisamos muito deles".

"Não, sra. van Daan", eu respondi. "Eu não concordo com a senhora. O sr. Kleiman pode muito bem conseguir um pouco de arroz, mas ele não gosta de se preocupar com isso. Não cabe a nós criticarmos as pessoas que estão nos ajudando. Devemos dar a elas o que precisam, se pudermos. Um prato de arroz a menos por semana não vai fazer muita diferença. Podemos comer o feijão."

A sra. van Daan não via as coisas do meu jeito, mas acrescentou que, mesmo discordando, estava disposta a ceder, e que essa era uma situação completamente diferente.

Bem, já falei muito. Às vezes, eu sei qual é o meu lugar e, às vezes, tenho minhas dúvidas, mas vou acabar chegando aonde quero! Eu sei que vou! Especialmente agora que Peter me ajuda a passar pelos muitos momentos difíceis e dias chuvosos!

Sinceramente, não sei o quanto ele me ama e se algum dia chegaremos a nos beijar. De qualquer maneira, não quero forçar! Eu disse ao papai que costumo me encontrar com o Peter e perguntei se ele aprovava, e claro que ele aprovou!

Agora é muito mais fácil conversar com o Peter sobre as coisas que eu normalmente guardaria para mim. Por exemplo, disse a ele que quero ser escritora e, se eu não conseguir, quero escrever paralelamente ao meu trabalho.

Não tenho muito dinheiro ou posses terrenas, não sou linda, inteligente ou esperta, mas sou feliz e pretendo continuar assim! Eu nasci feliz, amo as pessoas, tenho uma natureza confiante e gostaria que todos fossem felizes também.

**Sua dedicada amiga,
Anne M. Frank**

*Um dia vazio, embora claro e brilhante,
É tão escuro quanto qualquer noite.*

Um dia vazio, embora claro e brilhante,
Apenas tão escuro quanto qualquer noite.

(Eu escrevi isso há algumas semanas, e não é mais verdade, mas incluí porque meus poemas são poucos e espaçados.)

SEGUNDA-FEIRA, 27 DE MARÇO DE 1944.

Querida Kitty,
Um capítulo bem grande da nossa vida no esconderijo deveria ser ocupado pela política, mas, como não me interesso pessoalmente por esse assunto, eu o tenho ignorado. Hoje, porém, dedicarei uma carta inteira à política.

É óbvio que existem muitas opiniões diferentes sobre esse assunto e é lógico que, em tempos de guerra, fala-se muito mais sobre o tema, mas... é simplesmente estúpido que seja usado como pretexto para tantas brigas!

Que riam, xinguem, apostem, resmunguem, façam o que quiserem, desde que se respeitem. Mas que não discutam, pois as consequências não são nada agradáveis. Quem chega de fora nos traz muitas notícias que depois se revelam falsas. Nosso rádio, por outro lado, até agora nunca mentiu. O Jan, a Miep, o sr. Kleiman, a Bep e o sr. Kugler flutuam muito em seus humores políticos; o Jan menos que os outros.

Aqui, no anexo secreto, o clima político é sempre o mesmo. Em meio aos inúmeros debates sobre invasão, bombardeios aéreos, discursos etc., etc., também se ouvem inúmeras exclamações, como "impossível!" ou "pelo amor de Deus — se eles estão começando agora, quanto tempo isso vai durar?", "Está indo tudo maravilhosamente bem, aliás, mais do que bem!". Otimistas e pessimistas — para não falar dos realistas — manifestam suas opiniões com uma energia incansável e, como em tudo, todos têm certeza de que são os únicos que têm razão. Uma certa dama está irritada com a inabalável confiança que seu senhor consorte deposita nos ingleses, e um certo cavalheiro ataca sua dama por causa de suas provocações e comentários depreciativos sobre sua amada nação.

Eles jamais ficam entediados. Eu inventei algo e o efeito é incrível: é como cutucar alguém com um alfinete e vê-lo pular. É exatamente assim que meu instrumento funciona: comece na política, uma pergunta, uma palavra ou uma frase e, imediatamente, toda a família estará no meio disso!

Como se as notícias da *Wehrmacht News* alemã e da BBC inglesa não fossem suficientes, eles agora têm o *Luftlagemeldung*, boletim sobre a situação dos ataques aéreos. Magnífico, no discurso; mas também uma fonte de decepção. Os ingleses não param de falar sobre seus ataques aéreos, da mesma maneira que os alemães não param de mentir. Assim, o rádio é ligado desde o início da manhã e é ouvido o dia inteiro até nove, dez ou até mesmo onze da noite. Essa é a prova mais clara de que os adultos têm uma paciência infinita, mas também prova que seus cérebros não viraram mingau — salvo exceções, é claro, não quero ofender ninguém. Teríamos informação suficiente para o dia inteiro depois de um ou dois boletins no máximo. Mas não, esses gansos velhos... bem, eu já disse o que tinha que dizer! No *Arbeiler-Programm**, Rádio Orange, Frank Phillips ou Sua Majestade, a rainha Guilhermina, todos têm sua vez e encontram ouvintes atentos. E, quando não estão comendo ou dormindo, os adultos estão sentados ao redor do rádio falando sobre comer, dormir e política. Uau! É irritante e um trabalho e tanto não se tornar uma velha chata, tenho medo de me transformar em uma velha

---
* Programa para trabalhadores.

desagradável! Se bem que, com todos os velhos ao meu redor, talvez não seja uma má ideia!

Um exemplo brilhante disso foi durante um discurso feito pelo nosso querido Winston Churchill.

Nove horas, domingo à noite. O bule coberto pelo abafador está sobre a mesa e os convidados entram na sala. Dussel à esquerda do rádio; o sr. van Daan na frente com Peter ao lado. A mamãe ao lado do sr. van Daan e a madame atrás dele. O Pim à mesa, a Margot e eu ao seu lado. Eu vi que não descrevi muito claramente como estávamos sentados. Os homens fumam, os olhos do Peter se fecham em um esforço para escutar, a mamãe está vestida com seu roupão longo e escuro, a sra. van Daan está tremendo por causa dos aviões, que, sem se importar com o discurso, voam despreocupadamente na direção de Essen. O papai está tomando seu chá, e a Margot e eu estamos unidas de maneira fraternal pela Mouschi, que se esticou sobre os nossos joelhos para dormir. O cabelo da Margot está enrolado nos bobes, e a minha camisola é muito pequena, muito apertada e muito curta.

Tudo parece intimamente aconchegante e pacífico, e desta vez está mesmo. No entanto, eu aguardo com terror o fim do discurso. Eles também não veem a hora que termine para discuti-lo, ficam impacientes batendo os pés! Então começam a se provocar até que a discussão passe para a discórdia e para as brigas.

Sua Anne

TERÇA-FEIRA, 28 DE MARÇO DE 1944.

Minha querida Kitty,
Eu poderia escrever muito mais sobre política, mas tenho outras notícias para relatar hoje. Em primeiro lugar, a minha mãe realmente me proibiu de ir tanto lá em cima, pois, segundo ela, a sra. van Daan está com ciúmes. Em segundo lugar, o Peter convidou a Margot para subir também: não sei se foi por educação ou se ele realmente quer. Terceiro, perguntei ao papai se ele achava que eu deveria me importar com o ciúme da sra. van Daan e ele disse que não.

E agora? A mamãe está zangada, talvez com ciúmes também. O papai concede a Peter e a mim essas horas e acha bom que nos demos tão bem. A Margot também gosta do Peter, mas acha que três pessoas não podem conversar da mesma forma que duas.

A mamãe acha que o Peter está apaixonado por mim. Sinceramente, eu gostaria que ele estivesse. Então estaríamos na mesma situação e seria muito mais fácil nos conhecermos. Ela também diz que ele está olhando muito para mim. Bem, é verdade que piscamos um para o outro de vez em quando. E eu não posso evitar que ele olhe para minhas covinhas, posso? Estou em uma posição muito difícil. A mamãe está contra mim e eu contra ela. O papai fecha os olhos para a briga silenciosa entre nós duas. A mamãe está triste porque me ama, mas eu não estou nada triste porque ela não me entende. E o Peter... Eu não quero abrir mão dele. Ele é tão querido e eu o admiro tanto. Pode surgir algo lindo entre nós, então por que esses "velhinhos" insistem em meter o nariz nisso? Ainda bem que estou acostumada a esconder meus sentimentos; dessa forma, eu consigo não mostrar como sou louca por ele. Será que um dia ele vai dizer alguma coisa? Será que algum dia vou sentir o rosto dele encostado no meu, do jeito que senti o rosto de Petel no meu sonho? Ah, Peter e Petel, vocês são um e o mesmo! Eles não nos entendem. Nunca entenderiam que nos contentamos apenas em sentarmos um ao lado do outro sem dizer uma palavra. Eles não compreendem o que nos aproxima tanto. Ah, quando vamos superar todas essas dificuldades? E, no entanto, é bom que tenhamos que superá-los, pois isso torna o final muito mais bonito. Quando ele deita a cabeça nos braços e fecha os olhos, ainda é uma criança. Quando brinca com a Mouschi, é carinhoso. Quando carrega as batatas ou outras coisas pesadas, é forte. Quando vai espiar um tiroteio ou anda pela casa escura à procura de ladrões, é corajoso. E quando é desajeitado e desastrado, é um querido. Eu gosto muito mais quando ele me explica algo do que quando eu ensino algo a ele. Eu gostaria que ele fosse superior a mim em quase todos os sentidos! O que importa as nossas mães? Ah, se, ao menos, ele dissesse alguma coisa.

O papai sempre diz que sou convencida, mas eu não sou, só sou vaidosa! Eu não conheci muitas pessoas que me disseram que eu era bonita, a não ser uma garota na escola que disse que eu ficava muito bonita quando sorria. Ontem, o Peter me fez um verdadeiro elogio e, só por diversão, vou te dar uma ideia da nossa conversa.

O Peter costuma dizer: "Dá um sorriso!". Eu achava estranho, daí ontem perguntei para ele: "Por que você sempre quer que eu sorria?".

"Porque você tem covinhas nas bochechas. Como você faz isso?"

"Eu nasci com elas. Eu também tenho uma no queixo. É minha única marca de beleza."

"Não, isso não é verdade!"

"É sim. Eu sei que não sou bonita. Nunca fui e nunca vou ser!"

"Eu não concordo. Eu acho você bonita."

"Eu não sou."

"Eu digo que você é e tem que acreditar na minha palavra."

Então, é claro, eu disse o mesmo sobre ele.

Sua Anne

QUARTA-FEIRA, 29 DE MARÇO DE 1944.

Querida Kitty,

Ontem à noite, o ministro Bolkestein, falou para o *Oranjezender** que, depois da guerra, seria feita uma coletânea de diários e cartas que falem sobre a guerra. Claro, todos olharam imediatamente para o meu diário. Imagine como seria interessante se eu publicasse um romance sobre o anexo secreto. O título por si só faria as pessoas pensarem que é um romance policial.

Mas, agora, falando sério. Cerca de dez anos depois da guerra, seria engraçado se nós, judeus, contássemos como foi nossa vida aqui, o que comíamos e sobre o que falávamos. Embora eu lhe conte muito sobre nós, você ainda sabe muito pouco sobre nossas vidas. Como as senhoras ficam assustadas durante os ataques aéreos. Por exemplo, no domingo, quando 350 aviões britânicos lançaram 550 toneladas de bombas em Ijmuiden, as casas tremeram como uma folha de grama ao vento. E quantas epidemias estão se propagando aqui! Você não sabe nada sobre todas essas coisas e eu teria que escrever o dia todo se quisesse contar tudo de uma só vez. As pessoas fazem filas para comprar verduras e todo tipo de coisa. Os médicos não conseguem chegar até seus pacientes, pois seus carros e bicicletas são roubados a todo momento. Roubos e furtos são tão numerosos que você começa a se perguntar o que aconteceu com os holandeses para, de repente, passarem a agir como ladrões. Crianças pequenas, de oito e onze anos, quebram as janelas das casas e roubam tudo o que podem carregar. As pessoas não se atrevem a sair de casa nem por cinco minutos, pois, quando saem, as suas coisas também saem. Todos os dias, há anúncios nos jornais com recompensas pela devolução de máquinas de escrever roubadas, tapetes persas, relógios elétricos, tecidos, etc., etc. Os relógios de rua elétricos são desmontados, os telefones públicos são depenados até o último fio. O moral da população não pode estar bom. Todos estão com fome. Exceto pelo café substituto, a ração de uma semana não dura dois dias. A invasão está demorando, os homens têm que ir para a Alemanha, as crianças estão doentes ou desnutridas, todo mundo está vestindo roupas velhas e sapatos gastos. Uma sola nova custa 7,50 florins no mercado negro. Além disso, poucos sapateiros estão fazendo consertos e, quando fazem, é preciso esperar quatro meses pelos sapatos, que, muitas vezes, desaparecem nesse meio-tempo.

Há uma coisa boa nisso tudo: à medida que a comida fica pior e as retaliações contra o povo se tornam mais severas, mais aumentam os atos de sabotagem contra as autoridades. O serviço de distribuição de alimentos, a polícia, os funcionários públicos — ou estão ajudando seus concidadãos ou os estão denunciando e mandando para a prisão. Felizmente, apenas uma pequena porcentagem dos holandeses está do lado errado.

Sua Anne

SEXTA-FEIRA, 31 DE MARÇO DE 1944.

Querida Kitty,

Ainda está bastante frio, mas a maioria das pessoas está sem carvão há quase um mês. Legal, não é? Um certo otimismo voltou em relação à frente russa, que está se saindo muito bem! Eu não escrevo muito sobre política, mas tenho que dizer onde estão agora. Chegaram à fronteira polonesa e ao rio Prut, na Romênia. Estão perto de Odessa. Todas as noites espera-se um comunicado extra de Stálin.

Em Moscou, eles fazem tantas salvas de tiros para celebrar, que a cidade treme todos os dias. Não sei se eles gostam de fingir que a luta está perto ou se apenas não têm outra forma de expressar sua alegria!

A Hungria foi ocupada por tropas alemãs. Ainda há um milhão de judeus vivendo lá. Eles também serão mortos.

Aqui nada de especial está acontecendo. Hoje é aniversário do sr. van Daan. Ele ganhou dois maços de tabaco, uma porção de café, que sua mulher conseguiu economizar, ponche de limão do sr. Kugler, sardinhas da Miep, água-de-colônia da gente, lilases, tulipas e, por último, mas não menos importante, um bolo com recheio de framboesa, ligeiramente pegajoso por causa da má qualidade da farinha e da falta de manteiga, mesmo assim, delicioso.

Toda aquela conversa sobre o Peter e eu acalmou um pouco. Ele vem me buscar esta noite. Muito legal da parte dele, não acha, já que ele odeia fazer isso! Somos muito amigos. Passamos muito tempo juntos e conversamos sobre todos os assuntos imagináveis. É tão bom não ter que me segurar quando chegamos a um assunto delicado, do jeito que eu faria com outros garotos. Por exemplo, estávamos falando sobre sangue e, de alguma forma, acabamos conversando sobre menstruação etc. Ele acha que nós, mulheres, somos muito fortes.

Minha vida aqui melhorou muito. Deus não me deixou sozinha e nunca vai me deixar sozinha.

Sua Anne M. Frank

---

* Noticiário holandês transmitido de Londres.

SÁBADO, 1º DE ABRIL DE 1944.

Querida Kitty,
Ainda tudo é tão difícil. Você sabe o que quero dizer, não é? Eu quero tanto um beijo e está demorando tanto. Ele ainda me considera uma amiga? Será que eu significo algo a mais?

Você e eu sabemos que sou forte, que posso suportar a maioria dos fardos sozinha. Não me acostumei a compartilhar minhas preocupações com ninguém e nunca recorri a uma mãe, mas adoraria deitar minha cabeça no ombro do Peter e ficar ali apenas em silêncio.

Eu não consigo, simplesmente não consigo esquecer aquele sonho do rosto do Peter. Foi tão bom! Ele não sente o mesmo desejo? Ele é muito tímido para dizer que me ama? Por que ele me quer perto dele com tanta frequência? Ah, por que ele não diz alguma coisa?

É melhor eu parar, ficar calma. Vou continuar forte e, com um pouco de paciência, o resto virá. Mas — e esta é a pior parte — parece que sou eu que vivo atrás dele. Sou sempre eu que subo; não é ele que vem me buscar. Mas isso é por causa da disposição dos quartos, e o Peter sabe.

Ah, tenho certeza de que ele entende mais do que eu imagino.

Sua Anne

SEGUNDA-FEIRA, 3 DE ABRIL DE 1944.

Querida Kitty,
Mesmo sendo completamente contra o meu hábito, vou dar uma descrição detalhada sobre a comida, porque se tornou um fator muito importante e difícil, não só aqui no anexo secreto, mas em toda a Holanda, em toda a Europa e além.

Nos 21 meses que vivemos aqui, passamos por muitos "ciclos alimentares" — você já vai entender o que isso significa. Por "ciclo alimentar" quero dizer um período em que não se come nada além de um determinado prato ou tipo de vegetal. Durante um bom tempo, não comemos nada além de endívias*. Endívia assim, endívia assada, endívia com purê de batatas, caçarola de endívia e purê de batatas. Depois foi espinafre, seguido de couve-rábano, cercefi**, pepino, tomate, chucrute, e assim por diante.

Não é muito divertido comer chucrute todos os dias no almoço e no jantar; mas, quando se está com fome, você acaba aceitando um monte de coisas. Agora, no entanto, estamos passando pelo período mais delicioso até o presente momento, porque não conseguimos mais obter vegetais. Nosso menu de almoço semanal é composto por feijão marrom, sopa de ervilha, batata com bolinhos, caçarola de batata e, pela graça de Deus, nabo ou cenouras podres, e depois voltamos ao feijão marrom. Por falta de pão, comemos batatas em todas as refeições, começando pelo café da manhã. Fazemos sopas com feijão preto, de feijão branco, de batata. Usamos pacotes de sopa de legumes, pacotes de canja de galinha e pacotes de sopa de feijão. Tem feijão marrom em tudo, inclusive no pão. À noite, comemos sempre batatas com um molho artificial e — felizmente ainda temos — salada de beterraba. Eu ainda preciso falar sobre os bolinhos. Nós os fazemos com farinha fornecida pelo governo, água e fermento. Eles ficam tão grudentos e borrachudos que parece que você tem pedras no estômago, mas tudo bem!

O ponto alto da nossa semana é uma fatia de linguiça de fígado e a geleia no pão seco.

---
* Hortaliça belga pertencente à família da chicória.
** Raiz muito parecida com aipim.

Mas ainda estamos vivos e, na maior parte do tempo, até gostamos da nossa escassa refeição!

Sua Anne

QUARTA-FEIRA, 5 DE ABRIL DE 1944.

Querida Kitty,
Há muito tempo, nem sei mais por que fico estudando. O fim da guerra ainda parece tão distante e tão irreal, como um conto de fadas. Se a guerra não terminar em setembro, não volto mais à escola, pois não quero ficar dois anos atrasada.

Peter preenchia meus dias, nada além de Peter, sonhos e pensamentos até a noite de sábado, quando me senti completamente arrasada. Ah, foi horrível. Eu segurei minhas lágrimas todo o tempo que estive com ele, ri com os van Daan enquanto bebíamos ponche de limão, fiquei alegre e animada, mas, no minuto em que fiquei sozinha, eu sabia que ia chorar até me acabar. Então, de camisola, deslizei para o chão e comecei a fazer minhas orações, com muito fervor. Depois encostei os joelhos no peito, deitei a cabeça nos braços e chorei, encolhida, ali no chão nu. Um soluço alto me trouxe de volta à terra e eu segurei minhas lágrimas, pois eu não queria que ninguém do cômodo ao lado me ouvisse. Então tentei me recompor, repetindo várias vezes: "Eu preciso, eu preciso, eu preciso...". Com o corpo enrijecido por ter sentado em uma posição desconfortável, eu me encostei na lateral da cama e continuei minha luta contra as lágrimas até pouco antes das dez e meia, quando voltei para a cama. Tinha acabado!

Agora já passou tudo. Tenho que trabalhar para não ficar burra, para seguir com a vida, para me tornar uma jornalista, porque é isso que eu quero! Eu sei que posso escrever. Algumas das minhas histórias são boas, minhas descrições do anexo secreto são bem-humoradas, muito do meu diário é intenso e vívido, mas... resta saber se eu realmente tenho talento.

O sonho de Eva é o meu melhor conto de fadas e o estranho é que não sei de onde veio. Grande parte do *A Vida de Cady* também é boa, mas não há nada de especial. Eu sou minha melhor e mais severa crítica. Eu mesma sei o que está e o que não está bem escrito. Só quem escreve sabe como é bom escrever. Eu costumava lamentar o fato de não saber desenhar, mas agora estou muito feliz por, pelo menos, poder escrever. E, se não tenho talento para escrever para jornais ou livros, ainda posso escrever para mim mesma. Eu quero alcançar mais. Não consigo imaginar ter que viver como a mamãe, a sra. van Daan e todas as mulheres que fazem seu trabalho e, depois, são esquecidas. Eu preciso ter algo além de marido e filhos a que me dedicar! Não quero ter vivido em vão como a maioria das pessoas. Quero ser útil ou trazer prazer a todas as pessoas, mesmo àquelas que nunca conheci. Eu quero viver mesmo depois da minha morte! E é por isso que sou tão grata a Deus por ter me dado a oportunidade de nascer e de escrever, para expressar tudo o que há em mim!

Quando escrevo, eu me livro de tudo, a minha tristeza desaparece, minha coragem renasce! Mas serei capaz de escrever algo grande? Algum dia me tornarei uma jornalista ou uma escritora?

Espero que sim, ah, porque escrever me permite registrar tudo, todos os meus pensamentos, ideais e fantasias.

Faz tempo que não trabalho em *A Vida de Cady*. Na minha cabeça, eu já sei exatamente o que acontece a seguir, mas o desenvolvimento não está bom. Talvez eu nunca a termine e ela acabe no lixo ou no fogão. É um pensamento horrível, mas depois penso comigo: "Com quatorze anos e tão pouca experiência, você ainda não pode escrever sobre filosofia".

Assim, sigo em frente, com o ânimo renovado. Vai dar tudo certo, porque estou determinada a escrever!

Sua Anne

QUINTA-FEIRA, 6 DE ABRIL DE 1944.

Minha querida Kitty,

Você perguntou quais são meus *hobbies* e interesses e eu gostaria de responder, mas é melhor avisar, tenho muitos, então não se surpreenda.

Em primeiro lugar: escrever, mas isso não conta como um *hobby*.

Número dois: árvores genealógicas. Eu fico procurando em todos os jornais, livros e documentos que possso encontrar as árvores genealógicas das famílias reais francesa, alemã, espanhola, inglesa, austríaca, russa, norueguesa e holandesa. Fiz grandes progressos com muitos deles, porque, há muito tempo, faço anotações enquanto leio biografias ou livros de história. Eu chego a copiar passagens da história.

Meu terceiro *hobby* é história, e o papai já comprou vários livros para mim. Mal posso esperar pelo dia em que vou poder buscar tudo na biblioteca pública.

O quarto é a mitologia grega e romana. Eu também tenho vários livros sobre esse assunto.

Meus outros *hobbies* são estrelas de cinema e fotografias de família. Sou apaixonada por leitura e livros. Gosto muito de história da arte, especialmente escritores, poetas e pintores; músicos mais tarde, talvez. Tenho aversão à álgebra, geometria e aritmética. Eu gosto de todas as outras matérias da escola, mas história acima de tudo!

Sua Anne

TERÇA-FEIRA, 11 DE ABRIL DE 1944.

Querida Kitty,

Minha cabeça está latejando e, realmente, não sei por onde começar. Sexta-feira à tarde (Sexta-feira Santa) jogamos *Monopoly*; sábado à tarde também. Esses dias passaram de forma muito rápida e simples. Por volta das duas horas de sábado, começaram os disparos pesados, segundo os homens, de metralhadora. De resto, tudo tranquilo.

Domingo à tarde, o Peter veio me ver às quatro e meia, a meu convite. Às cinco e quinze, fomos para o sótão, onde ficamos até as seis. Das seis às sete e quinze, foi transmitido um belo concerto de Mozart pelo rádio. Gostei especialmente de Kleine Nachtmusik. Mal consigo ouvir a música na cozinha, pois uma bela música mexe profundamente comigo. Domingo à noite, o Peter e eu fomos juntos para o sótão e, para nos sentarmos mais confortavelmente, pegamos algumas almofadas de divã. Nós nos sentamos em um caixote. Como tanto o caixote quanto a almofada eram muito estreitos, estávamos sentados bem próximos, encostados em dois outros caixotes; a Mouschi nos servia de dama de companhia, então não ficamos desacompanhados. De repente, às oito e quinze, o sr. van Daan assobiou e perguntou se estávamos com um dos travesseiros do sr. Dussel. Nós demos um pulo e descemos com as almofadas, a gata e o sr. van Daan. Esta almofada nos deu muita dor de cabeça. Dussel ficou zangado porque eu peguei a que ele usa como travesseiro, e ele temia que pudesse estar coberta de pulgas. Ele deixou a casa inteira em tumulto por causa dessa única almofada. Como vingança, o Peter e eu enfiamos duas escovas duras na cama dele. Demos umas boas risadas nesse pequeno *intermezzo*.

Mas nossa diversão não duraria muito. Às nove e meia, o Peter bateu suavemente na porta e pediu ao papai se ele poderia subir para ajudá-lo com uma frase difícil em inglês.

"Tem algo aí", eu disse para a Margot. "É óbvio que é um pretexto". Eu tinha razão. Estavam forçando a porta do armazém. O papai, o sr. van Daan e o Peter desceram em um piscar de olhos. A Margot, a mamãe, a sra. van Daan e eu ficamos esperando. Quatro mulheres com medo precisam falar, então foi o que fizemos até ouvirmos um estrondo no andar de baixo. Depois ficou tudo em silêncio. O relógio bateu quinze para as dez. A cor havia desaparecido dos nossos rostos, mas mantivemos a calma, mesmo com medo. Onde estavam os homens? O que foi aquele estrondo? Eles estavam lutando com os ladrões?

Dez horas, passos na escada. O papai, pálido e nervoso, entrou, seguido pelo sr. van Daan. "Apaguem as luzes, subam na ponta dos pés, a polícia está para chegar aqui!" Não havia tempo para ter medo. As luzes foram apagadas, rapidamente peguei uma jaqueta e subimos.

"O que aconteceu? Contem logo!"

Não havia ninguém para contar coisa alguma; os homens tinham voltado para baixo. Os quatro só voltaram às dez e dez. Dois ficaram de vigia na janela do Peter, que estava aberta. A porta do patamar estava trancada, a estante fechada. Colocamos um suéter sobre nossa luz noturna, e então eles nos contaram o que havia acontecido: o Peter estava no patamar quando ouviu dois estrondos altos. Ele desceu e viu que faltava um grande painel na metade esquerda da porta do armazém. Ele correu para o andar de cima, alertou os homens e os quatro desceram. Quando entraram no armazém, os ladrões estavam em plena ação. Sem pensar, o sr. van Daan gritou "Polícia!". Apressadamente, os assaltantes fugiram. Para evitar que a polícia percebesse o buraco, a tábua foi colocada na frente dele, mas então um chute rápido do lado de fora a fez voar novamente para o chão. Os homens ficaram perplexos com a brutalidade dos ladrões. Tanto o Peter quanto o sr. van Daan estavam com uma raiva assassina tomando conta deles. O sr. van Daan deu uma forte pancada no assoalho com um machado, e tudo ficou quieto novamente. Mais uma vez, o painel foi recolocado, e outra vez a tentativa foi frustrada. Do lado de fora, um homem e uma mulher apontaram uma lanterna pela abertura, iluminando todo o armazém. "Diabos...", praguejou um dos homens, mas agora os papéis estavam invertidos. Em vez de policiais, agora eles eram os ladrões. Todos os quatro correram para o andar de cima. Dussel e o sr. van Daan pegaram os livros de Dussel, Peter abriu as portas e janelas da cozinha e do escritório particular, jogou o telefone no chão, e os quatro finalmente passaram pela estante.

FIM DA PRIMEIRA PARTE

Sem dúvida alguma, o casal com a lanterna havia alertado a polícia. Era noite de domingo, domingo de Páscoa. O dia seguinte seria segunda-feira de Páscoa, o escritório estaria fechado, o que significava que não poderíamos nos mexer até terça de manhã. Imagine ter que ficar com esse medo todo por duas noites e um dia! Nós não pensávamos em nada, simplesmente ficamos ali sentados naquela escuridão — em seu medo, a madame já tinha desligado a lâmpada. Nós sussurrávamos, e toda vez que ouvíamos um rangido, alguém dizia: "Shh, shh".

Eram dez e meia, depois onze. Nem um som. O papai e o sr. van Daan se revezavam subindo as escadas até nós. Então, às onze e quinze, outro barulho lá embaixo. Podíamos ouvir a respiração de toda a família, mas não nos mexemos. Quanto ao resto, ninguém movia um músculo. Passos na casa, no escritório particular, na cozinha, então... na escada. Todos os sons de respiração pararam, oito corações batiam. Passos na escada, depois um barulho na estante. Este momento é indescritível.

"Agora estamos perdidos", eu disse, e vi todos nós sendo arrastados pela Gestapo naquela mesma noite.

Mais barulho na estante, duas vezes. Então ouvimos uma lata cair, e os passos retrocederam. Estávamos fora de perigo, por enquanto! Um arrepio percorreu o corpo de todos, ouvi vários dentes batendo e ninguém disse uma palavra. Ficamos assim até as onze e meia.

Não havia mais sons na casa, mas uma luz brilhava em nosso patamar, bem em frente à estante. Seria porque os policiais acharam o armário suspeito ou porque simplesmente haviam esquecido a luz acesa? Alguém iria voltar e desligá-la? A tensão foi diminuindo.

Não havia mais ninguém dentro do prédio, mas talvez alguém estivesse montando guarda do lado de fora. Fizemos, então, três coisas: levantamos hipóteses, tremíamos de medo e fomos ao banheiro. Como os penicos estavam no sótão, tudo o que tínhamos era a lata de lixo do Peter. O sr. van Daan foi primeiro, depois o papai, mas a mamãe ficou muito envergonhada. O papai levou a lata de lixo para a sala ao lado, onde a Margot, a sra. van Daan e eu, agradecidas, fizemos uso dela. A mamãe finalmente se convenceu. Havia uma grande demanda por algum papel e, felizmente, eu tinha um pouco no bolso.

A lixeira fedia, tudo acontecia em meio a sussurros. Estávamos exaustos. Era meia-noite.

"Deitem-se no chão e durmam!" A Margot e eu recebemos, cada uma, um travesseiro e um cobertor. Ela se deitou perto do armário de comida e eu arrumei minha cama entre as pernas da mesa. No chão, o cheiro não era tão ruim, mas a sra. van Daan, além disso, gentilmente, foi pegar um pouco de alvejante em pó e colocou um pano de prato sobre a lata como precaução.

Conversas, sussurros, medo, mau cheiro, peidos e pessoas indo continuamente à lata; tente dormir com isso! Mas, por volta das duas e meia, eu estava tão cansada que apaguei e não ouvi nada até as três e meia. Acordei quando a sra. van Daan deitou a cabeça nos meus pés. "Pelo amor de Deus, me deem alguma coisa para vestir!", eu pedi. Deram-me algumas roupas, mas não pergunte o quê: uma calça de lã por cima do pijama, um suéter vermelho e uma saia preta, meias brancas e meias rasgadas até o joelho.

A sra. van Daan voltou a sentar-se na poltrona e o sr. van Daan deitou-se com a cabeça nos meus pés. Das três e meia em diante, eu fiquei pensativa e ainda tremia tanto que o sr. van Daan não conseguia dormir. Eu me preparei para o retorno da polícia. Diríamos a eles que estávamos escondidos; se fossem boas pessoas, estaríamos a salvo, e se fossem do NSB*, teríamos que suborná-los!

....
* Movimento Nacional-Socialista Holandês.

"Devemos destruir o rádio!", suspirou a sra. van Daan.
"Claro, no fogão", respondeu o sr. van Daan. "Se eles nos encontrarem, tanto faz que encontrem o rádio também!"
"Eles também podem acabar encontrando o diário da Anne", acrescentou o papai.
"Então queimem o diário", sugeriu o mais apavorado do grupo.

Este e o momento em que a polícia sacudiu a estante foram os que mais me assustaram. Meu diário não; se meu diário for, eu vou também! Felizmente, o papai nada disse.

Não adianta repetir todas as conversas que ainda me lembro; de tanto que foi dito. Eu consolei a sra. van Daan, que estava muito assustada. Nós conversamos sobre fugir, sermos interrogados pela Gestapo, telefonar e sermos corajosos.

"Agora devemos nos comportar como soldados, sra. van Daan. Se vamos morrer, bem, então, que seja pela rainha e pela pátria, pela liberdade, verdade e justiça, como sempre dizem na Rádio Orange. A única coisa realmente ruim é que arrastaremos os outros conosco para o desastre!"

Depois de uma hora, o sr. van Daan novamente trocou de lugar com a esposa, e o papai veio se sentar ao meu lado. Os homens fumavam sem parar; de vez em quando, um suspiro profundo; depois um xixi; e depois tudo recomeçava.

Quatro horas, cinco horas, cinco e meia. Fui me sentar com o Peter perto da janela e ficar ouvindo. Estávamos tão perto que podíamos sentir os corpos um do outro tremendo; falávamos uma ou duas palavras de vez em quando e ouvíamos atentamente. Ao lado, eles retiraram a tela de blecaute. Às sete, eles queriam ligar para o sr. Kleiman e pedir que ele mandasse alguém aqui. Daí escreveram tudo o que queriam dizer a ele pelo telefone. O risco de que o guarda na porta ou no armazém ouvisse o chamado era grande, mas o perigo de a polícia voltar era ainda maior.

Os pontos foram:

Roubo: a polícia esteve no prédio, chegaram até a estante, mas não passaram daí.
Surpreendidos, os ladrões forçaram a porta do armazém e fugiram pelo jardim.
Entrada principal trancada; Kugler deve ter saído pela outra porta.
As máquinas de escrever e a de somar estão seguras na caixa preta do escritório particular.
Tente avisar Jan e pegar a chave da Miep, então vá dar uma olhada no escritório; sob o pretexto de dar comida ao gato.

Tudo correu de acordo com o planejado. O sr. Kleiman foi chamado, as máquinas que estavam conosco lá em cima foram colocadas de volta no armário. Então, nos sentamos ao redor da mesa novamente e esperamos pelo Jan ou pela polícia.

O Peter tinha adormecido, e o sr. van Daan e eu estávamos deitados no chão quando ouvimos passos barulhentos no andar de baixo. Levantei-me devagarinho. "É o Jan!"
"Não, não, é a polícia!", outros disseram.

Houve uma batida na nossa porta. A Miep assobiou. Isso foi demais para a sra. van Daan, que, branca como um lençol, desabou na cadeira. Se a tensão tivesse durado mais um minuto, ela teria desmaiado.

Quando o Jan e a Miep entraram, se depararam com uma cena magnífica. Só a mesa já valeria uma fotografia: um exemplar de *Cinema & Theater*, manchado de geleia e remédio para diarreia, estava aberto na página de uma dançarina; dois potes de geleia, pedaços de pão, um espelho, um pente, fósforos, cinzas, cigarros, tabaco, cinzeiro, livros, uma cueca, uma lanterna, o pente da sra. van Daan, papel higiênico etc., etc. misturavam-se em uma combinação de cores.

É claro que o Jan e a Miep foram recebidos com aplausos e lágrimas. O Jan fechou o buraco com algumas tábuas e logo saiu novamente com a Miep para comunicar o arrombamento à polícia. A Miep também encontrou, debaixo da porta do armazém, um bilhete de Sleegers, o vigia noturno, que encontrou o buraco e avisou a polícia. Jan, portanto, teve que procurá-lo também.

Assim, tivemos meia hora para nos arrumar. Nunca vi tamanha mudança em meia hora. A Margot e eu arrumamos as camas no andar de baixo, fomos ao banheiro, escovamos os dentes, lavamos as mãos e penteamos o cabelo. Depois, arrumei um pouco o quarto e voltei para cima. Ali a mesa já estava limpa, pegamos água, fizemos café e chá, fervemos o leite e colocamos a mesa para a hora do café. O papai e o Peter esvaziaram nossos penicos improvisados e os lavaram com água quente e cloro.

Às onze horas, o Jan voltou e sentou conosco à mesa e, aos poucos, todos começaram a relaxar. Foi isto o que o Jan nos contou:

O sr. Sleegers estava dormindo, mas sua esposa disse que o marido havia descoberto o buraco na porta enquanto fazia sua ronda. Ele chamou um policial, e os dois revistaram o prédio. O sr. Sleegers, na qualidade de vigia noturno, patrulha a área todas as noites em sua bicicleta, acompanhado por seus dois cães. A sua esposa disse que ele viria na terça-feira e contaria o resto ao sr. Kugler. Ninguém na delegacia de polícia parecia saber nada sobre o arrombamento, mas disseram que viriam na primeira hora da manhã de terça-feira para dar uma olhada.

No caminho de volta, o Jan encontrou o nosso verdureiro e contou a ele sobre o arrombamento. "Eu sei", ele respondeu. "Ontem à noite, quando minha esposa e eu estávamos passando pelo seu prédio, vi um buraco na porta. Minha esposa queria entrar, mas eu olhei para dentro com uma lanterna, e foi aí que os ladrões fugiram. Por uma questão de segurança, não chamei a polícia. Achei que, no seu caso, seria melhor ficar quieto. Não sei de nada, mas imagino muitas coisas. O Jan agradeceu e foi embora. Certamente ele suspeita que estamos aqui porque sempre traz as batatas na hora do almoço. Um homem decente! Já era uma hora depois que o Jan saiu e que acabamos de lavar os pratos. Todos nós oito fomos dormir. Acordei às três e quinze e vi que o sr. Dussel havia desaparecido. Com cara de sono, entrei no banheiro e encontrei o Peter, que havia acabado de descer. Combinamos de nos encontrar no escritório. Lavei-me e desci.

"Depois de tudo isso, você ainda se atreve a entrar no sótão?", ele perguntou. Eu disse que sim, peguei meu travesseiro e fomos para o sótão. O tempo estava lindo e logo as sirenes começaram a soar; ficamos onde estávamos. O Peter colocou o braço em volta do meu ombro, eu coloquei o meu braço em volta do ombro dele e ficamos assim, abraçados, até que a Margot veio nos buscar para tomar café, às quatro horas.

Comemos pão, bebemos limonada e brincamos (finalmente conseguíamos), então tudo ficou bem de novo, tudo voltou ao normal. Naquela noite, agradeci ao Peter porque ele havia sido o mais corajoso de todos.

Nenhum de nós jamais esteve em perigo como naquela noite. Deus realmente nos protegeu muito. Basta pensar — a polícia em nosso esconderijo, a luz acesa e, ainda assim, passamos sem ser percebidos! Se a invasão vier e as bombas começarem a cair, será cada um por si, mas aqui temos pelos cristãos bons e inocentes que estão nos ajudando.

"Estamos salvos, continue nos salvando!" Isso é tudo o que podemos dizer.

Este incidente trouxe muitas mudanças. O sr. Dussel já não vai mais ficar no escritório do sr. Krugler, mas no banheiro. O Peter vai inspecionar a casa às oito e meia, e ele não tem mais permissão para deixar sua janela aberta à noite. Não podemos mais usar o banheiro depois das nove e meia da noite. Hoje à noite virá um carpinteiro para reforçar as portas do armazém. Agora há debates acontecendo no anexo secreto. O sr. Kugler nos censurou por nosso descuido. O Jan também disse que, em um caso como esse, jamais podemos descer.

Fomos enfaticamente lembrados do fato de que estamos escondidos, de que somos judeus acorrentados em um lugar, sem nenhum direito, mas com mil obrigações. Nós, judeus, não devemos expressar nossos sentimentos; devemos ser corajosos e fortes*, devemos suportar todos os transtornos sem reclamar, devemos fazer o que estiver ao nosso alcance e confiar em Deus. Um dia esta terrível guerra terminará. Chegará o tempo em que seremos pessoas novamente, e não apenas judeus!

Quem nos impôs isso? Quem fez de nós, judeus, uma exceção entre todas as nações? Quem nos fez sofrer assim até agora? Foi Deus quem nos fez como somos, mas também será Deus quem nos levantará. Se suportarmos todo esse sofrimento, e ainda restarem judeus, os judeus serão, em vez de condenados, exemplos. Quem sabe não seja ainda a nossa fé que irá, mais uma vez, ensinar ao mundo e aos povos sobre a bondade, e talvez seja essa a razão, a única razão, de precisarmos sofrer. Nós nunca poderemos ser apenas holandeses, apenas ingleses ou cidadãos de qualquer país, sempre seremos judeus, mas também queremos continuar assim.

Seja corajoso! Estejamos conscientes da nossa tarefa e não reclamemos. Haverá solução. Deus nunca abandonou nosso povo. Através de todas as eras, os judeus continuaram a viver. Através de todas as eras, os judeus tiveram que sofrer. Mas através de todas as eras eles também se tornaram fortes. Os fracos caem, mas os fortes permanecerão e nunca perecerão!

Naquela noite eu realmente soube que ia morrer. Eu estava esperando a polícia, estava preparada, preparada como os soldados no campo de batalha. Eu queria me sacrificar pela pátria, mas agora que estou a salvo novamente, meu primeiro desejo depois da guerra é me tornar uma cidadã holandesa. Amo os holandeses, amo o nosso país, amo a língua e quero trabalhar aqui. E mesmo que eu tenha que escrever para a própria rainha, não vou desistir até que meu objetivo seja alcançado!

Estou ficando cada vez mais independente dos meus pais. Mesmo sendo jovem como sou, encaro a vida com mais coragem e tenho um senso de justiça melhor e mais verdadeiro do que o da minha mãe. Eu sei o que quero, tenho um propósito, tenho uma opinião, uma fé e um amor. Deixem que eu seja eu mesma, então ficarei satisfeita. Eu sei que sou uma mulher, uma mulher com força interior e muita coragem!

Se Deus permitir que eu viva, vou realizar mais do que a mamãe jamais realizou, não vou permanecer insignificante, vou trabalhar pelo mundo e pela humanidade!

E agora eu sei que coragem e alegria são necessárias antes de tudo!

Sua Anne

....
* Essa é uma referência clara ao livro de Josué, em especial ao capítulo 1, versículo 9, que lê: "Não fui eu que ordenei a você? Seja forte e corajoso! Não se apavore nem desanime, pois o Senhor, o seu Deus, estará com você por onde você andar". Este livro marca um período de muitas lutas e adversidades para os judeus, momento em que precisavam ter coragem e força em meio à oposição. Esses termos voltam ao longo da narrativa quando ela fala sobre resistência em momentos difíceis (N.T.)

SEXTA-FEIRA, 14 DE ABRIL DE 1944.

Querida Kitty,

O clima aqui ainda está muito tenso. O Pim está quase em ponto de ebulição; a madame está deitada na cama com um resfriado, resmungando; o cavalheiro está ficando pálido sem seus cigarros; Dussel, que sacrificou muito de seus diversos confortos, está reclamando de tudo e de todos etc., etc. Além disso, é verdade que estamos sem sorte no momento. O vaso sanitário está vazando e a torneira está emperrada. Graças aos nossos muitos conhecidos, em breve poderemos consertá-los.

Às vezes, fico sentimental, eu sei, mas aqui também há espaço para sentimentalismo. Quando o Peter e eu nos sentamos em um caixote de madeira, no meio do lixo e da poeira, com nossos braços em volta dos ombros um do outro, e ele brincando com uma mecha do meu cabelo; quando os pássaros lá fora estão cantando, quando as árvores estão em botão, quando o sol nasce e o céu está tão azul — ah, é nessa hora que eu anseio por muitas coisas!

Aqui você não vê nada além de caras insatisfeitas e resmungonas, nada além de suspiros e queixas reprimidas. É como se, de repente, tudo tivesse ficado terrivelmente ruim. Na verdade, as coisas são tão ruins quanto você as faz. Aqui no anexo secreto, não há ninguém que dê um bom exemplo. Todos deveriam descobrir como podem dominar seu próprio humor!

"Se, ao menos, tivesse acabado!", é o que se ouve todos os dias.

Meus estudos, minha esperança, meu amor, minha coragem; tudo o que me mantém de pé e me faz bem.

Eu realmente acredito, Kit, que estou um pouco maluca hoje e não sei por quê. Tudo aqui está muito confuso, estou pulando de uma coisa para outra e, às vezes, duvido seriamente que alguém irá se interessar por essas bobagens. Eles provavelmente vão chamá-las de *As confissões de um patinho feio*. Meus diários certamente não serão de muita utilidade para o sr. Bolkestein ou o sr. Gerbrandy*.

Sua Anne

SÁBADO, 15 DE ABRIL DE 1944.

Querida Kitty,

É uma desgraça atrás da outra. Quando tudo isso vai acabar? Adivinha o que aconteceu agora? O Peter esqueceu de tirar a tranca da porta da frente. Como resultado, o sr. Kugler e os funcionários do armazém não conseguiram entrar. Ele passou pelo vizinho, forçou a janela da cozinha entrou por trás. O sr. Kugler ficou furioso.

O Peter está profundamente chateado. Em uma refeição, a mamãe disse que estava morrendo de pena do Peter, e ele quase começou a chorar. Somos todos igualmente culpados, já que costumamos perguntar todos os dias se ele destrancou a porta, e justamente hoje ninguém perguntou. Talvez eu possa confortá-lo mais tarde. Eu quero muito ajudá-lo!

Aqui estão os últimos boletins de notícias sobre a vida no anexo secreto nas últimas semanas:

Há uma semana, no sábado, Boche ficou doente de repente. Ele se sentou bem quieto e começou a babar. A Miep imediatamente o pegou no colo, enrolou-o em uma toalha, colocou-o em sua sacola de compras e o levou para a clínica de cães e

---
* Gerrit Bolkestein era ministro da Educação e Pieter Gerbrandy, o primeiro-ministro do governo holandês, ambos no exílio em Londres, durante o período da guerra.

gatos. O Boche teve algum tipo de problema intestinal, então o veterinário lhe deu remédio. O Peter deu o remédio a ele algumas vezes, mas Boche começou a dar umas sumidas. Aposto que ele estava cortejando sua amada. Mas agora ele está com o nariz inchado e mia sempre que alguém o pega — ele provavelmente estava tentando roubar comida e alguém bateu nele. A Mouschi perdeu a voz por alguns dias. Exatamente quando decidimos que tinha que ser levada ao veterinário também, ela começou a melhorar.

Nós agora deixamos a janela do sótão aberta todas as noites. O Peter e eu muitas vezes nos sentamos lá quando está anoitecendo.

Graças ao cimento de borracha e tinta a óleo, nosso sanitário pôde ser rapidamente reparado. A torneira quebrada foi substituída.

Felizmente, o sr. Kleiman está se sentindo melhor. Ele vai ver um especialista em breve. Só nos resta esperar que ele não precise de uma cirurgia.

Este mês recebemos oito talões de racionamento. Infelizmente, nas próximas duas semanas, o feijão será substituído por aveia ou sêmola. Nossa última iguaria são os picles. Se você estiver sem sorte, tudo que você ganha é um pote cheio de pepinos e molho de mostarda.

Legumes são difíceis de encontrar. Há apenas alface, alface e mais alface. Nossas refeições consistem inteiramente de batatas e imitação de molho de carne.

Os russos tomaram posse de mais da metade da Crimeia. Os britânicos não estão avançando além do Cassino. Têm ocorrido muitos ataques aéreos incrivelmente violentos. O Registro de Nascimentos, Óbitos e Casamentos em Haia foi bombardeado. Todos os holandeses receberão novos registros para os talões de racionamento.

Por hoje é isso.

Sua Anne

DOMINGO, 16 DE ABRIL DE 1944.
MANHÃ, POUCO ANTES DAS 11H.

Querida Kitty,

Lembre-se da data de ontem, porque foi um dia marcante para mim. Não é um dia importante para toda garota quando ela recebe seu primeiro beijo? Bem, então, para mim é também. A vez que o Bram me beijou na bochecha direita não conta, nem o beijo do sr. Woudstra na minha mão direita. Como eu de repente ganhei esse beijo? Vou te contar.

Ontem à noite, às oito, eu estava sentada com o Peter em seu divã e não demorou muito até ele colocar o braço pelo meu ombro. (Como era sábado, ele não estava de macacão.) "Dá para irmos mais para lá um pouco?", eu disse, "assim eu fico batendo minha cabeça no armário".

Ele se afastou bem para o canto. Coloquei meu braço sob o dele e nas costas dele, e ele colocou o braço em volta do meu ombro, de modo que quase fui engolida por ele. Já havíamos nos sentado assim em outras ocasiões, mas nunca tão perto como na noite passada. Ele me segurou firmemente contra ele, meu lado esquerdo contra seu peito; meu coração já tinha começado a bater mais rápido, mas havia mais por vir. Ele não estava satisfeito até que minha cabeça estivesse em seu ombro, com a dele em cima da minha. Sentei-me novamente depois de cerca de cinco minutos, mas, em pouco tempo, ele pegou minha cabeça em suas mãos e encostou-a junto à dele. Ah, foi tão maravilhoso. Eu mal conseguia falar. Um pouco desajeitado, ele acariciou meu rosto e meu braço, e brincou com meu cabelo. Na maior parte do tempo, as nossas cabeças estavam uma contra a outra.

Eu não consigo expressar, Kitty, o sentimento que me invadiu. Eu estava feliz demais para palavras, e acho que ele também.

Às oito e meia nos levantamos. O Peter calçou os tênis para não fazer muito barulho em sua ronda noturna pelo prédio, e eu estava de pé ao lado dele. Como, de repente, fiz o movimento certo, não sei, mas antes de descermos, ele me deu um beijo, por entre meus cabelos, entre a minha bochecha e a orelha. Corri escada abaixo sem olhar para trás e estou imensamente ansiosa por hoje.

Sua Anne

SEGUNDA-FEIRA, 17 DE ABRIL DE 1944.

Querida Kitty,

Você acha que o papai e a mamãe aprovariam que eu me sentasse em um divã e beijasse um menino — ele com 17 anos e meio, e eu uma menina de quase 15? Na verdade, eu não acredito que aprovassem, mas tenho que confiar em meu próprio julgamento quanto a essa questão. É tão tranquilo e seguro me deitar nos braços dele e ficar sonhando, é tão emocionante sentir o rosto dele encostado no meu, é tão maravilhoso saber que há alguém esperando por mim. Mas, de fato, existe um porém. Será que o Peter vai querer que as coisas fiquem como estão? Eu não esqueci a sua promessa, mas... ele é um rapaz!

Eu mesma sei que estou começando muito cedo. Ainda não tenho quinze anos e já sou tão independente — isso é um pouco difícil para outras pessoas entenderem. Tenho certeza de que a Margot nunca beijaria um garoto sem que já tivessem falado sobre noivado ou casamento. Nem o Peter nem eu temos esses planos. Tenho certeza de que a mamãe nunca tocou em um homem antes de conhecer o papai. O que as minhas amigas diriam se soubessem que eu estive nos braços do Peter com meu coração encostado no peito dele, minha cabeça em seu ombro e seu rosto encostado no meu?

Ah, Anne, que vergonhoso! Mas, sinceramente, não acho que seja vergonhoso. Estamos confinados aqui, isolados do mundo e, nos últimos tempos, ansiosos e com medo. Por que deveríamos ficar separados quando nos amamos? Por que deveríamos esperar até atingirmos a idade adequada? Por que deveríamos pedir permissão a alguém?

Assumi a responsabilidade de cuidar de mim mesma. Ele jamais desejaria me machucar ou me fazer infeliz. Por que não fazer o que meu coração me diz e sermos felizes? No entanto, Kitty, acredito que você pode sentir um pouco da minha dúvida. Acho que é minha honestidade rebelando-se contra o disfarce. Você acha que é meu dever contar ao papai o que estou fazendo? Você acha que nosso segredo deve ser compartilhado com terceiros? Grande parte da beleza seria perdida, mas isso acalmaria minha consciência? Vou falar com "ele" sobre isso.

Ah, sim, quero falar com ele sobre muito mais, já que não vejo sentido em apenas ficarmos abraçados. Compartilhar pensamentos exige muita confiança. Nós dois certamente ficaremos mais fortes por causa dessa confiança!

Sua Anne

P.S.: Acordamos às seis da manhã de ontem, porque toda a família ouviu novamente os sons de um arrombamento. A vítima desta vez deve ter sido um dos nossos vizinhos. Quando fomos verificar, às sete horas, nossas portas ainda estavam bem fechadas, graças a Deus!

TERÇA-FEIRA, 18 DE ABRIL DE 1944.

Querida Kitty,

Está tudo bem aqui. Ontem à noite o carpinteiro voltou a colocar algumas folhas de ferro sobre os painéis das portas. O papai acabou de dizer que espera operações em grande escala na Rússia, na Itália e no Ocidente antes de 20 de maio. Quanto mais a guerra dura, mais difícil é imaginar sairmos deste lugar. Ontem o Peter e eu finalmente tivemos a conversa que havia sido adiada por, pelo menos, dez dias. Expliquei a ele tudo a respeito de garotas, e não hesitei em falar sobre as coisas mais íntimas. A noite terminou com um beijo mútuo, perto da boca. É realmente uma sensação maravilhosa!

Talvez eu leve, um dia desses, o meu "caderno de citações favoritas" para aprofundarmos algumas coisas. Apenas ficarmos nos braços um do outro, dia após dia, não me satisfaz completamente e espero que ele pense como eu.

Depois do nosso rigoroso inverno, voltamos a ter uma bela primavera. Abril está realmente lindo, nem muito quente nem muito frio, com chuvas leves e ocasionais. A nossa castanheira está com folhas, e aqui e ali já dá para ver algumas florezinhas.

No sábado, a Bep nos mimou com quatro buquês de flores: três buquês de narcisos e um de jacintos, este último foi para mim.

Hora de estudar álgebra, Kitty. Tchau.

Sua Anne

QUARTA-FEIRA, 19 DE ABRIL DE 1944.

Minha querida,

(Esse é o título de um filme com Dorit Kreysler, Ida Wüst e Harald Paulsen!)

Haveria algo mais lindo no mundo do que olhar para a natureza através de uma janela aberta, ouvir os pássaros cantarem, sentir o sol no rosto e ter um rapaz doce em seus braços? É tão calmo e tranquilizador sentir seu braço em volta de mim, saber que ele está perto e, ainda assim, ficar em silêncio. Como isso pode ser ruim quando me faz muito bem? Ah, se nunca mais fôssemos incomodados, nem mesmo pela Mouschi!

Sua Anne

SEXTA-FEIRA, 21 DE ABRIL DE 1944.

Minha querida Kitty,

Ontem fiquei na cama com dor de garganta, mas, como não estou mais com febre, me levantei hoje. Minha dor de garganta praticamente desapareceu.

Hoje, Sua Alteza Real, a princesa Elizabeth de York, faz 18 anos. A BBC informou que ainda não será declarada a sua maioridade, embora este seja o costume com os filhos das casas reais. Ficamos pensando no príncipe com quem eles vão casar essa beldade, mas não conseguimos pensar em um candidato digno; talvez sua irmã, a princesa Margaret Rose, se case com o príncipe herdeiro Balduíno, da Bélgica!

Aqui surge um desastre depois de outro. Mal as portas externas foram reforçadas, van Maaren começa a aparecer de novo. É bem provável que tenha sido ele quem roubou a farinha de batata, e agora está tentando colocar a culpa na Bep. Não é de surpreender que o anexo secreto esteja, mais uma vez, inquieto. A Bep está fora de si, de tanta raiva. Talvez o sr. Kugler finalmente demita esse mau-caráter.

O avaliador de Beethovenstraat esteve aqui esta manhã. Ele ofereceu 400 florins pela nossa cômoda; em nossa opinião, as outras avaliações também são muito baixas.

Eu quero perguntar à revista *De Prins* se aceitam um dos meus contos de fadas, sob um pseudônimo, é claro. Mas, até o momento, todas as minhas histórias são muito longas, por isso acho que não tenho muita chance.

Até a próxima, querida.

Sua Anne

TERÇA-FEIRA, 25 DE ABRIL DE 1944.

Querida Kitty,

Dussel não fala com o sr. van Daan nos últimos dez dias. Tudo porque as novas medidas de segurança, desde o arrombamento, afetam suas conveniências. Uma delas foi que ele não tem mais permissão para descer à noite. O Peter e o sr. van Daan fazem a última ronda todas as noites às nove e meia, depois disso, ninguém pode descer. Não podemos mais dar descarga depois das oito da noite ou antes das oito da manhã. As janelas só podem ser abertas de manhã, quando as luzes se acendem no escritório do sr. Kugler e não podem mais ser mantidas abertas com um graveto à noite. Esta última medida é o motivo da birra de Dussel. Ele diz que o sr. van Daan lhe deu uma bronca, mas a culpa é dele mesmo. Ele diz que prefere viver sem comida do que sem ar, e que eles simplesmente precisam achar uma maneira de manter as janelas abertas. "Vou ter que falar com o sr. Kugler sobre isso", ele me disse.

Eu respondi que nunca discutimos assuntos desse tipo com o sr. Kugler, apenas dentro do grupo.

"Tudo sempre acontece pelas minhas costas. Vou ter que falar com seu pai sobre isso."

Ele também não pode mais ficar no escritório do sr. Kugler nas tardes de sábado e nos domingos, porque o gerente da Keg pode ouvi-lo se estiver no prédio ao lado. Mesmo assim, Dussel foi para lá. O sr. van Daan ficou furioso e o papai desceu para falar com Dussel, que deu uma desculpa esfarrapada, mas, dessa vez, nem o papai acreditou. Agora, papai mantém uma relação no mínimo necessária, pois Dussel o insultou. Nenhum de nós sabe o que ele disse, mas deve ter sido bem feio.

E pensar que esse miserável faz aniversário na próxima semana. Como alguém pode comemorar o aniversário de cara fechada, como pode aceitar presentes de pessoas com quem você nem fala?

O sr. Voskuijl está piorando rapidamente. Por mais de dez dias, ele teve febre de quase quarenta graus. O médico disse que não há esperanças; eles acham que o câncer se espalhou para os pulmões. Coitado, gostaríamos muito de fazer algo por ele, mas só Deus pode ajudá-lo agora!

Eu escrevi uma história divertida chamada *Blurry, the Explorer*, que agradou muito às três pessoas para quem a li.

Ainda estou com um resfriado forte e passei para a Margot, a mamãe e o papai.

Tomara que o Peter não pegue. Ele insistiu em um beijo e me chamou de El Dorado. Você não pode chamar uma pessoa assim, garoto bobo! Mas ele é fofo de qualquer jeito!

Sua Anne

QUINTA-FEIRA, 27 DE ABRIL DE 1944.

Querida Kitty,

Esta manhã a madame estava de mau humor. Não fez nada além de reclamar! Primeiro do resfriado, do fato de não ter pastilhas para tosse e de quão insuportável é ter que assoar o nariz o tempo todo. Em seguida, que o sol não estava brilhando, que a invasão não havia começado, que não podíamos olhar pelas janelas etc., etc. Tivemos que rir dela, e não devia estar tão ruim, porque logo ela começou a rir também.

A nossa receita de kugel de batata, modificada por falta de cebola, ficou assim:

Coloque as batatas descascadas em um moedor de alimentos e adicione um pouco de farinha seca cedida pelo governo e sal. Unte uma forma ou um prato refratário com parafina ou estearina e leve ao forno por duas horas e meia. Sirva com compota de morangos podres. (Não há cebolas disponíveis. Nem óleo para untar ou para a massa!)

No momento, estou lendo *O Imperador Carlos V*, escrito por um professor da Universidade de Göttingen; ele trabalhou nesse livro durante 40 anos. Em cinco dias, eu li 50 páginas, mais do que isso é impossível. O livro tem 598 páginas, dá para calcular quanto tempo vou demorar para ler, ainda tem a segunda parte! Mas... muito interessante!

As coisas que uma estudante tem que fazer em um único dia! Pegue o meu exemplo. Primeiro, traduzi do holandês para o inglês uma passagem sobre a última batalha de Nelson. Depois, eu li mais sobre a Guerra do Norte (1700-21), que envolveu Pedro (o Grande), Carlos xii, Augusto (o Forte), Estanislau Leczinsky, Mazeppa, von Görz, Brandemburgo, a Pomerânia Ocidental, a Pomerânia Oriental e a Dinamarca, além das datas habituais.

Depois fui parar no Brasil, li sobre o tabaco baiano, o café abundante, o milhão e meio de habitantes do Rio de Janeiro, Pernambuco e São Paulo, sem falar no rio Amazonas. Depois, sobre negros, mulatos, mestiços, brancos, a taxa de analfabetismo — mais de 50% — e a malária. Como ainda me restava algum tempo, passei rapidamente por uma árvore genealógica: João (o Velho Saxão), William Louis, Ernest Casimir i, Henry Casimir i, até a pequena Margriet Franciska (nascida em 1943 em Ottawa).

Meio-dia: no sótão, continuei meu programa de história da Igreja... Ufa! Fui até uma hora!

Depois de duas horas, a pobre criança (pois é) estava de volta ao trabalho. Essa foi a vez dos macacos do Novo Mundo. Kitty, diga bem rápido, quantos dedos tem um hipopótamo? Em seguida, veio a Bíblia, a Arca de Noé, Sem, Cam e Jafé. Depois, Charles v. E junto com o Peter, o livro de Thackeray, *O coronel*, em inglês. Um teste de palavras em francês e depois uma comparação entre o Mississippi e o Missouri!

Suficiente por hoje. *Adieu*!

Sua Anne

SEXTA-FEIRA, 28 DE ABRIL DE 1944.

Querida Kitty,

Jamais esqueci meu sonho com Peter Schiff no começo de janeiro. Quando penso nisso, ainda sinto seu rosto encostado no meu e aquela sensação maravilhosa que torna tudo tão bom. Com o Peter aqui eu, às vezes, tenho a mesma sensação, mas nunca tão intensa... até ontem à noite. Estávamos sentados no divã, como sempre, abraçados. De repente, a Anne de todos os dias escapuliu, e a segunda Anne tomou seu lugar. A segunda Anne, que nunca é superconfiante ou divertida, mas quer apenas amar e ser gentil.

Sentei-me bem junto a ele e senti uma onda de emoção tomar conta de mim. Lágrimas correram dos meus olhos; as da esquerda caíram no macacão, enquanto as da direita escorreram pelo meu nariz e caíram perto das primeiras. Ele teria percebido? Ele não fez nenhum movimento para mostrar que havia percebido. Ele sentiria o mesmo que eu? Ele praticamente não disse nada. Saberia ele que tinha duas Annes à sua frente? São todas perguntas sem resposta. Às oito e meia, eu me levantei e fui até à janela, onde sempre nos despedimos. Eu ainda estava tremendo, eu ainda era a Anne número dois. Ele veio até mim, e eu joguei meus braços ao redor de seu pescoço e beijei sua bochecha. Eu estava prestes a beijar a outra bochecha quando minha boca encontrou a dele, e pressionamos nossos lábios. Atordoados, nos abraçamos, de novo e de novo, para nunca mais parar. Ah! O Peter precisa tanto de carinho. Pela primeira vez na vida, ele encontrou uma garota; pela primeira vez, ele viu que mesmo as mais irritantes também têm um outro lado e um coração e se transformam assim que ficam a sós com você. Pela primeira vez em sua vida, ele deu sua amizade e a si mesmo; ele nunca teve um amigo ou uma amiga antes. Agora, nós nos encontramos: eu também não o conhecia, nunca tive alguém em quem pudesse confiar; e as coisas chegaram aqui...

Mais uma vez, aquela pergunta que não me deixa em paz: "É certo?". É certo que eu tenha cedido tão depressa, que eu seja tão apaixonada, tão intensa e ansiosa quanto o próprio Peter? Posso eu, uma garota, me permitir ir tão longe? Há apenas uma resposta para isso: "Tenho desejado tanto... e por tanto tempo; sou tão sozinha e agora encontrei conforto!".

De manhã agimos normalmente, à tarde também, a não ser de vez em quando. Mas, à noite, o desejo reprimido de todo o dia, a felicidade e o êxtase de todos os tempos anteriores vêm à tona, e tudo o que podemos pensar é um no outro. Todas as noites, depois do nosso último beijo, eu tenho vontade de fugir e nunca mais olhar nos olhos dele. Para longe, para muito longe, na escuridão e sozinha!

E o que me espera quando desço os quatorze degraus? Em plena luz, perguntas aqui e risos ali. Eu tenho que fingir e não deixar transparecer nada.

Meu coração ainda está muito sensível, não consigo me recuperar tão rapidamente de uma emoção como o que senti na noite passada. A Anne gentil raramente aparece, e não se deixa expulsar tão facilmente. O Peter me tocou mais profundamente do que eu jamais havia sido tocada em minha vida, exceto em meu sonho! Ele me tomou e me virou do avesso. As pessoas não precisam de um certo tempo de silêncio para se recuperarem? Ah, Peter, o que você fez comigo? O que você quer de mim? Para onde isso vai?

Ah, agora eu entendo a Bep. Agora que estou passando por isso, entendo as dúvidas dela. Se eu fosse mais velha, e ele quisesse se casar comigo, qual seria minha resposta? Anne, seja honesta! Você não poderia se casar com ele, mas deixá-lo também seria difícil. O Peter ainda tem pouca personalidade, pouca força de vontade, pouca coragem e força. Ele ainda é uma criança; emocionalmente, ele não é mais velho do que eu; ele só quer encontrar paz e felicidade. Eu realmente tenho apenas quatorze anos? Eu realmente ainda sou uma estudante boba? Sou realmente tão inexperiente em tudo? Eu tenho mais experiência do que muita gente; eu experimentei algo que quase ninguém da minha idade conhece.

Estou com medo de mim mesma, com medo de que, no meu desejo, eu me entregue cedo. Como poderia dar certo com outros garotos mais tarde? Ah, é tão difícil, a eterna luta entre coração e mente. Cada um falará por si no seu tempo, mas posso ter certeza de que escolhi bem o tempo.

Sua Anne

TERÇA-FEIRA, 2 DE MAIO DE 1944.

Querida Kitty,

No sábado à noite, perguntei ao Peter se ele achava que eu deveria contar ao papai sobre nós. Depois de conversarmos um pouco, ele achava que sim. Eu fiquei feliz. Isso mostra um sentimento honesto da parte dele. Assim que desci, fui com o papai buscar água. Enquanto estávamos na escada, eu disse: "Papai, tenho certeza de que você percebeu que, quando o Peter e eu estamos juntos, não ficamos a um metro de distância. Você se importa?".

O papai fez uma pausa antes de responder: "Não, não me importo, mas, Anne, neste espaço limitado, você tem que ter cuidado". Ele falou mais alguma coisa nesse sentido, e então subimos.

Domingo de manhã, ele me chamou e disse: "Anne, pensei novamente no que você disse". (Eu comecei a ficar com medo!) "Na verdade, não é uma boa ideia aqui no anexo secreto. Achei que vocês fossem apenas amigos. O Peter está apaixonado?"

"Não importa", respondi.

"Sim, você sabe que eu te entendo. Mas você deve se conter; não suba mais com tanta frequência, não o chame mais do que o necessário. O homem é sempre o ativo nessas coisas, a mulher estabelece os limites. Lá fora, onde você é livre, as coisas são completamente diferentes. É uma coisa completamente diferente lá fora quando você está livre, vê outros meninos e meninas, pode sair, fazer esportes e tudo mais; mas aqui, se você fica muito tempo com alguém e depois quer se afastar, você não pode. Vocês se veem todas as horas do dia, se veem sempre, na verdade. Tenha cuidado, Anne, e não leve as coisas muito a sério!"

"Eu não levo, papai, mas o Peter é decente, é um rapaz doce."

"Sim, mas ele não tem uma personalidade forte. É fácil influenciá-lo para o lado bom, mas também é fácil influenciá-lo para o lado ruim. Eu espero que ele permaneça no lado bom, porque a natureza dele é boa." Concordamos que papai falaria com ele também.

Domingo à tarde, no sótão, o Peter perguntou: "Você já falou com seu pai, Anne?".

"Sim", respondi. "Vou contar como foi. Ele não se importa, mas disse que pode levar a conflitos aqui por estarmos juntos o tempo todo".

"Nós já concordamos em não brigar e pretendo manter minha promessa."

"Eu também, Peter. Mas o papai não nos via assim, ele pensou que éramos apenas amigos. Você acha que ainda podemos ser?"

"Eu posso, e você?"

"Eu também. Eu disse ao papai que confio em você. Eu confio em você, Peter, tanto quanto eu confio no papai. E eu acho que você merece, não é?"

"Espero que sim". (Ele ficou muito envergonhado e vermelho.)

"Eu acredito em você, Peter", continuei. "Acredito que você tem um bom caráter e que vai ter sucesso na vida."

Conversamos sobre outras coisas, depois disso. Mais tarde, eu disse: "Quando sairmos daqui, sei que você não vai mais se lembrar de mim".

Ele disparou: "Isso não é verdade, Anne. Não vou deixar você pensar isso de mim!".

Bem nessa hora, alguém me chamou.

O papai falou com ele, o Peter me disse hoje: "O seu pai pensou que nossa amizade poderia se transformar em amor", ele disse. "Mas eu respondi que vamos nos controlar."

O papai quer que eu pare de subir com tanta frequência à noite, mas eu não quero isso. Não só gosto de estar com o Peter, como disse que confio nele. E quero também provar isso a ele, mas nunca vou conseguir fazer isso se ficar lá embaixo por causa da desconfiança dos outros.

Não, eu vou!

Enquanto isso, o drama de Dussel chegou ao fim. Sábado à noite, no jantar, ele se desculpou em um belo holandês. O sr. van Daan imediatamente se reconciliou com ele. Dussel deve ter passado o dia todo praticando o que iria dizer.

O domingo, dia do aniversário dele, passou sem incidentes. Demos a ele uma garrafa de um bom vinho de 1919, os van Daan (que, afinal, poderiam dar a ele seu presente) o presentearam com um vidro de picles e um pacote de lâminas de barbear e o sr. Kugler lhe deu um pote de xarope de limão (para fazer limonada), a Miep deu o livro *Little Martin*, e a Bep, uma planta. Ele deu um ovo para cada um de nós.

Sua Anne

QUARTA-FEIRA, 3 DE MAIO DE 1944.

Querida Kitty,

Primeiro as notícias da semana! A política está de férias. Não há nada, absolutamente nada, para compartilhar. Aos poucos, estou começando a acreditar que a invasão está chegando. Eles não podem deixar os russos fazerem tudo sozinhos. Na verdade, os russos também não estão fazendo nada no momento.

O sr. Kleiman já está vindo ao escritório todas as manhãs agora. Ele arranjou um novo conjunto de molas para o divã do Peter; e ele próprio terá que restaurá-lo; não é de surpreender que ele não esteja de bom humor. O sr. Kleiman também trouxe um pouco de pó para as pulgas dos gatos. Já contei que o nosso Boche se foi? Desapareceu sem deixar vestígios desde quinta-feira passada. Ele provavelmente já está no paraíso dos gatos, enquanto algum amante dos animais o transformou em um prato saboroso. Talvez alguma garota receba um gorro feito de pele de Boche. O Peter está muito triste.

Desde sábado, temos almoçado às onze e meia; pela manhã, temos que nos contentar com uma xícara de mingau; assim poupamos uma refeição. Ainda é muito difícil conseguir verduras. Esta tarde tivemos alface podre cozida. Alface comum, espinafre e ensopado, é só o que tem. Acrescente a isso batatas podres; portanto, uma combinação deliciosa! Como você certamente pode imaginar, muitas vezes, é dito aqui, em desespero: "Para que serve essa guerra agora? Por que as pessoas não podem viver juntas, em paz? Por que tudo deve ser destruído?".

A pergunta é compreensível, mas até agora ninguém encontrou uma resposta. Por que eles estão construindo aviões maiores na Inglaterra, fabricando bombas mais pesadas e produzindo em série casas pré-fabricadas para reconstrução? Por que milhões são gastos todos os dias na guerra, enquanto nem um centavo está disponível para remédios, para os artistas, para os pobres? Por que as pessoas têm que passar fome quando em outras partes do mundo excedentes de comida estão apodrecendo? Ah, por que as pessoas são tão loucas?

Não acredito que a guerra seja culpa exclusiva dos grandes homens, dos governantes e capitalistas. Ah, não, o homenzinho comum gosta de fazer essas coisas também; caso contrário, nações teriam se rebelado contra isso há muito tempo! Afinal, há nas pessoas uma ânsia de destruir, de matar, de assassinar e de se enfurecer. E, enquanto toda a humanidade, sem exceção, não tiver passado por uma grande metamorfose, as guerras continuarão a ser travadas, e tudo o que foi cuidadosamente construído, plantado e cultivado será cortado e destruído, apenas para começar tudo de novo!

Muitas vezes, fiquei deprimida, mas nunca desesperada. Considero o fato de estarmos escondidos uma aventura perigosa, que é também romântica e interessante. E considero cada dificuldade um aspecto engraçado em meu diário. Decidi levar uma vida diferente da de outras garotas e, mais tarde, diferente da de outras donas de casa. Este é o belo começo de uma vida interessante, e essa é a razão para eu rir do lado humorístico dos momentos mais perigosos.

Eu sou jovem e tenho muitas qualidades aprisionadas dentro de mim. Sou jovem e forte e estou vivendo essa grande aventura; ainda estou no meio dela, e não posso passar o dia todo reclamando. Foi me dado muito: uma natureza feliz, muita alegria e força. Todos os dias eu sinto como meu eu interior está crescendo, como a libertação se aproxima, como a natureza é linda, como as pessoas ao meu redor são boas, como essa aventura é interessante! Com tudo isso, por que eu deveria me desesperar?

Sua Anne

SEXTA-FEIRA, 5 DE MAIO DE 1944.

Querida Kitty,

O papai está chateado comigo. Ele pensou que, depois da nossa conversa no domingo, eu não subiria mais todas as noites por vontade própria. Ele não quer esse "agarramento". Eu não suporto ouvir essa palavra. Já foi difícil o suficiente falar sobre isso; por que ele tem que fazer com que eu me sinta mal também! Vou conversar com ele hoje. A Margot me deu alguns bons conselhos.

Aqui está o que vou dizer a ele:

Papai, eu acredito que você espera uma explicação minha, então vou lhe dar uma. Você está desapontado comigo, esperava mais moderação da minha parte. Você, com certeza, quer que eu aja como uma garota de quatorze anos deve agir. Mas você está errado a esse respeito!

Desde que chegamos aqui, em julho de 1942 até algumas semanas atrás, realmente não tem sido fácil para mim. Se você soubesse o quanto eu costumava chorar à noite, quão infeliz eu era, quão solitária eu me sentia, você entenderia minha vontade de subir! Não cheguei, do dia para a noite, ao ponto em que posso viver completamente sem uma mãe e sem o apoio de qualquer outra pessoa. Custou-me muita luta e muitas lágrimas para me tornar independente como sou agora. Você pode rir e não querer acreditar em mim; eu não me importo. Eu sei que sou uma pessoa independente, e não sinto que preciso prestar contas dos meus atos a você. Só estou falando isso porque não quero que pense que estou fazendo coisas pelas suas costas. E, quanto às minhas ações, eu só tenho que prestar contas a mim mesma. Quando eu tive dificuldades, todos — e isso inclui você — fecharam os olhos e os ouvidos, e não me ajudaram. Pelo contrário, tudo o que recebi foram advertências para não ser tão barulhenta. Eu era barulhenta mesmo, só para não ficar triste o tempo todo. Eu era confiante demais para não ouvir, o tempo todo, aquela voz lá dentro de mim. Faço comédia há um ano e meio, dia após dia, sem reclamar, jamais deixei de representar meu papel, longe disso; e agora... agora acabou. Eu venci! Sou independente de corpo e mente. Não preciso mais de uma mãe; e me tornei, com toda essa luta, uma pessoa mais forte.

E agora que estou acima disso, agora que sei que lutei, agora quero continuar do meu jeito, do jeito que eu gosto. Você não pode e não deve me considerar uma menina de 14 anos. Eu envelheci por causa de todos esses problemas; não vou me arrepender das minhas ações, vou agir como acho que devo!

Persuasão gentil não vai me impedir de ir lá em cima. Ou você me proíbe de tudo ou confia em mim em todos os momentos. Faça o que quiser, apenas me deixe em paz!

Sua Anne

SÁBADO, 6 DE MAIO DE 1944.

Querida Kitty,

Ontem, antes do jantar, coloquei uma carta no bolso do papai, na qual escrevi o que lhe expliquei ontem. De acordo com a Margot, depois de lê-la, ele ficou chateado a noite toda. (Eu estava lá em cima lavando os pratos!) Pobre Pim, eu bem que sabia qual seria o efeito de tal carta. Ele é tão sensível! Imediatamente, eu pedi ao Peter para não perguntar nem dizer mais nada. O Pim não falou mais nada comigo sobre o assunto. Será que ele vai?

Tudo voltou ao normal aqui. O que eles nos dizem sobre os preços e as pessoas do lado de fora é difícil de acreditar; 250 g de chá custam 350 florins; 250 g de café, 80 florins; meio quilo de manteiga, 35 florins, um ovo, 1,45 florim. Paga-se 14 florins por nem 30 g de tabaco búlgaro! Todo mundo está negociando no mercado negro; todo menino de recados tem algo a oferecer. Nosso padeiro arranjou linha de costura, 90 centavos por um mísero retrós — o leiteiro consegue talões de racionamento, um agente funerário vende queijo. Acontecem roubos, assassinatos e arrombamentos todos os dias. A polícia e os vigias noturnos estão tomando parte nisso com o mesmo empenho que os criminosos profissionais. Todo mundo quer colocar alguma coisa no estômago e, como os aumentos salariais estão proibidos, as pessoas têm que trapacear. A divisão de menores da polícia está muito ocupada procurando localizar as muitas meninas de quinze, dezesseis, dezessete anos ou mais que são dadas como desaparecidas todos os dias.

Quero tentar terminar minha história sobre Ellen, a fada. Só de brincadeira, posso dá-la ao papai no aniversário dele, junto com todos os direitos autorais.

Até logo! (Na verdade, essa não é a expressão certa. No programa alemão transmitido da Inglaterra eles sempre fecham com "Auf wiederhoren". Então acho que devo dizer: "Até que nos escrevamos de novo".)

Sua Anne

MANHÃ DE DOMINGO, 7 DE MAIO DE 1944.

Querida Kitty,

O papai e eu tivemos uma longa conversa ontem à tarde. Eu chorei até não poder mais, e ele chorou também. Sabe o que ele me disse, Kitty?

"Eu já recebi muitas cartas em minha vida, mas essa foi a pior de todas. Você, Anne, que recebeu tanto amor dos seus pais, que tem pais que sempre estiveram prontos para ajudá-la, que sempre a defenderam, independentemente do que fosse. Você fala em não sentir nenhuma obrigação para com eles? Você se sente injustiçada e abandonada. Não, Anne, essa foi uma grande injustiça da sua parte para conosco! Talvez você não quisesse dizer isso, mas é assim que está escrito. Não, Anne, não fizemos nada para merecer uma reprovação como essa!"

Ah, como eu errei! Essa foi a pior coisa que já fiz em toda a minha vida. Eu não queria nada além de me gabar com meu choro e minhas lágrimas, nada além de me fazer parecer importante para que ele mostrasse respeito por mim. Com certeza, eu sofri muito, mas acusar o bom Pim dessa forma, aquele que fez tudo por mim, e ainda faz tudo por mim... não, isso foi mais do que mesquinho.

É muito bom que eu tenha sido derrubada do meu pedestal, que, finalmente, tenha sido colocada no meu lugar, que meu orgulho tenha sido quebrado, porque tenho estado muito cheia de mim mesma. Nem tudo o que a senhorita Anne faz é bom! Uma pessoa que, deliberadamente, causa tanto sofrimento a quem diz amar é baixa, muito baixa!

A maneira como o papai me perdoou me deixou muito envergonhada; ele vai jogar a carta no fogão e está sendo tão gentil comigo, como se ele é que tivesse feito algo errado. Não, Anne, você ainda tem muito a aprender. Comece primeiro com isso, em vez de menosprezar e acusar os outros!

Tive muitas tristezas, mas quem não as teve na minha idade? Já fiz também papel de palhaça por muito tempo, mas nem percebia. Eu me sentia só, mas quase nunca desesperada!

Eu deveria estar profundamente envergonhada e estou. O que foi feito não muda, mas é possível impedir que volte a acontecer. Eu quero começar tudo de novo, e isso não deve ser difícil, já que agora eu tenho o Peter. Com o apoio dele, eu consigo! Eu não estou mais sozinha. Ele me ama, eu o amo, tenho meus livros, meu livro de histórias e meu diário. Não sou muito feia, nem muito burra, tenho uma natureza alegre e quero desenvolver um caráter firme!

Sim, Anne, você sabia muito bem que sua carta era muito dura e falsa, mas, ainda assim, você estava orgulhosa dela! Vou tomar o papai como meu exemplo mais uma vez, e vou melhorar.

Sua Anne

SEGUNDA-FEIRA, 8 DE MAIO DE 1944.

Querida Kitty,

Eu já lhe falei sobre a nossa família? Acredito que não, então vou começar imediatamente. Meu pai tinha pais muito ricos: Michael Frank era dono de um banco e ficou milionário, e os pais de Alice Stern eram proeminentes e abastados. Michael Frank não começou rico; ele foi um homem que se fez sozinho. Em sua juventude, o papai levou a vida de filho de homem rico. Festas toda semana, bailes, banquetes, garotas bonitas, valsas, jantares, uma casa enorme etc. Depois que o vovô morreu, a maior parte do dinheiro se perdeu e, depois da Primeira Grande Guerra e da inflação, não sobrou nada. Até a guerra, ainda havia alguns parentes ricos. O papai teve uma educação refinada e ontem teve que rir porque, pela primeira vez, em seus 55 anos, ele se viu raspando o fundo da frigideira na mesa.

Os pais da mamãe também eram ricos e com frequência ouvíamos, de boca aberta, histórias de festas de noivado com 250 convidados, bailes privados e jantares.

Agora não podemos ser chamados de ricos, mas todas as minhas esperanças estão depositadas no pós-guerra. Posso garantir que não estou nada interessada numa vida burguesa como a da mãe e a da Margot. Eu gostaria de ir um ano para Paris e um ano para Londres para aprender a língua e estudar história da arte. Compare-me com a Margot, que quer ser parteira na Palestina. Eu fico imaginando vestidos lindos e pessoas interessantes. Como já lhe disse antes, quero ver e experimentar diferentes coisas no mundo. E um pouco de dinheiro não pode fazer mal!

Esta manhã, a Miep nos contou sobre um noivado ao qual ela foi. Tanto a noiva como o noivo são de famílias ricas, e tudo estava muito luxuoso. Os pais da prima são ricos, e os do noivo são ainda mais ricos. A Miep nos deixou com água na boca contando sobre o que foi servido: sopa de legumes com almôndegas, queijo, pãezinhos, aperitivos com ovos e rosbife, bolo confeitado, vinhos e cigarros, e tudo à vontade.

A Miep tomou dez drinques — e essa mulher se diz abstêmia? Se a Miep bebeu tudo isso, quanto não terá bebido o marido dela? Claro que todos estavam um tanto altos na festa. Estavam lá dois policiais do esquadrão de homicídios que tiraram fotos com os recém-casados. Dá para ver que a Miep não consegue nos tirar do seu pensamento, pois ela prontamente anotou seus nomes e endereços caso algo acontecesse e precisássemos de contatos com bons holandeses.

Ficamos com água na boca. Nós, que não tínhamos nada além de duas colheres cheias mingau no café da manhã e estávamos absolutamente famintos; nós, que, dia após dia, só comemos espinafres não muito cozidos (para não perder as vitaminas!) e batatas podres; nós, que enchemos nossos estômagos vazios com nada além de alface cozida, alface crua, espinafre, espinafre e mais espinafre. Talvez acabaremos tão fortes quanto o Popeye, embora até agora eu não tenha visto nenhum sinal disso!

Se a Miep nos levasse para a festa, não teria sobrado nenhum pãozinho para os outros convidados. Se estivéssemos lá, teríamos pegado tudo que estivesse à vista, inclusive os móveis. Agora falando sério, estávamos praticamente tirando as palavras da boca da Miep. Estávamos reunidos em torno dela como se nunca tivéssemos ouvido falar em "comida deliciosa ou gente elegante!".

E essas são agora as netas de um milionário.
As coisas estão ficando loucas no mundo!

Sua Anne

TERÇA-FEIRA, 9 DE MAIO DE 1944.

Querida Kitty,

Terminei minha história sobre Ellen, a fada. Fiz uma cópia dela em um belo papel de carta decorado com tinta vermelha e costurei as páginas. Ficou muito bonito, mas não é muito pouco para o aniversário do papai? Não sei. A Margot e a mamãe escreveram um poema de aniversário cada uma.

O sr. Kugler veio esta tarde com a notícia de que, a partir de segunda-feira, a sra. Broks, demonstradora dos nossos produtos, perguntou se poderia comer, no escritório mesmo, todos os dias, às duas horas, o lanche que traz de casa. Imaginem só! Ninguém mais vai poder subir, as batatas não vão poder ser entregues, a Bep não vai poder almoçar conosco, não poderemos ir ao banheiro, não poderemos nos mover, e assim por diante! Pensamos nas mais variadas formas para afastá-la. O sr. van Daan achou que um bom laxante no café dela poderia ser suficiente. "Não", respondeu o Sr. Kleiman, "por favor, não faça isso, ou nunca vamos tirá-la da lata!".

Risos estrondosos. "Da lata?", perguntou a madame, "o que isso significa?". Seguiu-se a explicação. "Posso sempre usar essa palavra?", ela perguntou tolamente. "Imagine", respondeu a Bep dando uma risadinha. "Se você pedisse uma lata na loja Bijenkorf, eles não entenderiam você!" Dussel agora senta-se na "lata", para usar a expressão, todos os dias às doze e meia em ponto.

Esta tarde eu, corajosamente, peguei um pedaço de papel cor-de-rosa e escrevi:

Horário do banheiro do sr. Dussel
Manhãs: das 7h15 às 7h30
Tardes: depois das 13h
Caso contrário, somente de acordo com a necessidade!

Eu prendi o papel na porta verde do banheiro, enquanto ele ainda estava lá dentro. Eu poderia muito bem ter acrescentado: "Os transgressores estarão sujeitos a confinamento!". Porque nosso banheiro pode ser trancado por dentro e por fora.

A última piada do Sr. van Daan:

Depois de uma aula bíblica sobre Adão e Eva, um menino de treze anos perguntou ao pai: "Papai, como foi que eu nasci?".

"Bem", respondeu o pai, "a cegonha arrancou você do oceano, colocou você na cama de mamãe e a mordeu na perna, com força. Ela sangrou tanto que teve que ficar na cama por uma semana".

Não totalmente satisfeito, o menino foi até sua mãe. "Mamãe", ele perguntou, "como você nasceu e como eu nasci?"

Sua mãe lhe contou a mesma história. Finalmente, na esperança de ouvir os detalhes, ele foi até seu avô. "Vovô", disse ele, "como você nasceu e como sua filha nasceu?" E, pela terceira vez, lhe contaram exatamente a mesma história.

Naquela noite, ele escreveu em seu diário: "Após uma investigação cuidadosa, devo concluir que não houve relações sexuais em nossa família nas últimas três gerações!".

Ainda tenho trabalho a fazer; já são três horas.

Sua Anne

P.S.: Como acho que já mencionei a nova faxineira, só quero registrar que ela é casada, tem 60 anos e é meio surda! Muito conveniente, tendo em vista todo o barulho que oito pessoas escondidas são capazes de fazer.

Ah, Kit, está um clima tão bom! Se eu pudesse ir lá fora!

QUARTA-FEIRA, 10 DE MAIO DE 1944.

Querida Kitty,

Ontem à tarde, estávamos estudando francês quando, de repente, senti um respingo de água atrás de mim. Perguntei ao Peter o que poderia ser, mas, sem responder, ele saiu correndo para o sótão, onde estava a fonte do desastre: a Mouschi. Porque a sua caixa de areia estava encharcada, ela havia se agachado ao lado dela, e o Peter empurrou-a de volta ao lugar certo. Seguiu-se a isso um espetáculo barulhento, e então a Mouschi, que a essa altura já havia terminado de fazer xixi, desceu correndo as escadas. Em busca de uma comodidade semelhante à da sua caixa de areia, a Mouschi encontrou um monte de serragem, que fica bem em cima de uma rachadura no chão. A poça imediatamente escorreu para o sótão e, infelizmente, caiu dentro e ao lado do barril de batatas. O teto estava pingando e, como o piso do sótão também tem rachaduras, várias gotas amarelas vazaram pelo teto e caíram entre uma pilha de meias e livros que estavam sobre a mesa.

Eu estava me dobrando de tanto rir, era uma visão tão engraçada. Lá estava: a Mouschi, encolhida debaixo de uma cadeira, o Peter com água, alvejante e esfregão; e o sr. van Daan tentando acalmar todo mundo. O desastre foi logo reparado, mas todos sabem muito bem que xixi de gato tem um cheiro terrível. Ontem as batatas provaram isso claramente, e também a serragem, que o papai recolheu em um balde e trouxe para queimar.

Pobre Mouschi! Como você poderia saber que já não há pó de turfa para ser obtido?

Sua Anne

QUINTA-FEIRA, 11 DE MAIO DE 1944.

Querida Kitty,
Um novo esquete para fazer você rir:
O Peter precisava cortar o cabelo e, como sempre, a mãe dele seria a cabeleireira. Às sete e vinte e cinco, o Peter desapareceu do seu quarto e reapareceu às sete e meia, vestindo apenas um calção de banho azul e um par de tênis.
"Você vem?", perguntou ele à sua mãe.
"Sim, subo em um minuto, mas não estou achando a tesoura!"
O Peter a ajudou a procurar, revirando a gaveta de cosméticos da mãe. "Não faça tanta bagunça, Peter", ela reclamou.
Não entendi direito a resposta do Peter, mas deve ter sido insolente, porque ela deu um beliscão no braço dele. Ele a beliscou de volta, ela deu-lhe um socou com toda a força, e o Peter encolheu o braço com um olhar de horror fingido no rosto. "O que é isso, coroa?"
A sra. van Daan ficou parada. O Peter a agarrou pelos pulsos e a puxou por toda a sala. Ela riu, chorou, repreendeu e chutou, mas não adiantou nada. O Peter levou sua prisioneira até a escada do sótão, onde foi obrigado a soltá-la. A sra. van Daan voltou para a sala e desabou em uma cadeira com um suspiro alto.
"O rapto da mãe", eu brinquei.
"Sim, mas ele me machucou."
Fui dar uma olhada e refresquei os pulsos quentes e vermelhos dela com água. O Peter, ainda estava na escada e ficando impaciente de novo, entrou na sala com o cinto na mão, como um domador de leões. A sra. van Daan não se mexeu, mas ficou perto da escrivaninha, procurando um lenço. "Primeiro, você tem que se desculpar."
"Tudo bem, eu peço desculpas, mas só porque, se eu não me desculpar, vamos ficar aqui até meia-noite."
A sra. van Daan teve que rir, mesmo a contragosto. Ela se levantou e foi em direção à porta, onde se sentiu obrigada a nos dar uma explicação. (Por nós quero dizer o papai, a mamãe e eu; estávamos ocupados lavando os pratos.) "Ele não era assim em casa", disse ela. "Eu teria lhe dado uma boa surra de cinto, que teria saído voando escada abaixo. Ele nunca foi tão insolente. Esta não é a primeira vez que ele merece uma boa surra. Isso é o que você ganha com uma educação moderna, crianças modernas. Eu nunca teria agarrado minha mãe assim. O senhor tratava sua mãe assim, sr. Frank?" Ela estava muito chateada, andando de um lado para o outro, dizendo tudo o que lhe vinha à cabeça, e ainda não havia subido. Finalmente, depois de muito tempo, ela saiu.
Menos de cinco minutos depois, ela desceu correndo as escadas, com as bochechas vermelhas e jogou o avental em uma cadeira. Quando lhe perguntei se havia terminado, ela respondeu que estava descendo. Ela desceu as escadas como um tornado, provavelmente direto para os braços de seu Putti.
Ela só voltou às oito, desta vez com o marido. O Peter foi arrastado do sótão, recebeu uma bronca impiedosa e uma chuva de insultos: pirralho mal-educado, vagabundo inútil, mau exemplo, Anne isso, Margot aquilo, eu não conseguia ouvir o resto. Tudo parece ter se acalmado, de novo, hoje!

Sua Anne

P.S.: Na terça e na quarta-feira à noite, nossa amada Rainha dirigiu-se ao país. Ela está de férias para recuperar a saúde e retornar à Holanda. Usou palavras como "em breve, quando eu estiver de volta à Holanda", "uma libertação rápida", "heroísmo" e "fardos pesados".
Em seguida, veio o discurso do primeiro-ministro Gerbrandy. Ele tem uma voz estridente como a de uma criancinha, o que fez a mamãe instintivamente dizer: "Oooh!". Um pastor, que deve ter pegado emprestada a voz do sr. Edel, concluiu pedindo a Deus que olhasse pelos judeus, por todos os que estão nos campos de concentração e nas prisões e por todos que trabalham na Alemanha.

QUINTA-FEIRA, 11 DE MAIO DE 1944.

Querida Kitty,
Como deixei a minha "caixa de tranqueiras" — incluindo minha caneta-tinteiro — lá em cima e não posso perturbar os adultos durante a hora da sesta (até as duas e meia), você terá que se contentar com uma carta escrita a lápis.
Estou terrivelmente ocupada no momento e, por mais maluco que pareça, não tenho tempo suficiente para terminar minha pilha de trabalho. Você quer que eu conte brevemente o que tenho para fazer? Pois bem, até amanhã, tenho que terminar de ler o primeiro volume da história de vida de Galileu Galilei, que deve ser devolvido à biblioteca. Comecei a ler ontem e cheguei à página 220 das 320, então conseguirei terminar. Na semana que vem, tenho que ler *Palestine at the Crossroads* e o segundo volume de *Galileu*. Além disso, ontem li a primeira parte da biografia do imperador Carlos V, e ainda tenho que elaborar com urgência as muitas notas e árvores genealógicas que extraí do livro.
Depois disso, tenho três páginas de palavras estrangeiras que tirei de vários livros, todas elas devem ser escritas, memorizadas e lidas em voz alta. Número quatro: minhas estrelas de cinema estão em uma terrível desordem e ansiando por serem arrumadas; no entanto, como isso levará vários dias, e a professora Anne está, como ela já disse, até os ouvidos de tanto trabalho, elas vão ter que aguentar o caos por mais algum tempo. Depois, Teseu, Édipo, Peleu, Orfeu, Jasão e Hércules estão esperando para serem colocados em ordem, já que seus vários feitos estão entrelaçados em minha mente como fios coloridos em um vestido. Míron e Fídias também precisam urgentemente de atenção, se não querem ficar completamente fora de sintonia. O mesmo se aplica, por exemplo, à Guerra dos Sete Anos e à Guerra dos Nove Anos. Agora estou misturando tudo. Bem, o que se pode fazer com uma memória dessas! Imagine como vou ficar esquecida quando tiver oitenta anos!
Ah, mais uma coisa: Bíblia. Quanto tempo vai demorar até eu chegar à história do banho de Susanna? E o que eles querem dizer com Sodoma e Gomorra? Ah, ainda há muito o que perguntar e aprender. E, nesse meio-tempo, acabei abandonando completamente de lado Carlota do Palatinado.
Kitty, não dá para ver que estou transbordando?
Agora sobre outra coisa: você sabe, há muito tempo, que meu maior desejo é ser uma jornalista e, mais tarde, uma escritora famosa. Resta esperar para ver se algum dia serei capaz de implementar essas tendências de grandeza (ou loucura!), mas até agora o que não me faltou foi assunto. Depois da guerra, eu gostaria de publicar um livro chamado *Het Achterhuis* [*O Anexo Secreto*]. Se vou conseguir, ainda não se sabe, mas meu diário servirá a esse propósito. Eu também preciso terminar *Cady's Life* [*A Vida de Cady*]. Já pensei no resto do enredo. Após ser curada no hospital, Cady volta para casa e continua escrevendo para Hans. É 1941, e ela não demora muito para descobrir que Hans é simpatizante do nazismo e, como Cady está profundamente preocupada com a situação dos judeus e de sua amiga Marianne, eles começam a se afastar. Eles se encontram e voltam a ficar juntos, mas terminam quando Hans aparece com outra garota. Cady está arrasada e, porque quer

ter um bom emprego, estuda enfermagem. Após a formatura, a pedido de amigos de seu pai, ela aceita um cargo como enfermeira em um hospital para tuberculosos na Suíça. Durante suas primeiras férias, ela vai para o lago Como, onde encontra Hans. Ele diz a ela que dois anos antes ele se casou com a sucessora de Cady, mas que sua esposa se suicidou em um ataque de depressão. Agora que ele viu sua pequena Cady novamente, percebe o quanto a ama e, mais uma vez, pede sua mão em casamento. Cady recusa, embora ela o ame como sempre. Mas seu orgulho a impede. Hans vai embora e, anos depois, Cady descobre que ele acabou indo para a Inglaterra, onde está lutando contra uma doença.

Aos vinte e sete anos, Cady se casa com um homem rico do interior, chamado Simon. Ela passa a amá-lo, mas não tanto quanto Hans. Tem duas filhas e um filho, Lilian, Judith e Nico. Ela e Simon são felizes juntos, mas Hans sempre está em um cantinho da sua mente até que uma noite ela sonha com ele e diz adeus.

Não é uma bobagem sentimental: baseia-se na história da vida do papai.

Sua Anne

SÁBADO, 13 DE MAIO DE 1944.

Querida Kitty,
Ontem foi o aniversário do papai. Ele e a mamãe estão casados há 19 anos. A faxineira não veio... e o sol estava brilhando como nunca tinha brilhado no ano de 1944. Nossa castanheira está florindo de alto a baixo. Está carregada de folhas e ainda mais bonita do que no ano passado.

O papai ganhou uma biografia de Linnaeus, do sr. Kleiman; um livro sobre a natureza, do sr. Kugler; *Amsterdam te water*, de Dussel, uma caixa enorme dos van Daan (embrulhada tão lindamente que parecia ter sido feita por um profissional), com três ovos, uma garrafa de cerveja, um vidro de iogurte e uma gravata verde. Nosso vidro de melaço pareceu um tanto insignificante. As rosas que eu dei tinham um perfume maravilhoso em comparação aos cravos vermelhos que a Miep e a Bep deram, que não tinham nenhum cheiro. Ele foi completamente mimado. Chegaram cinquenta *petites-fours* da Padaria Siemons, uma delícia! O papai ofereceu pão de gengibre, cerveja para os homens e iogurte para as mulheres, agradando a todos.

Sua Anne

TERÇA-FEIRA, 16 DE MAIO DE 1944.

Querida Kitty,
A propósito (já que não temos falado sobre isso há tanto tempo), vou relatar uma pequena discussão entre o sr. e a sra. van Daan na noite passada:

Sra. van Daan: "Os alemães devem ter fortificado extraordinariamente a Muralha do Atlântico e com certeza farão tudo ao seu alcance para conter os ingleses. A força dos alemães é impressionante!".

Sr. van Daan: "É, sim, impressionante".

Sra. van Daan: "É mesmo!".

Sr. van Daan: "Eles são tão fortes que devem acabar ganhando a guerra, é isso que você quer dizer?".

Sra. van Daan: "Isso é possível. Eu ainda não estou convencida do contrário".

Sr. van Daan: "Eu não vou mais responder".

Sra. van Daan: "Você sempre acaba respondendo. Você sempre se deixa levar".

Sr. van Daan: "Não, minhas respostas são muito curtas".

Sra. van Daan: "Mas você sempre responde e quer estar sempre certo! Suas previsões quase nunca se tornam realidade".

Sr. van Daan: "Até agora minhas previsões se tornaram realidade".

Sra. van Daan: "Isso não é verdade. A invasão começaria no ano passado; os finlandeses estariam fora da guerra; a campanha italiana terminaria no inverno passado; e os russos já teriam capturado Lemberg. Ah, não, eu não vou muito pelas suas previsões."

Sr. van Daan (levantando-se): "Por que você não fecha essa boca grande? Eu vou te mostrar mais uma vez quem está certo; algum dia você vai se cansar de me alfinetar. Eu não suporto nem mais um minuto os seus resmungos. Um dia eu vou fazer você engolir suas palavras!". (Fim do Primeiro Ato.)

Na verdade, eu não pude controlar o riso. A mãe também não, e até o Peter estava mordendo os lábios para não rir. Ah, esses adultos imbecis. Eles precisam aprender algumas coisas antes de começarem a falar mal da geração mais jovem!

Desde sexta-feira, voltamos a abrir as janelas à noite.

Sua Anne

OS INTERESSES DA NOSSA FAMÍLIA DO ANEXO

(Um levantamento sistemático dos cursos e leituras)

Sr. van Daan: nenhum curso; procura muitas coisas na Enciclopédia e no Dicionário Knaur; gosta de ler histórias policiais, livros de medicina e histórias de amor, emocionantes ou triviais.

Sra. van Daan: curso de inglês por correspondência; gosta de ler romances biográficos e, às vezes, outros tipos de romances.

Sr. Frank: está estudando inglês (Dickens!) e um pouco de latim; nunca lê romances, mas gosta de descrições sérias e bem austeras de pessoas e lugares.

Sra. Frank: curso de inglês por correspondência; lê tudo, exceto histórias policiais.

Sr. Dussel: está estudando inglês, espanhol e holandês sem resultados visíveis; lê tudo; vai de acordo com a opinião da maioria.

Peter van Daan: está estudando inglês, francês (curso por correspondência), taquigrafia em holandês, inglês e alemão, correspondência comercial em inglês, marcenaria, economia e, às vezes, matemática; raramente lê, às vezes, geografia.

Margot Frank: cursos por correspondência em inglês, francês e latim, taquigrafia em inglês, alemão e holandês, trigonometria, geometria sólida, mecânica, física, química, álgebra, geometria, literatura inglesa, literatura francesa, literatura alemã, literatura holandesa, contabilidade, geografia, história moderna, biologia, economia; lê tudo, de preferência religião e medicina.

Anne Frank: taquigrafia em francês, inglês, alemão e holandês, geometria, álgebra, história, geografia, história da arte, mitologia, biologia, história bíblica, literatura holandesa; gosta de ler biografias, maçantes ou emocionantes, e livros de história (às vezes romances e leituras leves).

SEXTA-FEIRA, 19 DE MAIO DE 1944.

Querida Kitty,
Ontem eu estava podre. Vômitos (e isso vindo da Anne!), dor de cabeça, dor de estômago e tudo mais de ruim que você possa imaginar. Hoje estou me sentindo melhor. Estou com muita fome, mas prefiro ficar longe do feijão que temos para hoje.
Peter e eu estamos bem. O pobre garoto tem uma necessidade ainda maior de carinho do que eu. Ele ainda fica vermelho todas as noites quando recebe seu beijo de boa noite, e depois implora por outro. Será que sou apenas uma substituta melhor para Boche? Eu não me importo. Ele fica feliz só de saber que alguém o ama.
Depois da minha difícil conquista, tenho mais controle da situação, mas não pense que meu amor esfriou. O Peter é um querido, mas eu fechei a porta do meu eu interior; se ele quiser forçar a fechadura novamente, terá que usar um pé de cabra mais duro!

Sua Anne

SÁBADO, 20 DE MAIO DE 1944.

Querida Kitty,
Ontem à noite, quando desci do sótão, notei que o lindo vaso de cravos havia caído assim que entrei no quarto. A mamãe estava de joelhos, enxugando a água, e a Margot estava pegando meus papéis do chão. "O que aconteceu?", eu perguntei ansiosa com um mau pressentimento e, antes que elas pudessem responder, eu avaliei os danos na sala. Todo o meu arquivo de genealogias, meus cadernos, meus livros, tudo estava ensopado. Quase chorei e fiquei tão nervosa que não consigo mais me lembrar das minhas palavras, mas a Margot disse que eu estava falando algo como "perdas incalculáveis, assustadoras, terríveis, irreparáveis" e muito mais. O papai caiu na gargalhada, a mamãe e a Margot também, mas eu só podia chorar porque todo o meu trabalho e anotações detalhadas estavam perdidos.
Em uma inspeção mais detalhada, felizmente, a "perda incalculável" não havia sido tão ruim quanto parecia.
Recolhi cuidadosamente os papéis colados e separei as folhas e depois as pendurei lado a lado no varal para secar no sótão. Foi uma cena tão engraçada, que até eu tive que rir. Maria de Médici ao lado de Carlos V, Guilherme de Orange com Maria Antonieta.
"É uma *Rassenschande* [Desgraça racial]", brincou o sr. van Daan.
Depois de entregar meus papéis aos cuidados do Peter, voltei para baixo.
"Quais livros se estragaram?", perguntei à Margot, que estava examinando cada um.
"O de álgebra", disse a Margot. Corri para o lado dela, mas infelizmente o meu livro de álgebra não tinha se estragado. Eu gostaria que tivesse caído bem dentro no vaso. Nunca detestei tanto um livro quanto esse. Na parte de dentro da capa, estão os nomes de pelo menos vinte garotas que o tiveram antes de mim. Ele está velho, amarelado, cheio de rabiscos e de correções. Da próxima vez que eu estiver de mau humor, vou rasgar o maldito em pedaços!

Sua Anne

SEGUNDA-FEIRA, 22 DE MAIO DE 1944.

Querida Kitty,
Em 20 de maio, o papai perdeu cinco potes de iogurte em uma aposta para a sra. van Daan: a invasão ainda não começou.

Posso dizer com segurança que toda Amsterdã, toda a Holanda, toda a costa ocidental da Europa até a Espanha, fala, dia e noite, sobre a invasão, debate, faz apostas e... espera.

A tensão está chegando ao máximo; nem todos os que achamos ser "bons" holandeses mantiveram sua fé nos ingleses, nem todos pensam que o blefe inglês é um impecável golpe de estratégia. Ah, não, as pessoas querem feitos — grandes feitos heroicos. Ninguém consegue ver além do próprio nariz, ninguém pensa que os ingleses estão lutando por seu próprio país e seu próprio povo; todos acham que é dever de a Inglaterra salvar a Holanda o mais rápido possível e da melhor forma possível. Que obrigações os ingleses têm para conosco? O que os holandeses fizeram para merecer a ajuda generosa que tão desesperadamente esperam? Ah, não, os holandeses estão muito enganados. Os ingleses, apesar de seu blefe, certamente não são mais culpados pela guerra do que todos os outros países, grandes e pequenos, que agora estão ocupados pelos alemães. Os ingleses não têm que nos pedir desculpas, pois, se devemos censurá-los por terem dormido durante os anos em que a Alemanha se rearmava, não podemos negar que todos os outros países, especialmente os que fazem fronteira com a Alemanha, também dormiram. Não chegaremos lá com uma política de avestruz, a Inglaterra e o resto do mundo estão vendo isso e vendo muito bem, e agora os Aliados, cada um deles, especialmente a Inglaterra, vão ter que fazer sacrifícios impressionantes.

Nenhum país sacrifica seus homens sem razão e, certamente, não pelo interesse de outro, e a Inglaterra não é exceção. A invasão, a libertação e a liberdade virão algum dia; no entanto, a Inglaterra e a América escolherão o momento, e não os territórios ocupados. Ouvimos com grande pesar e consternação que muitas pessoas mudaram sua atitude em relação a nós, judeus. Ouvimos dizer que o antissemitismo entrou em círculos onde jamais teriam pensado nisso. Isso nos afetou profundamente, muito profundamente. A razão do ódio aos judeus é compreensível, talvez até mesmo humana, mas não torna isso certo. Os cristãos acusam os judeus de revelarem segredos aos alemães, denunciarem as pessoas que os ajudaram e fazerem com que esses cristãos sofram o terrível destino e castigos que já foram infligidos a tantos judeus. Tudo isso é verdade. Mas, como em todas as coisas, eles deveriam olhar a questão de ambos os lados: os cristãos agiriam de forma diferente em nosso lugar? Pode um homem, independentemente de ser judeu ou cristão, calar-se diante da pressão alemã? Todo mundo sabe que isso é praticamente impossível, então por que eles exigem o impossível dos judeus? Murmura-se, em alguns círculos clandestinos, que os judeus alemães que imigraram para a Holanda antes da guerra e agora foram enviados para a Polônia não deveriam ter permissão para retornar para a Holanda. Eles já receberam o direito de asilo na Holanda, mas, depois que Hitler for embora, eles deveriam voltar para a Alemanha.

Quando se ouve isso, naturalmente começamos a nos perguntar por que essa longa e difícil guerra está sendo travada? Sempre nos dizem que estamos lutando pela liberdade, verdade e justiça! E, mesmo durante essa luta, dissensões já começam a surgir, e os judeus são novamente vistos como valendo menos do que outros. Ah, é triste, muito triste que, mais uma vez, a sabedoria antiga se confirme: "O que um cristão faz, ele responde sozinho, o que um judeu faz recai sobre todos os judeus".

Francamente, não consigo entender como os holandeses, uma nação de pessoas boas, honestas e corretas, podem nos julgar dessa forma; nós, o povo mais oprimido, infeliz e, talvez, lamentável do mundo inteiro.

Só espero que esse antissemitismo seja de natureza passageira, que os holandeses mostrem quem são e que nunca vacilem em seu senso de justiça. Porque o antissemitismo é injusto!

E, se essa coisa terrível realmente se tornar verdade, então o pobre remanescente de judeus deixará a Holanda. Nós também vamos seguir em frente, com nossa trouxa, para longe deste belo país, que tão calorosamente nos ofereceu abrigo e agora está nos dando as costas.

Eu amo a Holanda. Uma vez esperei que ela se tornasse uma pátria para mim, uma pessoa sem país. E ainda espero que seja assim!

Sua Anne

QUINTA-FEIRA, 25 DE MAIO DE 1944.

Querida Kitty,
A Bep está noiva! A notícia não é uma grande surpresa, embora nenhum de nós esteja particularmente satisfeito. Bertus pode ser um jovem legal, firme e atlético, mas a Bep não o ama e, para mim, isso é motivo suficiente para aconselhá-la a não se casar com ele.

A Bep está tentando melhorar de vida e Bertus a puxa para trás; ele é um operário, sem nenhum interesse ou desejo de se tornar alguém, e não acho que isso fará a Bep feliz. Posso entender que ela queira colocar um fim na sua indecisão; quatro semanas atrás, ela havia decidido romper, mas depois se sentiu ainda pior.

Ela, então, escreveu uma carta para ele e agora está noiva.
Há vários fatores envolvidos nesse noivado. Primeiro, o pai doente da Bep, que gosta muito de Bertus. Segundo, ela é a mais velha das meninas Voskuijl e sua mãe vive provocando-a por ser uma solteirona. Terceiro, ela acabou de completar 24 anos e isso pesa muito para a Bep.

A mamãe disse que teria sido melhor se a Bep simplesmente tivesse um caso com Bertus. Não sei, sinto pena dela e consigo entender a sua solidão. De qualquer forma, eles só podem se casar depois da guerra, já que Bertus está escondido ou, pelo menos, passou para a clandestinidade. Além disso, eles não têm um centavo em seu nome e nada que possa servir como um enxoval. Que perspectiva triste para a Bep, a quem desejamos o melhor. Só espero que Bertus melhore sob a influência dela ou que ela encontre outro homem, um que saiba apreciá-la!

Sua Anne

O MESMO DIA

Todos os dias acontece alguma coisa diferente. Hoje pela manhã, o nosso verdureiro foi preso. Ele estava escondendo dois judeus em sua casa. É um duro golpe para nós, não só porque aqueles pobres judeus estão, mais uma vez, à beira de um abismo, mas também porque é terrível para o próprio homem.

O mundo está de cabeça para baixo. As pessoas decentes são mandadas para campos de concentração, prisões e celas solitárias, enquanto a escória governa jovens e velhos, ricos e pobres. Um é preso por causa do mercado negro, outro por ajudar judeus ou outras pessoas em esconderijos. A menos que seja um nazista, você não sabe o que vai acontecer com você de um dia para o outro.

A prisão desse homem também é uma grande perda para nós. Bep não consegue uma quantidade tão grande de batatas até aqui, nem deveria, então, a única coisa que nos resta é comer menos. Vou lhe dizer como vamos fazer isso, mas certamente não vai tornar a vida aqui mais agradável. A mamãe diz que vamos pular o café da manhã, comer mingau e pão no almoço e batatas fritas no jantar e, se possível, legumes ou alface uma ou duas vezes por semana. É só o que tem. Isso significa que passaremos fome, mas nada é pior do que sermos presos.

Sua Anne

SEXTA-FEIRA, 26 DE MAIO DE 1944.

Minha querida Kitty,
Finalmente, estou pronta para sentar-me sossegada à minha mesa diante de uma fresta da janela e contar tudo para você.

Há meses que não me sentia tão infeliz como agora. Mesmo depois do arrombamento, não me sentia tão quebrada por dentro e por fora. Por um lado, são as notícias sobre o verdureiro, a questão judaica (que é discutida em detalhes por todos na casa), a demora da invasão, a comida horrível, a tensão, a atmosfera de desgraça, a minha decepção com Peter. Por outro lado, é o noivado da Bep, a festa do Pentecostes, as flores, o aniversário do sr. Kugler, bolos e histórias de cabarés, filmes e concertos. Essa diferença, essa enorme diferença, está sempre lá. Um dia estamos rindo do lado cômico da vida no esconderijo e, no seguinte (há muitos dias assim), estamos assustados, com o medo, a tensão e o desespero em nossos rostos.

A Miep e o sr. Kugler são os que experimentam os maiores problemas por nossa causa. A Miep em tudo o que faz por nós e o sr. Kugler, que tem a colossal responsabilidade por nós oito, a qual, por vezes, é tão esmagadora, que ele mal consegue falar dada a tensão e pressão reprimidas. O sr. Kleiman e Bep também cuidam bem de nós, mas conseguem tirar o anexo secreto da cabeça, mesmo que seja apenas por algumas horas, um dia ou mesmo dois. Eles têm suas próprias preocupações, o sr. Kleiman com sua saúde, e a Bep com seu noivado, que não é nenhum mar de rosas. Mas, além dessas preocupações, eles também saem, visitam amigos, levam a vida cotidiana de pessoas comuns. Para eles, a tensão, às vezes, é menor, mesmo que por um curto período de tempo; para nós, nunca diminui. Já estamos aqui há dois anos; por quanto tempo mais teremos que resistir a essa pressão quase insuportável e cada vez maior?

O esgoto está entupido de novo. Não podemos abrir as torneiras, apenas um fio de água; não podemos dar descarga no vaso sanitário, então temos que usar uma escova de privada; e estamos guardando a água suja em um grande jarro de água-de-colônia. Por hoje, conseguimos dar um jeito, mas o que faremos se o encanador não conseguir fazer o serviço sozinho? O departamento de água e esgoto só poderá vir na terça-feira.

A Miep nos mandou um pão de passas com a inscrição "Feliz Pentecostes". É quase como se ela estivesse zombando de nós, pois nosso humor e nosso medo definitivamente não estão "felizes".

Todos ficamos mais apavorados depois do caso do verdureiro. Você ouve "shhhs" de todos os lados e estamos fazendo tudo mais silenciosamente. A polícia forçou a porta lá; então nós também não estamos a salvo disso! Se algum dia nós formos... não, não devo escrever isso. Mas, hoje, não sai da minha cabeça; pelo contrário, todo o medo que eu já senti está diante de mim em todo o seu horror.

Eu tive que descer sozinha, às oito da noite, para ir o banheiro; não havia ninguém lá embaixo, porque todos estavam ouvindo o rádio. Eu queria ser corajosa, mas estava difícil. Ainda me sinto mais segura aqui do que sozinha naquela casa enorme e silenciosa; quando estou sozinha com aqueles ruídos misteriosos e abafados do andar de cima e o barulho de buzinas na rua, tenho que me apressar e me lembrar de onde estou para não começar a tremer.

A Miep vem sendo muito mais gentil conosco desde que conversou com o papai. Mas ainda não falei sobre isso. Certa tarde, a Miep apareceu toda constrangida e perguntou diretamente ao papai se achávamos que eles também se contaminaram com aquela corrente de antissemitismo. O papai ficou surpreso e rapidamente a convenceu a tirar aquela ideia da cabeça, mas algumas das suspeitas da Miep permaneceram. Eles, agora, estão fazendo mais coisas para nós e mostrando mais interesse em nossos problemas, embora certamente não devêssemos incomodá-los com eles. Ah, são pessoas tão boas, tão nobres!

Eu repetidamente me perguntei se não teria sido melhor se não tivéssemos nos escondido, se estivéssemos mortos agora e não tivéssemos que passar por essa desgraça, especialmente porque nossos protetores não estariam mais em perigo. Mas todos nós evitamos esse pensamento. Ainda amamos a vida, ainda não esquecemos a voz da natureza e continuamos esperando, esperando... por tudo.

Que algo aconteça, até mesmo um ataque aéreo, pois nada pode ser mais esmagador do que essa ansiedade. Que chegue o fim, por mais cruel que seja; pelo menos saberemos se seremos vencedores ou vencidos.

Sua Anne M. Frank

QUARTA-FEIRA, 31 DE MAIO DE 1944.

Querida Kitty,
Sábado, domingo, segunda e terça-feira estavam quente demais para eu sequer segurar minha caneta-tinteiro, por isso não consegui escrever para você. Na sexta, o esgoto entupiu de novo, mas foi consertado no sábado. O sr. Kleiman veio nos visitar à tarde e nos contou muito sobre Jopie; ela e Jacque van Maarsen frequentam o mesmo clube de hóquei. No domingo, a Bep apareceu para se certificar de que não havia ocorrido um arrombamento e ficou para o café da manhã. Na segunda-feira (feriado, por causa do Pentecostes), o sr. Gies ficou de vigia do anexo secreto e, na terça-feira, finalmente pudemos abrir as janelas.

Raramente, tivemos um fim de semana de Pentecostes tão lindo e quente. Talvez "abrasador" seja uma palavra melhor. O clima quente fica horrível no anexo secreto. Para você ter uma ideia das inúmeras reclamações, vou descrever brevemente esses dias sufocantes.

Sábado: "Que clima adorável", dissemos todos pela manhã. "Se, ao menos, estivesse um pouco menos quente", dissemos à tarde, quando as janelas tinham que ser fechadas.

Domingo: "Está insuportável esse calor. A manteiga está derretendo, não há um lugar fresco na casa, o pão está secando, o leite está estragando, nenhuma janela pode ser aberta. Nós, pobres párias, estamos sufocando enquanto todos os outros desfrutam de seu Pentecostes".

Segunda-feira: "Meus pés estão doendo, não tenho roupas leves, não consigo lavar a louça com esse calor!", dizia a madame. Foi muito desagradável.

Eu ainda não suporto o calor. E estou feliz que hoje o vento esteja soprando um pouco e o sol, brilhando.

Sua Anne

SEXTA-FEIRA, 2 DE JUNHO DE 1944.

Querida Kitty,
"Se você for para o sótão, leve um guarda-chuva, de preferência, um grande!" Isso é para protegê-la de "chuveiros domésticos". Tem um provérbio holandês que diz: "Alto e seco, são e salvo", mas obviamente não se aplica a tempos de guerra (armas!) e a pessoas escondidas (caixa de gato!). A Mouschi tem o hábito de se aliviar em alguns jornais ou entre as fendas das tábuas do piso, então temos bons motivos para temer os respingos e, pior ainda, o fedor. A nova Moortje, no armazém, tem o mesmo problema. Qualquer um que já teve um gato não treinado pode imaginar os cheiros, além do de pimenta e tomilho, que permeiam esta casa.

Eu também tenho uma receita novinha em folha para o nervosismo por causa dos tiroteios: quando os disparos ficarem altos, vá até a escada de madeira mais próxima. Corra para cima e para baixo algumas vezes, dando um jeito de tropeçar pelo menos uma vez. Com os arranhões e o barulho da correria e das quedas, você nem ouvirá os tiros, muito menos se preocupará com eles. A sua amiga aqui testou essa fórmula mágica em uso, com grande sucesso!

Sua Anne

SEGUNDA-FEIRA, 5 DE JUNHO DE 1944.

Querida Kitty,
Novos problemas no anexo secreto. Briga entre Dussel e os Frank sobre algo muito sem importância: a distribuição da manteiga. Capitulação por parte de Dussel. Amizade íntima entre este último e a sra. van Daan, paqueras, beijos e sorrisinhos amigáveis. Dussel está começando a ansiar por companhia feminina.

Os van Daan não entendem por que devemos fazer um bolo de especiarias para o aniversário do sr. Kugler quando nós mesmos não podemos comer um. Tudo muito mesquinho. Humor no andar de cima: ruim. A sra. van Daan está resfriada. Dussel foi pego com tabletes de levedura de cerveja, enquanto não temos nenhum.

Tomada de Roma pelo 5º Exército. A cidade não foi destruída nem bombardeada. Grande propaganda de Hitler.

Pouquíssimos batatas e legumes.

Um pão estava mofado.

Scharminkeltje (nome da nova gata do armazém) não suporta pimenta. Ela dorme na caixa do gato e faz seus negócios nas aparas de madeira. Impossível mantê-la.

Mau tempo. Bombardeios violentos contínuos em Pas-de-Calais e na costa oeste da França.

Ninguém compra dólares. O ouro atrai ainda menos interesse.

Estamos ficando sem dinheiro. Do que vamos viver no próximo mês?

Sua Anne

TERÇA-FEIRA, 6 DE JUNHO DE 1944.

Querida Kitty,
"Este é o Dia D", a rádio inglesa anunciou ao meio-dia.

"*This is the day*" [Este é o dia]. A invasão começou.

Esta manhã, às oito horas, os ingleses relataram: bombardeios pesados em Calais, Boulogne, Le Havre e Cherbourg, bem como em Pas-de-Calais (como de costume). Além disso, como medida de segurança para os territórios ocupados, todas as pessoas que vivem dentro de um raio de 35 quilômetros da costa devem se preparar para os bombardeios. Se possível, os ingleses lançarão panfletos com uma hora de antecedência.

De acordo com notícias alemãs, paraquedistas britânicos pousaram na costa da França. Segundo a BBC, "barcos de desembarque ingleses estão em combate com unidades navais alemãs".

Discussão no anexo durante o café da manhã, às nove horas: "Trata-se de um desembarque experimental, como o que aconteceu há dois anos em Dieppe?".

Transmissão inglesa em alemão, holandês, francês e outras línguas às dez horas: a invasão começou! Então, a "verdadeira" invasão. Transmissão inglesa em alemão, às onze horas: discurso do comandante supremo, o general Dwight Eisenhower.

Transmissão da BBC em inglês: "Este é o Dia D". O general Eisenhower disse ao povo francês: "A luta dura virá agora; mas, depois disso, a vitória. O ano de 1944 é o ano da vitória completa. Boa sorte!".

Transmissão em inglês à uma hora: 11 mil aviões de prontidão, voando ininterruptamente, aguardando para desembarcar tropas e bombardear atrás das linhas inimigas; 4 mil embarcações e pequenos barcos chegam continuamente na área entre Cherbourg e Le Havre. As tropas inglesas e americanas já estão travando combates pesados. Discursos de Gerbrandy, o primeiro-ministro da Bélgica; do rei Haakon, da Noruega; de Gaulle, da França; do rei da Inglaterra e, por último, mas não menos importante, de Churchill.

Grande comoção no anexo secreto! Será que a tão esperada libertação realmente está se aproximando? A libertação de que tanto se falou, mas que ainda parece boa demais, parecida demais a um conto de fadas para se tornar realidade? Será que este ano, 1944, nos trará a vitória? Ainda não sabemos, mas a esperança renasceu dentro de nós. Isso nos enche de coragem e nos torna fortes novamente. Precisamos ser corajosos para suportar bravamente os muitos medos, as dificuldades e os sofrimentos. Agora é uma questão de manter a calma e a firmeza. Agora, mais do que nunca, é importante cerrar os punhos, cravar as unhas na carne e não gritar. A França, a Rússia, a Itália e até a Alemanha podem gritar de agonia, mas nós ainda não temos esse direito!

Ah, Kitty, a melhor coisa sobre essa invasão é que sinto que amigos estão a caminho. Esses terríveis alemães nos oprimiram e colocaram a faca na nossa garganta por tanto tempo que pensar em amigos e na salvação nos enche de confiança! Agora isso não diz mais respeito apenas aos judeus, mas à Holanda e a toda a Europa ocupada. Talvez eu até possa voltar para a escola em setembro ou outubro, segundo a Margot.

Sua Anne

P.S.: Vou mantê-la atualizada com as últimas notícias!

Hoje de manhã e ontem à noite, bonecos feitos de palha e borracha foram lançados, do ar, atrás das linhas alemãs. Eles explodiram no momento que atingiram o chão. Muitos paraquedistas, com os rostos pintados de preto para não serem vistos no escuro também pousaram. A costa francesa foi bombardeada com 5 mil e quinhentas toneladas de bombas durante a noite e, então, às seis da manhã, a primeira embarcação chegou à praia. Hoje havia 20 mil aviões em ação. As baterias costeiras alemãs foram destruídas antes mesmo do desembarque; uma pequena cabeça-de-ponte já foi formada. Tudo está indo bem, apesar do mau tempo. O exército e o povo são "uma vontade e uma só esperança".

SEXTA-FEIRA, 9 DE JUNHO DE 1944.

Querida Kitty,

A invasão está indo muito bem! Os Aliados tomaram Bayeux, uma pequena cidade na costa francesa, e agora lutam por Caen. É claro que a intenção é isolar a península onde a região de Cherbourg está localizada. Todas as noites, os correspondentes de guerra falam das dificuldades, coragem e entusiasmo do exército; eles conseguem trazer os exemplos mais inacreditáveis. Feridos que estão agora de volta à Inglaterra, estão também diante de um microfone. Apesar do tempo horrível, os aviões voam diligentemente. Chegou ao nosso conhecimento, pela BBC, que Churchill queria testemunhar a invasão junto com as tropas no Dia D, mas Eisenhower e os outros generais conseguiram convencê-lo a desistir. Imagine, é muita coragem para um homem tão velho — ele deve ter 70 anos!

A agitação por aqui diminuiu um pouco; mas esperamos que a guerra finalmente termine até o final do ano. Já estava na hora! As queixas da sra. van Daan são inaceitáveis; agora que ela não pode mais nos enlouquecer com a invasão, ela reclama o dia todo por causa do mau tempo. Dá vontade de enfiá-la em um balde de água fria e colocá-la no sótão!

Todos no anexo secreto, com exceção do sr. van Daan e do Peter, leram a trilogia *Hunaarian Rhapsody*, uma biografia do compositor, virtuoso do piano e criança prodígio Franz Liszt. É muito interessante, embora, na minha opinião, haja uma ênfase exagerada nas mulheres; Liszt não foi apenas o maior e mais famoso pianista de seu tempo, mas também o maior mulherengo, mesmo aos 70 anos. Ele teve um caso com a condessa Marie d'Agoult, a princesa Carolyne Sayn-Wittgenstein, a dançarina Lola Montez, a pianista Agnes Kingworth, a pianista Sophie Menter, a princesa circassiana Olga Janina, a baronesa Olga Meyendorff, a atriz Lilla não-sei-das-quantas etc., etc., e uma lista que não acaba mais. As partes do livro que tratam da música e das outras artes são muito mais interessantes. Algumas das pessoas mencionadas são Schumann, Clara Wieck, Hector Berlioz, Johannes Brahms, Beethoven, Joachim, Richard Wagner, Hans von Bulow, Anton Rubinstein, Frederic Chopin, Victor Hugo, Honore de Balzac, Hiller, Hummel, Czerny, Rossini, Cherubini, Paganini, Mendelssohn etc. Liszt parece ter sido um homem decente, muito generoso e modesto, embora excepcionalmente vaidoso. Ele ajudava as pessoas, colocava a arte acima de tudo, gostava muito de conhaque e de mulheres, não suportava ver lágrimas, era um cavalheiro, não conseguia recusar um favor a ninguém, não estava interessado em dinheiro e se preocupava com a liberdade religiosa e com o mundo.

Sua Anne

TERÇA-FEIRA, 13 DE JUNHO DE 1944.

Querida Kitty,

Outro aniversário passou, agora tenho quinze anos. Recebi muitos presentes. Os cinco volumes do *History of Art*, de Springer, um conjunto de roupa de baixo, dois cintos, um lenço, dois potes de iogurte, um pote de geleia, um bolo de mel, um livro sobre botânica do papai e da mamãe, uma pulseira da Margot, um álbum de figurinhas dos van Daan, biomalte* e ervilhas de Dussel, balas da Miep, balas e cadernos da Bep, e o ponto alto: o livro *Maria Theresa* e três fatias de requeijão integral do sr. Kugler. O Peter me deu um lindo

---
* Bebida que substitui o café.

buquê de peônias; o pobre rapaz fez de tudo para encontrar um presente, mas não conseguiu.

Apesar do clima miserável, com inúmeras tempestades, chuvas torrenciais e mar revolto, a invasão está indo bem.

Ontem Churchill, Smuts, Eisenhower e Arnold estiveram nas aldeias francesas capturadas e libertadas pelos ingleses. Churchill estava em um barco torpedeiro que bombardeou a costa. Ele, como tantos outros homens, parece não saber o que é o medo — uma característica invejável!

Da nossa posição no nosso anexo, é difícil avaliar o humor dos holandeses. Sem dúvida as pessoas estão felizes que a (ociosa!) Inglaterra finalmente esteja arregaçando as mangas e trabalhando. Aqueles que afirmam que não querem ser ocupados pelos britânicos não percebem o quão injustos estão sendo. Sua linha de raciocínio se resume a: a Inglaterra deve lutar, se esforçar e sacrificar seus filhos para libertar a Holanda e os outros países ocupados. Depois disso, os britânicos não devem permanecer na Holanda: devem pedir as desculpas mais desprezíveis a todos os países ocupados, devolver as Índias Orientais Holandesas ao seu legítimo dono e, depois, retornar, enfraquecidos e empobrecidos, à Inglaterra. Que bando de idiotas. E, como eu já disse, muitos holandeses podem ser contados em suas fileiras. O que teria sido da Holanda e de seus vizinhos se a Inglaterra tivesse assinado um tratado de paz com a Alemanha, como teve várias oportunidades de fazer? A Holanda teria se tornado alemã e isso seria o fim de tudo! Todos os holandeses que ainda desprezam os ingleses zombam da Inglaterra e de seu governo de velhotes rabugentos, chamam os ingleses de covardes, mas odeiam os alemães, deveriam levar uma boa sacudida, do jeito que se faz quando se afofa um travesseiro. Talvez isso endireitasse seus cérebros caóticos.

Muitos desejos, pensamentos, acusações e reprovações passam pela minha cabeça. Eu certamente não sou presunçosa como muitas pessoas pensam; conheço melhor do que ninguém meus incontáveis erros e falhas, mas há uma diferença: eu também sei que quero mudar, vou mudar e já mudei muito!

Então, como é que, muitas vezes, eu me pergunto, todo mundo ainda pensa que sou tão teimosa e metida a sabichona? Será que eu sou mesmo tão teimosa? Sou realmente eu ou talvez eles sejam? Isso parece loucura, eu percebo, mas não vou riscar essa última frase, porque ela, de fato, não é tão louca quanto parece. A sra. van Daan, uma das minhas principais acusadoras, é conhecida por ser pouco inteligente e, deixe-me apenas dizer, "estúpida"! Pessoas estúpidas, em geral, não suportam quando outros fazem algo melhor do que elas. Os melhores exemplos disso são aqueles dois idiotas: a sra. van Daan e Dussel. A madame acha que sou burra porque não sofro tanto disso quanto ela, acha que sou insistente, porque ela é pior, acha que meus vestidos são curtos demais, porque os dela são ainda mais curtos. E é por isso que ela também me acha a espertona porque ela fala duas vezes mais do que eu sobre assuntos dos quais ela não entende absolutamente nada. O mesmo vale para Dussel. Mas um dos meus ditados favoritos é "Onde há fumaça, há fogo", e admito prontamente que sou arrogante.

Agora, a coisa problemática sobre a minha natureza é que eu não recebo tantas broncas e críticas de ninguém quanto recebo de mim mesma. Quando a mamãe acrescenta sua porção de conselho a isso, a pilha de sermões se torna tão instransponível que, no desespero de jamais conseguir atravessá-la, Eu fico insolente e começo a contradizer, e então o velho e familiar refrão da Anne inevitavelmente volta a emergir: "Ninguém me entende!".

Essa frase faz parte de mim e, por mais improvável que possa parecer, há um fundo de verdade nela. Às vezes, fico tão profundamente enterrada sob autocensuras que anseio por uma palavra de conforto para ajudar a me desenterrar novamente. Se ao menos eu tivesse alguém que levasse meus sentimentos a sério. Infelizmente, ainda não encontrei essa pessoa, então a busca deve continuar.

Eu sei que você está se perguntando sobre Peter, não está, Kit? É verdade, Peter me ama, não como namorada, mas como amiga. Sua afeição cresce dia a dia, mas alguma força misteriosa está nos segurando, e eu não sei o que é.

Às vezes, acho que meu terrível desejo por ele era exagerado. Mas isso não é verdade, porque, mesmo se não posso ir ao quarto dele por um ou dois dias, anseio por ele tão desesperadamente quanto antes. Peter é doce e bom, mas não posso negar que muito nele me decepciona. Eu particularmente não gosto da sua aversão à religião, de suas conversas à mesa e várias coisas dessa natureza. Ainda assim, estou firmemente convencida de que vamos respeitar nosso acordo de nunca brigar. Peter é amante da paz, tolerante e muito fácil de lidar. Ele me deixa dizer a ele muitas coisas que nunca aceitaria ouvir da sua mãe. Ele está fazendo um esforço grande para manter suas coisas em ordem. No entanto, por que ele esconde seu eu mais íntimo e nunca me dá acesso? Ele é de uma natureza muito mais fechada do que a minha, mas eu sei (e agora realmente pela prática) que mesmo as naturezas mais fechadas, em seu tempo, desejam tanto ou até mais por alguém em quem possam confiar.

Peter e eu passamos nossos anos de contemplação no anexo secreto; muitas vezes, falamos sobre o futuro, o passado e o presente, mas, como eu disse, sinto falta da coisa real e, no entanto, tenho certeza de que ela está lá!

Será que o fato de não poder colocar meu nariz para fora por tanto tempo me deixou tão apaixonada pela natureza? Lembro-me muito bem que um céu azul brilhante, pássaros cantando, luar e flores desabrochando não conseguiam prender minha atenção por muito tempo. Aqui as coisas ficaram muito diferentes. No feriado de Pentecostes, por exemplo, quando fazia muito calor, à noite eu mantinha meus olhos abertos à força até as onze e meia para dar uma boa olhada na lua pela janela aberta. Infelizmente, esse sacrifício foi em vão, pois estava tão brilhante, que eu não podia arriscar abrir uma janela. Outra vez, há alguns meses, eu estava no andar de cima quando a janela ficou aberta à noite. Eu não desci até ela ser fechada novamente. A noite escura e chuvosa, a tempestade, as nuvens passando me fascinaram; depois de um ano e meio, era a primeira vez que eu estava vendo a noite cara a cara de novo. Depois daquela noite, meu desejo de vê-la novamente foi ainda maior do que meu medo de ladrões, de arrombamentos ou de uma casa escura infestada de ratos. Desci sozinha e olhei pela janela da cozinha e do escritório particular. Muitas pessoas acham a natureza bela, muitas dormem sob o céu estrelado, e outras em hospitais e prisões anseiam pelo dia em que poderão, mais uma vez, desfrutar livremente da natureza. Mas poucos estão tão isolados e impedidos quanto nós das alegrias da natureza, que é a mesma para ricos e pobres.

Não é somente minha imaginação — olhar para o céu, as nuvens, a lua e as estrelas realmente me acalma e me dá esperança. É um remédio muito melhor do que valeriana ou brometo. A natureza me faz humilde e pronta para enfrentar todos os golpes com bravura! Infelizmente, só posso — a não ser em algumas raras ocasiões — ver a natureza através de cortinas sujas e empoeiradas presas em janelas cobertas de sujeira; isso tira o prazer de olhar. A natureza é a única coisa para a qual não há substituto!

Uma das muitas perguntas que, com frequência, me incomodam é por que as mulheres foram, e ainda são, consideradas tão inferiores aos homens. É fácil dizer que é injusto, mas isso não é suficiente para mim. Realmente gostaria muito de saber o motivo dessa grande injustiça!

Os homens provavelmente dominaram as mulheres desde o início porque a sua força física é maior; são os homens que ganham a vida, suscitam filhos e fazem o que querem...

Até pouco tempo, as mulheres aceitavam isso em silêncio, o que era estúpido, já que, quanto mais tempo isso perdurar, mais enraizado fica. Ainda bem que a educação, o trabalho e o progresso abriram os olhos das mulheres. Em muitos países, elas adquiriram direitos iguais; muitas pessoas, principalmente as mulheres, mas também homens, agora percebem como era errado tolerar essa situação por tanto tempo. As mulheres modernas querem o direito de ser completamente independentes!

Mas isso não é tudo. As mulheres também devem ser respeitadas! De um modo geral, os homens são tidos na mais alta estima em todas as partes do mundo, então por que as mulheres não deveriam ter a sua parte? Soldados e heróis de guerra são homenageados e condecorados, exploradores recebem fama imortal, mártires são reverenciados, mas quantas pessoas veem as mulheres também como soldados?

No livro *Men Against Death*, fiquei muito impressionada com o fato de que, somente com o parto, as mulheres já sofrem mais dor, doença e infortúnios do que qualquer herói de guerra. E o que ela recebe por suportar toda essa dor? Ela é deixada de lado quando fica desfigurada pelas gravidezes, seus filhos logo vão embora, sua beleza se vai. As mulheres que lutam e sofrem para garantir a continuação da raça humana são soldados muito mais fortes e corajosos do que todos aqueles heróis falastrões lutadores pela liberdade juntos!

Não estou sugerindo que as mulheres devam parar de ter filhos, pelo contrário, é o que a natureza quer, e é assim que deve ser. O que eu condeno é o nosso sistema de valores, e os homens que não reconhecem o quão grande, difícil, mas, em última análise, bela é a participação das mulheres na sociedade.

Concordo plenamente com Paul de Kruif, o autor desse livro, quando ele diz que os homens devem aprender que o nascimento não é mais pensado como inevitável e imprescindível naquelas partes do mundo que consideramos civilizadas. Para os homens, é fácil falar — eles não suportam e nunca terão que suportar as aflições das mulheres!

Acredito que, no decorrer do próximo século, a ideia de que é dever da mulher ter filhos vai mudar e vai abrir caminho para o respeito e admiração a todas elas, que carregam seus fardos sem reclamar e sem usar discursos afetados!

Sua Anne

SEXTA-FEIRA, 16 DE JUNHO DE 1944.

Querida Kitty,
Novos problemas: a madame está desesperada; fala sobre levar um tiro na cabeça, prisão, enforcamento e suicídio. Está com ciúmes porque o Peter confia em mim e não nela, ofendida porque Dussel não reage aos seus flertes como ela queria e com medo que o marido fume todo o dinheiro do casaco de pele. Ela discute, xinga, chora, reclama, ri e então começa tudo de novo. O que é que você pode fazer com um espécime humano tão choramingão e bolorento? Não é levada a sério por ninguém, não tem força de vontade, reclama com todo mundo e anda por aí: por dentro uma colegial, por fora uma peça de museu.

A pior parte é que o Peter está ficando insolente; o sr. van Daan, irritado; e a mamãe, cínica. Sim, essa é a situação na qual estou! Há apenas uma regra que você precisa lembrar: ria de tudo e não se incomode com os outros! Parece egoísmo, mas, na verdade, é o único remédio para quem precisa encontrar conforto em si mesmo. O sr. Kugler recebeu outro chamado para cavar por quatro semanas. Ele está tentando se livrar com um atestado médico e uma carta da Opekta. O sr. Kleiman espera que seu estômago seja operado em breve. Ontem, às onze da noite, todos os telefones privados foram cortados.

Sua Anne

SEXTA-FEIRA, 23 DE JUNHO DE 1944.

Querida Kitty,
Nada de especial acontecendo aqui. Os ingleses iniciaram o seu grande ataque a Cherbourg. O Pim e o sr. van Daan estão certos de que estaremos livres no dia 10 de outubro. Os russos estão participando da ação; sua ofensiva começou ontem em Vitebsk, exatamente três anos depois que os alemães invadiram a Rússia.

O estado de ânimo da Bep está mais baixo do que nunca. Quase não temos batatas; a partir de agora, elas serão contadas e distribuídas individualmente, para que todos possam ver quem está recebendo o quê. A partir de segunda-feira, a Miep vai tirar uma semana de férias. Os médicos do sr. Kleiman não encontraram nada nos raios-X. Ele está dividido entre fazer a operação ou deixar as coisas seguirem seu curso.

Sua Anne

TERÇA-FEIRA, 27 DE JUNHO DE 1944.

Querida Kitty,
O estado de ânimo mudou, as coisas estão indo muito bem. Cherbourg, Vitebsk e Zhlobin caíram hoje. Muito espólio e prisioneiros. Cinco generais alemães foram mortos perto de Cherbourg e dois capturados. Agora os ingleses podem desembarcar o que quiserem porque eles têm um porto. Todo o Cotentin* foi capturado apenas três semanas após a invasão inglesa! Um grande feito!

Nas três semanas após o Dia D, não houve um dia sem chuva e tempestades, nem aqui nem na França, mas esse azar não impede os ingleses e americanos de mostrarem sua enorme força. E como mostram! Claro que os alemães lançaram sua grande arma, a V2, que está em plena ação, mas o que ela pode fazer a não ser alguns danos na Inglaterra e manchetes escandalosas nos jornais dos chucrutes? De qualquer forma, se na "terra dos chucrutes" eles perceberem que o "perigo bolchevique" realmente se tornou uma realidade, eles vão começar a tremer.

Todas as mulheres alemãs que não trabalham para a *Wehrmacht*** estão sendo evacuadas junto com seus filhos das regiões costeiras para as províncias de Groningen, Friesland e Gelderland. Mussert afirmou que, quando a invasão chegar aqui, ele vai vestir um uniforme. Aquele gordo quer lutar? Ele poderia ter feito isso na Rússia, há muito tempo. A Finlândia recusou uma oferta de paz na época, mesmo agora as negociações a esse respeito fracassaram novamente.

Esses idiotas, como eles vão se arrepender!
Onde você acha que estaremos em 27 de julho?

Sua Anne

---
* Península do Cotentin. (N.T.)
** Wehrmacht (forças armadas). (N.T.)

SEXTA-FEIRA, 30 DE JUNHO DE 1944.

Querida Kitty,
Mau tempo ininterrupto até 30 de junho. Não é legal? Ah, claro, eu já sei bastante de inglês; para provar, estou lendo *An Ideal Husband*, com a ajuda de um dicionário! A guerra está indo maravilhosamente bem: Bobruysk, Mogilev e Orsha caíram, muitos prisioneiros.

Está tudo bem aqui. Os ânimos estão melhorando, nossos superotimistas estão triunfantes, os van Daan estão fazendo a mágica do desaparecimento do açúcar, a Bep mudou o corte de cabelo e a Miep tem uma semana de folga. Essas são as últimas notícias!

Estou fazendo um tratamento de canal realmente horroroso em um dos meus dentes da frente. É terrivelmente doloroso. Foi tão ruim que Dussel achou que eu ia desmaiar, e eu quase desmaiei. A sra. van Daan sem demora também ficou com dor de dente!

Sua Anne

P.S.: Ficamos sabendo que, na Basileia, Bernd fez o papel de estalajadeiro em *Minna von Barnhelm*. De acordo com a mamãe, ele tem "inclinações artísticas".

QUINTA-FEIRA, 6 DE JULHO DE 1944.

Querida Kitty,
Meu sangue gela quando o Peter fala em se tornar um criminoso ou especulador; embora seja claro que se trata de uma piada, tenho a sensação de que ele mesmo tem medo de sua fraqueza de caráter. Vez ou outra, ouço a Margot e o Peter me dizerem: "Se eu fosse tão forte e corajosa como você, se eu perseguisse minha vontade com tanta precisão, se eu tivesse uma energia tão perseverante, então, sim...!".

É realmente uma boa qualidade que eu não me deixe influenciar? É bom que eu siga quase exclusivamente o caminho da minha própria consciência?

Francamente, não consigo imaginar como alguém pode dizer "sou fraco" e ainda continuar fraco. Se alguém já sabe tal coisa por que não trabalhar contra isso, por que não desenvolver seu caráter? A resposta foi: "Porque é muito mais fácil!". Essa resposta me deixou um pouco desanimada. Fácil? Uma vida de preguiça e de engano é uma vida fácil também? Ah, não, não pode ser verdade. Não deve ser assim, que a fraqueza e... o dinheiro possam seduzir tão rapidamente. Eu pensei muito sobre o que responder, como fazer o Peter acreditar em si mesmo e, acima de tudo, melhorar a si mesmo. Se minha forma de pensar está correta, eu não sei.

Muitas vezes, eu imaginei como seria bom se alguém confiasse em mim. Mas, agora que chegou o momento, vejo como é difícil pensar completamente como a outra pessoa e então encontrar a resposta certa. Sobretudo, porque "fácil" e "dinheiro" são conceitos totalmente novos e estranhos para mim.

O Peter está começando a se apoiar em mim, e eu não quero isso sob nenhuma circunstância. Já é difícil ficar em pé sozinho, mas quando você também tem que permanecer fiel ao seu caráter e alma, é ainda mais difícil.

Andei à deriva, procurando um antídoto perfeitamente eficaz para a terrível palavra "fácil". Como posso deixar claro para ele que o que parece tão fácil e maravilhoso irá atraí-lo para as profundezas, para as profundezas onde não há amigos, apoio nem nada de belo — uma profundeza da qual sair é quase impossível?

Estamos todos vivos, mas não sabemos por que ou para quê. Todos vivemos com o objetivo de sermos felizes, todos vivemos de maneira diferente e, ao mesmo tempo, igual. Nós três fomos criados em bons círculos, sabemos ler, temos oportunidade de realizar algo, temos muitos motivos para esperar um futuro feliz, mas... precisamos conquistá-lo nós mesmos. E é isso o que nunca pode ser alcançado com aquilo que é fácil. Conquistar a felicidade significa trabalhar para isso, fazer o bem, não especular nem ser preguiçoso. A preguiça pode parecer atraente; o trabalho dá satisfação.

Não consigo entender as pessoas que não gostam de trabalhar, mas esse também não é o caso do Peter. Ele apenas não tem um objetivo fixo em mente, ele se acha muito burro e inferior para conseguir alguma coisa. Pobre menino, ele nunca soube como é fazer alguém feliz, e eu também não posso ensiná-lo. Ele não tem religião, zomba de Jesus Cristo e amaldiçoa o nome de Deus; embora eu também não seja ortodoxa, dói-me cada vez que percebo quão desolado, quão desdenhoso e pobre ele é.

As pessoas que têm uma religião podem se alegrar, pois nem todos acreditam em uma ordem superior. Você não precisa viver com medo do castigo eterno. Os conceitos de purgatório, céu e inferno são difíceis de aceitar para muitas pessoas, mas a própria religião, qualquer religião, mantém a pessoa no caminho certo. Não é o temor de Deus, mas defender seu próprio senso de honra e obedecer a sua própria consciência. Como todos poderiam ser nobres e bons se, ao final de cada dia, revisassem seu próprio comportamento e avaliassem os acertos e os erros. Eles automaticamente tentariam fazer melhor no início de cada novo dia e, depois de um tempo, certamente conseguiriam. Todos são bem-vindos a esta receita; não custa nada e é definitivamente útil. Porque quem não sabe tem que aprender e experimentar por conta própria que "a consciência tranquila te fortalece!".

Sua Anne

SÁBADO, 8 DE JULHO DE 1944.

Querida Kitty,
O sr. Broks estava em Beverwijk e conseguiu comprar morangos no leilão de produtores. Eles chegaram aqui empoeirados e cheios de terra, mas em grande quantidade. Nada menos que 24 caixas para o escritório e para nós. Naquela mesma noite, preparamos os primeiros seis potes e fizemos oito potes de geleia. Na manhã seguinte, a Miep queria fazer geleia para o pessoal do escritório.

Ao meio-dia e meia, a porta externa foi trancada, o Peter, o papai e o sr. van Daan arrastaram os caixotes para a cozinha, tropeçando na escada. A Anne tirava água quente do aquecedor, a Margot carregava o balde, todas as mãos à obra! Com uma sensação estranha no estômago, entrei na cozinha superlotada do escritório. A Miep, a Bep, o sr. Kleiman, o Jan, o papai, o Peter, as pessoas escondidas e o batalhão de abastecimento todos misturados e em plena luz do dia! Não se pode ver através das cortinas, mas vozes altas, portas batendo — eu tremia de tão empolgada. Sim, mas nós ainda estamos escondidos; me passou pela cabeça que essa deve ser a sensação que se tem quando você finalmente pode se mostrar ao mundo de novo. Uma vez que a panela estava cheia, eu corri para cima, onde o resto da família estava tirando os cabinhos e as folhas dos morangos ao redor da mesa da cozinha. Pelo menos era isso que eles deveriam estar fazendo, mas os morangos estavam indo parar mais nas bocas do que nos baldes. Logo foi necessário outro balde. Peter desceu novamente, para a cozinha — a campainha tocou duas vezes. Deixando o balde onde estava, Peter correu escada acima, a estante estava trancada! Batíamos impacientemente nossos calcanhares; a torneira tinha que ser fechada e, embora os morangos ainda estivessem esperando seu banho, seguimos a regra da casa: "Alguém na casa, feche todas as torneiras — eles podem ouvir o barulho do escoamento nos canos".

À uma hora, o Jan apareceu para dizer que tinha sido o carteiro. O Peter desceu correndo novamente. Trrrrrrim... a campainha, de novo. Tentei ouvir para ver se alguém estava subindo, primeiro parei perto da estante, depois no topo da escada. Finalmente, o Peter e eu nos penduramos no parapeito como dois ladrões para ouvir os sons do andar de baixo. Nenhuma voz desconhecida. O Peter desceu as escadas na ponta dos pés e gritou: "Bep!". Nenhuma resposta, de novo: "Bep!". O barulho da cozinha está mais alto do que a voz do Peter. Então ele desceu e foi para a cozinha. Eu, nervosa, observei de cima. "Suba imediatamente, Peter, o contador está aqui, você tem que sair!" Era a voz do sr. Kugler. Suspirando, o Peter subiu e fechou a estante.

O sr. Kugler finalmente chegou às duas e meia. "Meu Deus, não vejo nada além de morangos. Eu comi morangos no café da manhã, o Jan está comendo no almoço, o Kleiman está comendo como lanche, a Miep está cozinhando, a Bep está arrancando os cabinhos e folhinhas, e eu sinto o cheiro deles em todos os lugares que eu vou. Subi as escadas para fugir de todo aquele vermelho e o que eu vejo? Morangos!"

O resto dos morangos foi enlatado. Naquela noite: dois frascos estavam com o lacre rompido.

O papai, rapidamente, os transformou em geleia. Na manhã seguinte: mais duas tampas se abriram; e à tarde: quatro tampas. O sr. van Daan não tinha aquecido os potes o suficiente quando os esterilizou, então o papai acabou tendo que fazer geleia todas as noites. Comemos morango com mingau, morango com leite desnatado, pão e manteiga com morango, morango na sobremesa, morango com açúcar, morango com terra. Durante dois dias, não havia nada além de morangos, morangos, morangos e, então, nosso suprimento estava esgotado ou estava seguramente em potes.

"Ei, Anne", a Margot gritou um dia, "a sra. van Hoeven conseguiu 10 quilos de ervilhas!"

"Que gentileza da parte dela", eu respondi. E certamente foi, mas é muito trabalho... eca!

"No sábado, todos vão descascar ervilhas", a mamãe anunciou à mesa.

E, realmente, esta manhã, depois do café da manhã, a grande panela esmaltada apareceu na mesa, cheia de ervilhas até a borda. Se você acha que descascar ervilhas é um trabalho chato, tente tirar aquelas pelezinhas internas. Eu acho que a maioria das pessoas não sabe quão bom é o gosto da vagem de ervilha quando aquela pele interna é removida. Mas a vantagem principal é que você consome quase três vezes mais vitaminas do que quando come apenas as ervilhas.

Tirar as peles é um trabalho preciso e meticuloso muito adequado aos dentistas pedantes ou trabalhadores detalhistas de escritórios, mas é um horror para uma adolescente impaciente como eu. Começamos às nove e meia; levantei-me às dez e meia, sentei-me de novo às onze e meia. Meus ouvidos zumbiam com o seguinte refrão: arrebentar a ponta, tirar a pele, puxar o fio, vagem na panela, quebrar a ponta etc., etc. Meus olhos nadavam: verde, verde, minhoca, fiapo, vagem podre, verde, verde. Para combater a preguiça e ter algo para fazer, fiquei tagarelando a manhã toda sobre todo o tipo de bobagens que existem, fazendo todo mundo rir e quase morrendo de tanto me fazer de boba. A monotonia estava me matando. Cada fio que eu puxava me dava mais certeza de que eu nunca, jamais, vou ser apenas uma dona de casa!

Ao meio-dia, finalmente, tomamos o café da manhã, mas do meio-dia e meia à uma e quinze tivemos que descascar vagens de novo. Quando parei, me senti um pouco enjoada e os outros também. Cochilei até as quatro, ainda atordoada por causa daquelas ervilhas miseráveis.

Sua Anne

SÁBADO, 15 DE JULHO DE 1944.

Querida Kitty,

Tínhamos um livro da biblioteca com o polêmico título *O que você acha da garota moderna?* e gostaria de tratar desse assunto hoje.

A escritora critica a "juventude de hoje" de cima a baixo, sem descartá-la como "boa para nada". Pelo contrário, ela é da opinião de que, se o jovem quisesse, poderia construir um mundo maior, melhor e mais bonito, que o jovem tem meios, mas se preocupa com coisas superficiais, sem sequer lançar um olhar ao que é essencialmente belo. Em alguns trechos, tive a forte sensação de que a escritora dirigia sua desaprovação a mim e é por isso que quero finalmente me abrir para você e me defender desse ataque. Tenho um forte traço de caráter que quem me conhece há mais tempo deve notar: o conhecimento que tenho de mim mesma. Em tudo o que eu faço, consigo me observar como se fosse um estranho. Posso ficar de frente para a Anne de todos os dias e, sem ser tendenciosa ou dar desculpas, observar o que ela faz de bem e de mal. Eu nunca deixo de lado esse senso de mim mesma e a cada palavra digo que sei o quanto foi dito: "Isso deveria ter sido diferente", ou "Isso ficou bom como está". Eu me condeno de tantas maneiras que estou começando a perceber a verdade do ditado de meu pai: "Cada criança deve educar-se a si mesma". Os pais só podem aconselhar seus filhos ou orientá-los na direção certa, mas a formação do caráter final de uma pessoa está em suas próprias mãos. Além disso, encaro a vida com uma coragem extraordinária. Sinto que sou tão forte e capaz de carregar fardos, tão jovem e livre! Quando percebi isso pela primeira vez, fiquei feliz porque significa que posso suportar mais facilmente os golpes que a vida reserva.

Mas tenho falado dessas coisas com tanta frequência que queria chegar ao capítulo "Papai e mamãe não me entendem". Meus pais sempre me mimaram muito, foram gentis comigo, me defenderam e fizeram tudo o que podiam fazer. E, no entanto, por muito tempo, eu me senti terrivelmente sozinha, excluída, negligenciada e incompreendida. Meu pai fez tudo o que pôde para moderar minha rebeldia, sem sucesso. Eu mesma me curei dizendo a mim mesma o erro dos meus atos.

Como o papai nunca me apoiou na minha luta? Por que ele falhou quando quis me ajudar? A resposta é: ele usou os meios errados. Ele sempre falou comigo como se eu fosse uma criança passando por uma fase difícil. Isso parece loucura, porque ninguém além do papai sempre me deu sua confiança e me fez sentir como se eu fosse uma pessoa sensata. Mas uma coisa ele negligenciou: não viu que essa minha luta para superar isso tudo era mais importante para mim do que qualquer outra coisa. Eu não queria ouvir sobre "problemas típicos da idade", ou "outras garotas", ou "vai superar isso". Eu não queria ser tratada como uma garota como todas as outras, mas como a

Anne-por-ela-mesma, e o Pim não entendia isso. Além disso, não posso confiar em alguém que não me fala muito sobre si mesmo e, como sei muito pouco sobre o Pim, não consigo me sentir mais íntima. Ele sempre age como o pai idoso que já teve os seus impulsos passageiros, mas que não consegue mais se relacionar comigo como um amigo, por mais que tente. Essas coisas me levaram a nunca compartilhar com ninguém minhas filosofias e minhas teorias que há muito venho cuidadosamente elaborando, a não ser com meu diário e, de vez em quando, com a Margot. Escondi do meu pai tudo o que me incomodava, nunca compartilhei com ele meus ideais e, conscientemente, o afastei de mim.

Eu não poderia fazer de outra maneira. Agi completamente de acordo com meu sentimento; mas agi para ter minha própria paz de espírito. Eu perderia totalmente a minha paz e autoconfiança, algo que tanto tenho trabalhado para alcançar, se me sujeitasse às críticas em meio a esse trabalho — ainda inacabado. Mas também não posso aceitar críticas do Pim, porque não só nunca compartilho meus pensamentos mais íntimos com ele, mas também porque acabei afastando-o ainda por causa da minha irritabilidade. Esse é um ponto sobre o qual eu penso muito: por que o Pim me incomoda tanto? Eu mal suporto quando ele está me ensinando alguma coisa, o afeto dele me parece forçado. Eu quero ficar sozinha, e prefiro que ele me ignore por um tempo até que eu me sinta mais confiante diante dele! Ainda me atormenta a reprovação por aquela carta maldosa que escrevi para ele quando estava tão chateada. Ah, é difícil realmente ser forte e corajosa em todas as direções!

Mesmo assim, essa não foi a minha pior decepção. Muito mais do que no papai, penso no Peter. Sei muito bem que eu o conquistei, e não o contrário. Criei uma imagem dele de acordo com os meus sonhos, eu o vi como um garoto quieto, sensível, doce, que tanto precisa de amor e amizade! Eu precisava falar com um ser vivo. Queria um amigo que me ajudasse a encontrar meu caminho novamente. Eu realizei o trabalho difícil e lento, mas, seguramente, eu o atraí na minha direção. Quando finalmente consegui que ele fosse meu amigo, naturalmente chegamos à intimidade que temos agora, fazendo uma análise mais próxima, parece algo inédito. Conversamos sobre as coisas mais íntimas, mas ainda sequer tocamos nas coisas mais próximas do meu coração. Ainda não consigo entender o Peter. Ele é superficial ou é a timidez que o detém até mesmo em relação a mim? Fora isso, cometi um erro ao eliminar todas as outras possibilidades de amizade ao usar a intimidade para me aproximar. Ele anseia por amor e posso ver que ele está começando a gostar mais de mim a cada dia. Nossos encontros lhe dão satisfação; quanto a mim, só me faz querer começar tudo de novo com ele. Mas não me atrevo a tocar nos assuntos que tanto gostaria de trazer à luz. Eu trouxe o Peter para mim à força, mais do que ele próprio imagina. E agora ele se agarra a mim e, por enquanto, não vejo meios eficazes de separá-lo e firmá-lo sobre suas próprias pernas. Sinceramente, não vejo nenhuma maneira eficaz de colocá-lo de volta em seus próprios pés. Logo percebi que ele nunca poderia ser uma alma gêmea, mas tentei, pelo menos, ajudá-lo a sair de seu mundo estreito e expandir seus horizontes juvenis.

"Pois, em suas profundezas, a juventude é mais solitária do que a velhice." Esse ditado ficou comigo desde que o li em um livro e descobri que é verdade.

É verdade, então, que os adultos aqui têm mais dificuldades do que os jovens? Não, isso certamente não é verdade. Os mais velhos têm opinião sobre tudo e não vacilam mais em suas ações ao longo da vida. Nós, jovens, lutamos para manter nossas opiniões em um momento em que todo idealismo é mencionado e esmagado, onde as pessoas mostram seu lado mais feio, onde a verdade, a justiça e Deus são questionados.

Alguém que ainda afirma que os idosos têm muito mais dificuldades aqui no anexo secreto, certamente, não percebe que os problemas têm um impacto muito maior sobre nós. Problemas para os quais somos muito jovens, mas que continuam se impondo sobre nós até que, depois de muito tempo, pensamos ter encontrado uma solução, mas que se mostra incapaz de fazer frente aos fatos, que novamente as anulam. Esta é a dificuldade em tempos como estes: ideais, sonhos e belas esperanças crescem dentro de nós, apenas para serem completamente destruídos pela sombria realidade. É um grande milagre que eu não tenha desistido de todas as minhas expectativas, pois elas parecem absurdas e impraticáveis. No entanto, agarro-me a elas, porque ainda acredito na bondade interior do homem. Para mim, é absolutamente impossível construir tudo com base na morte, na miséria e na confusão. Eu vejo o mundo se transformando lentamente em um deserto, ouço o trovão cada vez mais alto e que também vai nos matar. Eu sinto a tristeza de milhões de pessoas e, ainda assim, quando olho para o céu, acho que tudo vai mudar para melhor, que essa crueldade também vai acabar, que a paz e a tranquilidade voltarão mais uma vez para o mundo. Enquanto isso, devo manter meus ideais e talvez chegue o dia em que eu possa realizá-los!

Sua Anne

SEXTA-FEIRA, 21 DE JULHO DE 1944.

Querida Kitty,

Agora estou ficando esperançosa. Finalmente, as coisas estão indo bem! Sim, vão bem! Notícias estrondosas! Houve uma tentativa de assassinato contra Hitler, desta vez, não por comunistas judeus ou capitalistas ingleses, mas por um nobre general alemão que não é apenas um conde, mas também jovem. A providência divina salvou a vida do *Führer* e, infelizmente, ele escapou apenas com alguns arranhões e queimaduras. Alguns poucos oficiais e generais que estavam próximos a ele foram mortos ou feridos. O chefe da conspiração foi executado.

Esta é, certamente, a melhor prova de que há muitos homens e generais que gostariam ver Hitler afundar num poço sem fundo para que possam estabelecer uma ditadura militar, fazer as pazes com os Aliados, rearmar-se e, depois de vinte anos, começar uma nova guerra. Talvez a Providência tenha deliberadamente demorado um pouco para tirá-lo do caminho, pois é muito mais fácil para os Aliados e mais lucrativo para os impecáveis alemães matarem-se uns aos outros. Quanto menos trabalho resta para russos e britânicos, mais cedo eles podem começar a reconstruir suas próprias cidades. Mas ainda não chegamos a esse ponto, e não quero de modo algum prejulgar os gloriosos fatos. No entanto, você percebe que o que estou dizendo agora é uma realidade sóbria, que tem os dois pés no chão. Pela primeira vez, não estou divagando sobre ideias mais elevadas.

Hitler ainda fez a gentileza de anunciar ao seu leal e devotado povo que, a partir de hoje, os soldados têm que obedecer à Gestapo, e que qualquer soldado que souber que seu superior esteve envolvido nesse ataque covarde e vil contra a vida do *Führer* pode ser abatido sem qualquer forma de julgamento!

Esta vai ser uma bela história. Hans está com os pés doloridos por causa da longa marcha e seu comandante repreende-o. Hans pega seu rifle e grita: "Você aí, você tentou matar o *Führer*, aqui está o seu pagamento!". Um estrondo e o esnobe oficial que se atreveu a repreender o Hans passa para a vida eterna (ou será a morte eterna?). No final, toda vez que um oficial vir um soldado ou der uma ordem, ele estará praticamente molhando as calças, porque os soldados terão mais voz do que ele.

Você entendeu ou estou divagando de novo? Não posso evitar, a perspectiva de voltar à escola em outubro está me deixando muito feliz! Oh, querida, eu não acabei de dizer a você que não queria antecipar os eventos? Perdoe-me, Kitty, não à toa eles me chamam de "pacote de contradições"!

Sua Anne

TERÇA-FEIRA, 1º DE AGOSTO DE 1944.

Querida Kitty,

"Um pacote de contradições", foi a última frase da minha carta anterior e é a primeira desta. "Um pacote de contradições", você pode me explicar exatamente o que é isso? O que significa contradição? Como tantas palavras, essa tem dois significados, contradição de fora e contradição de dentro. O primeiro é o costumeiro "não aceitar as opiniões dos outros, conhecer melhor a si mesmo, ter a última palavra"; em suma, todas aquelas características desagradáveis pelas quais sou conhecida. O segundo, não sou conhecida por ele, esse é o meu próprio segredo.

Eu já disse antes, minha alma está dividida em duas. Um lado contém minha alegria exuberante, minha irreverência, meu gosto pela vida e, acima de tudo, pelo lado bom de tudo. Com isso quero dizer que não vejo nada de errado com flertes, um beijo, um abraço, uma piada suja. Este meu lado geralmente espreita e embosca o outro, que é muito mais bonito, mais puro e mais profundo. Ninguém conhece o lado bonito da Anne e é por isso que tão poucas pessoas me suportam. Claro, eu posso ser uma palhaça divertida por uma tarde, mas, depois disso, todo mundo fica farto de mim por um mês. Na realidade, justamente o que um filme de amor é para um pensador profundo — uma mera diversão, um entretenimento cômico, algo para esquecer em breve, não é ruim, mas também não é bom. É muito triste para mim ter que lhe dizer isso, mas por que não o faria se sei que é verdade? Meu lado superficial, mais leve, vai superar o lado mais profundo e, portanto, sempre vencerá. Você não pode imaginar quantas vezes eu tentei empurrar para longe essa Anne, que é apenas metade do que se conhece como Anne — para, assim, derrubá-la, escondê-la. Mas isso não funciona, e também não sei por que não funciona.

Tenho muito medo de que todos que me conhecem tal como normalmente eu sou descubram que tenho outro lado, um lado mais bonito e melhor. Tenho medo de zombarem de mim, que pensem que sou ridícula e sentimental, que não me levem a sério. Estou acostumada a não ser levada a sério, mas só a Anne "leve" está acostumada e pode tolerar; a Anne "mais profunda" é fraca demais para isso. Se eu realmente colocar a Anne boa no centro das atenções por quinze minutos, ela se fecha como a flor não-me-toque no momento que tem que falar, e deixa a Anne número um falar. Antes que eu perceba, ela desaparece.

A Anne doce nunca é vista acompanhada; nunca aparece, nem uma vez, mas quando está sozinha, quase sempre predomina. Eu sei exatamente como eu gostaria de ser, no entanto, eu sou... por dentro. Mas infelizmente só sou assim comigo mesma. E essa é talvez — não, tenho certeza — a razão pela qual eu me considero alguém com uma natureza feliz por dentro, enquanto os outros pensam que tenho uma natureza feliz por fora. Por dentro, a Anne pura é quem me mostra o caminho, mas por fora não passo de uma cabritinha espoleta, à parte do rebanho por excesso de exuberância.

Como já lhe disse, tudo o que sinto é diferente de como expresso e, por isso tenho fama de ser louca por garotos, paqueradora, espertinha e leitora de romances. A Anne alegre ri dessas coisas, dá respostas atrevidas, dá de ombros e finge que não se importa, mas, infelizmente, a Anne silenciosa reage exatamente de maneira oposta. Se eu for completamente honesta, vou confessar a você que isso me dói, que eu me esforço muito para me tornar diferente, mas que luto sempre contra exércitos mais fortes.

Uma voz soluça em mim. "Veja, o que aconteceu com você: opiniões negativas, rostos zombeteiros e consternados, pessoas que acham você antipática, e tudo porque você não ouve os conselhos da sua metade boa." Ah, eu gostaria de ouvir, mas não posso; quando fico quieta e séria, todo mundo pensa que é uma nova encenação, daí sou obrigada a sair disso com uma piada, sem falar na minha família, que imediatamente pensa que estou doente e me enche de pílulas para dor de cabeça e de comprimidos para os nervos, sentem meu pescoço e testa como se eu estivesse com febre, perguntam sobre meus movimentos intestinais e criticam meu mau humor. Eu não aguento. Quando me cuidam assim, fico irritada, depois triste e, finalmente, viro o meu coração do avesso, deixando o lado ruim para fora e o lado bom para dentro; sempre procurando um meio de me tornar o que eu tanto gostaria de ser e como eu poderia ser, se... não houvesse outras pessoas no mundo.

Sua Anne

AQUI TERMINA O DIÁRIO DE ANNE

Anne Frank

Veríssimo

ESTA OBRA FOI IMPRESSA
EM MARÇO DE 2023